本书是国家社会科学基金项目"'一带一路'战略下西北地区与中亚国家民族产业与民族商贸合作发展研究"（项目编号：17XMZ075）的阶段性成果。

西北地区外向型中小企业管理研究
——基于"一带一路"的视角

马文静 著

西部地区"一带一路"建设与创新发展系列丛书
张永丽 主编

中国社会科学出版社

图书在版编目（CIP）数据

西北地区外向型中小企业管理研究：基于"一带一路"的视角/马文静著.—北京：中国社会科学出版社，2020.9

（西部地区"一带一路"建设与创新发展系列丛书）

ISBN 978-7-5203-7055-4

Ⅰ.①西… Ⅱ.①马… Ⅲ.①中小企业－企业管理－研究－西北地区 Ⅳ.①F279.274

中国版本图书馆 CIP 数据核字（2020）第 159814 号

出 版 人	赵剑英
责任编辑	李海莹　马　明
责任校对	王　龙
责任印制	王　超
出　　版	中国社会科学出版社
社　　址	北京鼓楼西大街甲 158 号
邮　　编	100720
网　　址	http://www.csspw.cn
发 行 部	010-84083685
门 市 部	010-84029450
经　　销	新华书店及其他书店
印　　刷	北京君升印刷有限公司
装　　订	廊坊市广阳区广增装订厂
版　　次	2020 年 9 月第 1 版
印　　次	2020 年 9 月第 1 次印刷
开　　本	710×1000　1/16
印　　张	17.5
字　　数	296 千字
定　　价	99.00 元

凡购买中国社会科学出版社图书，如有质量问题请与本社营销中心联系调换
电话：010-84083683
版权所有　侵权必究

《西部地区"一带一路"建设与创新发展系列丛书》

编 委 会

主　编：张永丽
副主编：关爱萍
编　委：张学鹏　柳建平　周文杰　王桢
　　　　马文静　李承晋

总　　序

　　改革开放以来，我国用40年的时间不仅解决了人民温饱问题，而且人民生活总体上达到小康水平的目标也将在2020年全面实现，中国即将进入为全面建设社会主义现代化国家的第三个目标而努力奋斗的崭新历史阶段。与分三步走战略并行、旨在解决我国区域发展不平衡问题的西部大开发战略2000年正式开始实施，从组织机构的成立，到西部大开发"十一五"规划、"十二五"规划的出台，再到2019年《西部陆海新通道总体规划》的颁布，国家出台了一系列鼓励西部地区发展的政策措施。这些政策措施大大激发了西部地区发展潜力，使区域内经济、社会、文化等各方面发生了巨大变化，经济发展水平与全国的差距有所缩小，但受自然、历史、社会等因素的制约，西部地区经济发展相对落后的局面并未彻底改变，占全国国土面积超过70%、人口接近30%的西部地区，国内生产总值仅占全国的不到20%，人均国内生产总值只占全国平均水平的三分之二左右，区域发展不平衡问题仍然较为突出。西部地区自然资源丰富，市场潜力巨大，战略位置重要，如何更好地实现西部地区经济发展和社会进步，缩小与东中部地区的差距，化解区域发展不平衡的矛盾，既是我国实现第三阶段战略目标必须解决的重大课题，也是全面建设社会主义现代化国家的内在要求。

　　开放和创新将成为未来中国经济发展的两大重点路径。

　　"一带一路"倡议为中国对外开放格局的调整描绘了一幅新的蓝图。西部地区陆地边境线占全国的80%左右，古丝绸之路途经的国内省份主要在陕西、甘肃、新疆等西部地区，建设"一带一路"为西部地区带来了新的发展机遇。近年来，作为我国重点建设省区的西北五省区，通过与中西亚、中东欧、南亚、东南亚等"一带一路"沿线国家开展深入合作，积极融入"一带一路"建设，对外开放步伐进一步加快；西部地区企业的国际化经营合作也迎来了良好的机遇，呈现出良好的发展势头，基础设施、贸易、金融、能源等领域的一系列重大项目陆续实施，企业"走出去"的热情日益高涨，对外投资规模保持增长态势。

创新驱动战略的实施为我国经济发展增添了新的动力。党的十九大提出，要"加快建设创新型国家"，"大力实施创新驱动发展战略"。习近平总书记强调，"要深入实施创新驱动战略，推动科技创新、产业创新、企业创新、市场创新、产品创新、业态创新、管理创新等"。在国家战略的指引下，我国出台了一系列鼓励企业创新的政策措施，产生了积极的效果。不少企业通过组织结构与管理机制创新，加快向扁平化、平台化的创新型组织转型，极大地释放了企业内部的创新活力，催生了大量新技术、新产品、新业态和新模式。西部地区在国家创新型战略引领下，也正在积极参与技术、产品、制度等领域的创新，参与创新型社会建设，谋求以创新为核心实现经济发展方式的转型。

开放和创新的西部地区，既需要充分利用"一带一路"提供的与沿线国际开展经济合作的历史机遇，大力发展对外贸易，提高对外开放水平，通过强化对外经济合作推动经济增长；也需要在供给侧结构性改革的大背景下，通过人口和劳动力流动，积极承接产业转移，调整区域产业结构，从而缩小区域差距；既需要通过精准扶贫、精准脱贫，正确处理消除贫困与区域发展的关系，在实现贫困人口脱贫摘帽、与全国同步进入小康社会的同时，促进区域经济发展水平的提升；也需要大力发展外向型企业和创新型企业，提升企业管理水平和创新能力，助推西部地区经济向外向型、创新型经济过渡，实现区域的高质量发展。

这套丛书由七部著作构成，分别研究了"一带一路"建设背景下中国西北地区与中亚五国产业互补及合作，劳动力流动、产业转移与区域发展差距，西部地区精准扶贫政策与实践，西北地区外向型中小企业管理，中国IT行业员工的组织相关态度对离职倾向的影响等热点问题，通过对"一带一路"建设背景下西部地区产业、贸易、扶贫、中小企业管理等问题的实证分析，提出了一系列切实有效地政策建议和措施，以期为提高西部地区经济发展水平、缩小区域差距提供政策参考。

总　序

当前，中国经济发展已由高速增长阶段转向高质量发展阶段，党的十九大已经从"深化供给侧结构性改革、加快建设创新型国家、实施区域协调发展战略、加快完善社会主义市场经济体制、推动形成全面开放新格局"等方面进行了全面部署。西部各省区应该紧紧围绕这些战略部署，积极探索，主动作为，全方位推进开放和创新，为全面建设社会主义现代化国家贡献力量。

张永丽

2020 年 5 月

目 录

第一章 外向型中小企业及其发展的理论基础 …………………… 1
    第一节 外向型中小企业概述 ………………………………………… 1
    第二节 外向型中小企业的特性 ……………………………………… 7
    第三节 外向型中小企业发展的理论基础 …………………………… 10
    第四节 外向型中小企业发展战略 …………………………………… 15

第二章 "一带一路"建设中西北地区外向型中小企业发展的商业机遇 …… 20
    第一节 "一带一路"建设的基本内涵 ……………………………… 20
    第二节 "一带一路"建设与西北外向型中小企业发展机遇 ……… 32

第三章 西北地区外向型中小企业发展的基础与挑战 ………………… 43
    第一节 西北地区对外贸易发展的历程 ……………………………… 43
    第二节 西北地区外向型中小企业发展的基础 ……………………… 47
    第三节 "一带一路"背景下西北地区外向型中小企业发展的重点
           与挑战 ……………………………………………………… 63

第四章 西北地区外向型中小企业的人力资源管理战略 ……………… 69
    第一节 外向型企业人力资源管理概述 ……………………………… 69
    第二节 西北地区外向型中小企业人力资源管理的现状与问题 …… 74
    第三节 "一带一路"背景下西北地区外向型中小企业人力资源
           管理的发展机遇 …………………………………………… 79

第四节　西北地区外向型中小企业人力资源管理的战略选择 ………… 82

第五章　西北地区外向型中小企业营销管理创新 ……………………………… 89
　　第一节　中小企业营销管理概述 ……………………………………… 89
　　第二节　西北地区外向型中小企业营销管理现状与问题 …………… 99
　　第三节　西北地区外向型中小企业营销管理的创新策略 …………… 106
　　第四节　案例分析——关于新疆果品市场 …………………………… 117

第六章　西北地区外向型中小企业技术管理升级战略 ………………………… 126
　　第一节　中小企业技术管理概述 ……………………………………… 126
　　第二节　西北地区外向型中小企业技术管理现状与影响因素 ……… 132
　　第三节　西北地区外向型中小企业技术管理升级：技术
　　　　　　创新管理 ……………………………………………………… 139
　　第四节　西北地区外向型中小企业技术创新管理战略选择 ………… 150

第七章　西北地区外向型中小企业跨文化管理战略 …………………………… 159
　　第一节　跨文化管理与文化适应 ……………………………………… 159
　　第二节　"一带一路"沿线国家民族文化与西北地区
　　　　　　民族文化的对比 ……………………………………………… 173
　　第三节　西北地区外向型中小企业跨文化管理现状及挑战 ………… 178
　　第四节　西北地区外向型中小企业跨文化管理策略 ………………… 183

第八章　西北地区外向型中小企业转型升级战略与发展 ……………………… 186
　　第一节　外向型中小企业转型升级的基本逻辑 ……………………… 186
　　第二节　西北地区外向型中小企业转型升级的 SWOT 分析 ………… 196
　　第三节　西北地区外向型中小企业转型升级的战略选择 …………… 207

第九章　西北地区外向型中小企业的社会责任 ………………………………… 214
　　第一节　企业社会责任的发展渊源 …………………………………… 214
　　第二节　西北地区外向型中小企业的社会责任 ……………………… 220

第三节　西北地区外向型中小企业社会责任实践困境……………224
　　第四节　西北地区外向型中小企业履行社会责任的出路…………227

第十章　西北地区外向型中小企业相关政策及其完善……………232
　　第一节　外向型中小企业政策支持体系概述………………………232
　　第二节　外向型中小企业发展的支持政策…………………………236
　　第三节　西北地区外向型中小企业政策支持体系现状……………243
　　第四节　西北地区外向型中小企业政策支持体系问题……………249
　　第五节　西北地区外向型中小企业发展政策支持体系的完善……252

参考文献……………………………………………………………………261

后　记………………………………………………………………………268

第一章

外向型中小企业及其发展的理论基础

在国际经济发展迅速的今天,外向型中小企业已逐渐成为国际市场竞争中的重要组成部分。中国的外向型中小企业因其灵活机动、自主性强的特性整体发展良好,并且在发展区域经济、优化投资环境、创新科学技术发展、实施国家宏观调控政策、缓解就业压力以及创建和谐社会氛围等方面起到了积极的推动作用。近年来,国家开展新一轮西部大开发战略,2013年,国家主席习近平提出"一带一路"倡议,即"丝绸之路经济带"和"21世纪海上丝绸之路"的合作倡议,毫无疑问,这将进一步推动西北地区外向型中小企业的快速发展。因此,随着国际竞争日益激烈,西北地区的外向型中小企业既要把握机遇,又要迎接挑战,只有找到适合的发展战略,才能做到又好又快发展。

第一节 外向型中小企业概述

外向型中小企业是企业经营方向和规模形态的概念。简单地说,外向型中小企业就是对外贸易型企业与规模不大的企业的总称。这类企业大都出口距离较近,生产规模较小,市场所占份额较低,基本不具有大企业复杂的管理结构和部门分类。对外经营程度以及企业规模是界定外向型中小企业的基本条件。

一 外向型中小企业的定义

外向型中小企业不仅具有外向型企业对外贸易的市场宽度,也具有中小企业迅捷机动的市场灵敏度,是符合我国国情,适用于西北地区的企业模式。

外向型中小企业不但可以对外输出产品、技术、文化等，而且也有利于促进我国西北地区的区域经济发展，优化西北地区产业结构和投资环境。

（一）外向型中小企业的"定性"定义

目前我国对于外向型中小企业没有具体的界定，综合外向型企业与中小型企业的特点，可以给出一般定义：外向型企业是指企业的生产经营业务主要以出口加工方式为主的经营业态，其产品或服务的客户主要以国外客户为主，同时也兼顾经营少量国内业务。中小型企业是指在中华人民共和国境内依法设立的有利于满足社会需要，增加就业，符合国家产业政策，生产经营规模属于中小型的各种所有制和各种形式的企业。因此，外向型中小企业就是指企业的生产经营业务主要以出口加工方式为主的经营业态，其产品或服务的客户主要以国外客户为主，生产经营规模属于中小型的各种所有制和各种形式的企业。

外向型中小企业是实施大众创业、万众创新的重要载体，在增加就业、促进经济增长、科技创新与社会和谐稳定等方面具有不可替代的作用，对国民经济和社会发展具有重要的战略意义。

（二）外向型中小企业的"定量"定义

外向型中小企业属于中小型企业，所以中小型企业的行业规划数据同样适用于外向型中小企业的"定量"定义（见表1-1）。

表1-1　　　　　　　　　中小型企业行业划型

行业	企业类型	从业人员（人）	营业收入（万元）
工业	中小微型	＜1000	＜40000
	中型	≥300	≥2000
	小型	≥20	≥300
	微型	＜20	＜300
农、林、牧、渔业	中小微型		＜20000
	中型		≥500
	小型		≥50
	微型		＜50
零售业	中小微型	＜300	＜20000
	中型	≥50	≥500
	小型	≥10	≥100
房地产开发经营	微型	＜10	＜100

续表

行业	企业类型	从业人员（人）	营业收入（万元）
房地产开发经营	中小微型		＜200000（或资产总额＜10000）
	中型		≥1000（且资产总额≥5000）
	小型		≥100（且资产总额≥2000）
	微型		＜100（或资产总额＜2000）
餐饮业	中小微型	＜300	＜10000
	中型	≥100	≥2000
	小型	≥10	≥100
	微型	＜10	＜100
租贷和商务服务业	中小微型	＜300（或资产总额＜120000）	
	中型	≥100（且资产总额≥8000）	
	小型	≥10（且资产总额≥100）	
	微型	＜10（或资产总额＜100）	
软件和信息技术服务业	中小微型	＜300	＜10000
	中型	≥100	≥1000
	小型	≥10	≥50
	微型	＜10	＜50

资料来源：根据2011年工业和信息化部、国家统计局、国家发改委和财政部四部门研究制定的《中小企业划型标准规定》整理而得。

如表1-1所示，按照新标准，农、林、牧、渔业营业收入50万元以下的为微型企业。关于工业的划型标准为：从业人员1000人以下或营业收入40000万元以下的为中小微型企业。其中，从业人员300人及以上，且营业收入2000万元及以上的为中型企业；从业人员20人及以上，且营业收入300万元及以上的为小型企业；从业人员20人以下或营业收入300万元以下的为微型企业。软件和信息技术服务业从业人员10人以下或营业收入50万元以下的为微型企业；房地产业营业收入100万元以下或资产总额2000万元以下的为微型企业。在统计上，年营业收入 2000 万元以下的工业企业为规模以下工业企业，也可把规模以下工业企业统称为小微工业企业。

二 外向型中小企业的类型

外向型中小企业具体可以分为"三来一补"型、"出口创汇"型、"合资合作"型和"跨国经营"型这四类，外向型中小企业可以根据自身需求选择适合自己经营和发展的类型。

（一）"三来一补"型

三来一补指来料加工、来样加工、来件装配和补偿贸易，是中国大陆在改革开放初期尝试性地创立的一种企业贸易形式，它最早出现于 1978 年。1978 年 7 月，东莞县第二轻工业局设在虎门境内的太平服装厂与港商合作创办了全国第一家来料加工企业——太平手袋厂。"三来一补"企业主要的结构是：由外商提供设备（包括由外商投资建厂房）、原材料、来样，并负责全部产品的外销，由中国企业提供土地、厂房、劳力。中外双方对各自不作价以提供条件组成一个新的"三来一补"企业；中外双方不以"三来一补"企业名义核算，各自记账，以工缴费结算，对"三来一补"企业各负连带责任。

随着中国制造业的逐渐发展，2000 年后，由于中国政府对"三来一补"企业的政策始终没有发生变化，没能引导企业的利益结构发生变化，因此"三来一补"的企业结构显现出越来越多的问题，逐渐不适应中国加入 WTO 后的发展。"三来一补"企业是由中国的企业法人与外商签署合作合同，并以中方的名义设立工厂营业登记，该工厂并非企业法人，也非有限责任公司。"三来一补"的设立条件包括：不要求注册资本，合作双方必须是企业法人机构，外方未曾有抵触中国法例的不良记录，有固定、独立的注册地址或经营场所，有明确的经营范围。

（二）"出口创汇"型

出口创汇是指出售给外贸部门或直接出售给外商产品或商品从而获得外汇收入的行为。基本形式有：(1) 直接补贴，是指政府在商品出口时，直接付给出口商的现金补贴。其目的是弥补出口商品的国际市场价格低于国内市场价格所带来的损失。有时候，补贴金额还可能大大超过实际的差价，这已包含出口奖励的意味。这种补贴方式以欧盟对农产品的出口补贴最为典型。(2) 间接补贴，是指政府对某些商品的出口给予财政上的优惠。如退还或减免出口商品所缴纳的出口补贴销售税、消费税、增值税、所得税等国内税，对进口原料或半制成品加工再出口给予暂时免税或退还已缴纳的进口税，免征出口税，对出口商品实行延期付税、减低运费、提供低息贷款、实行优惠汇率以及对企业开拓出口市场提供补贴等。其目的仍然在于降低商品成本，提高国际竞争力。"出口创汇"型企业的具体形式如表 1-2 所示。

表 1-2　　　　　　　　"出口创汇"型具体形式

形式分类	具体内容
亏损补贴	政府对出口商的亏损实行全额补贴，甚至再加适当的利润，以鼓励出口
优惠收购	政府以对生产者有利的固定价格收购产品，然后以低于国内市价或低于收购价格水平向国际市场销售
减免税收	通过税收政策达到鼓励国内扩大出口的目的，即政府选择一些具有外销潜力的产业，予以租税方面的减免优惠，鼓励其投资，培养未来的国际竞争力，或对外销产品准许退税甚至免税
提供廉价资源	政府以优惠费用提供国内公营的运输交通工具，以低廉价格由国有公司承运外销，甚至包括提供廉价的原料投入物等

（三）"合资合作"型

合资是指几个方面一起投资（办企业），一般指中外合资。中外合资经营企业是由中国投资者和外国投资者共同出资、共同经营、共负盈亏、共担风险的企业。外国投资者可以是企业、其他经济组织或个人。中国合营者目前只限于企业、其他经济组织，不包括个人和个体企业。经审查机关批准，合营企业是中国法人，受中国法律的管辖和保护。它的组织形式是有限责任公司。目前合营企业还不能发行股票，而采用股权形式，按合营各方的投资比例分担盈亏。

合作是指两个公司把投资基金联合起来，投资一个项目，聚集资本，合股经营。合作经营企业又称"契约式合营企业"（Contractual Joint Venture）。由合作一方提供资金、技术、设备，由合作另一方提供场地、现有厂房、劳务等基础条件，从事特定项目经营的企业。合作各方出资不采取股份形式，而是依契约规定的分成比例，分配收益，分担亏损。常见于范围小、投资少、周期短、见效快的小型合作项目。合作企业可以依合作各方的意思组成法人，也可以不组成法人，由各方的代表组成联合机构，进行经营管理和日常活动。

不组成法人的合作经营关系是一种合伙关系，每一合作者对经营项目的债务负连带责任。

(四)"跨国经营"型

跨国经营是指企业以国际需求为导向，以扩大出口贸易为目标，进行包括海外投资、营销在内的一切对外经营活动，即在资源获取、产品生产和销售、市场开发目标的确立等方面，将企业置身于世界市场并发挥自身比较优势，开展对外经济技术交流，参与国际分工、国际协作和竞争等一系列经营活动（见表1-3）。

表1-3　　　　　　　　　"跨国经营"型具体形式

形式分类	具体内容
资源确保型	一些外向型中小企业为了取得本国稀缺的原材料等资源，直接投资于资源国进行生产开发，以确保廉价而稳定的资源供应
市场开拓型	向海外投资经营的目的旨在开拓新市场，扩大企业产品的市场覆盖面
劳动力指向型	外向型中小企业将劳动密集的产品生产或加工转移到劳动力价格较低的国家和地区去，在这些国家和地区投资建厂，利用当地廉价劳动力来降低产品成本，获得比较利益
贸易壁垒对应型	一些国家和地区为了平衡国际收支，保护本国经济，采取贸易保护主义措施。为了绕过种种障碍，外向型中小企业可将产品出口改为在国外投资办厂生产、销售
技术指向型	通过到技术先进国家投资设厂的方式，利用当地科研机构和人才资源，获取国内难以得到的先进生产技术和管理技能

三　外向型中小企业在"一带一路"建设中的作用

中国倡导的互利共赢的合作理念不仅具有新颖性，而且对于"一带一路"沿线国家和地区具有较强的适用性，对于外向型中小企业也有较强的政策倾斜。"一带一路"沿线国家和地区在地缘政治、发展水平、开放程度等方面都有较大的差异，借助互利共赢的理念达成优势互补的合作协议更符合各方诉求，更有助于在全球经济复苏、增长分化的背景下凝聚各方资源。从这个角度说，具有"中国理念"的国际经贸规则不仅在于中国大国的推动，更在于"一带一路"沿线各国家与地区发展的客观诉求。中国作为"一带一路"建设的倡导者及重要的经济体，在推动构建"一带一路"国际经贸规则过程中有着不可替代的重要性。外向型中小企业作为"一带一路"建设中贸易交流最活跃的力量,在没有可供借鉴经验的背景下,需要通过在"一带一路"沿线国家中构建有利于外向型中小企业发展的自贸区等手段开展经贸合作试验,探索可复制、可推广的具有互利共赢等"中国理念"的国际经贸规则体系,由此也决定了"一带一路"建设的长期性。

第二节 外向型中小企业的特性

外向型中小企业深入贯彻我国"引进来,走出去"和"一带一路"建设的对外开放政策,对于西北地区经济发展、优化投资环境、完善产业结构、革新技术装备、缓解地区就业压力等方面具有积极推动的作用。清晰外向型中小企业的特点,正确把握外向型中小企业的定位,明确外向型企业和外向型中小企业的区别,有利于我们更加深入地了解外向型中小企业,认识和讨论其未来的发展方向,并为进一步研究和实践提供理论参考,促进西北地区的对外开放水平和整体发展。

一 外向型中小企业的主要特点

外向型中小企业既有外向型企业的特点,又有中小企业的优点,综合外向型企业与中小型企业的理论概念和实践,外向型中小企业具有以下五大特点。

(一)外向型中小企业灵活机动,自主性强

外向型中小企业大多规模较小,对市场敏感度较高。相比较于大型的外向型企业,外向型中小企业受到的限制更加少,约束力较轻,可以提供市场需求的个性化服务。外向型中小企业更接近消费者,能及时发现市场需求。这个特点使得企业不必面对面与大中型企业展开直接竞争,可充分发挥机制灵活、市场适应性强、行动快捷等特点,灵敏迅捷地寻找市场的"缝隙"。

(二)外向型中小企业所有权产权清晰,组织简单

外向型中小企业的所有者往往是管理者,同时还是生产者、企业所有者,发展企业的积极性很高,十分有利于促进企业的迅速成长。绝大多数外向型中小企业都是独资企业、合伙企业、个体工商户,企业投资者人数很少,投资者以及企业员工之间关系简单。虽然也有部分外向型中小企业采取有限公

司或者股份公司的形式，但较少出现复杂的现代公司利益冲突治理问题，更多的是家族企业治理困境。因此，外向型中小企业的产权十分清晰，权责明确，对投资者的激励和约束机制健全，基本不存在代理成本等大型公司制企业的复杂内部治理问题。外向型中小企业不仅雇员数量较少，绝大多数外向型中小企业的资产总量与经营规模也都相对较小。

（三）外向型中小企业的转变成本低，反应迅速

外向型中小企业的建设周期较短，可以更加灵活机动地经营。大型企业改变经营方向的成本高，其放弃原有产业进入新行业的风险太大，而外向型中小企业的转变成本较低，它们往往可以根据市场需求与国际经济贸易的情况改变自己的经营方向和管理模式。同时，外向型中小企业经营的灵活性使得企业可以抓住消费者多变的需求和要求个性化服务的趋势，第一时间调整经营策略，率先推出消费者需求的商品和服务，从而获得竞争优势。

（四）外向型中小企业的组织分布简洁，易于管理

与大型企业相比较，外向型中小企业在组织结构、管理模式、生产运作方式、员工素质等许多方面都具有明显的特点。外向型中小企业一般没有严密的组织结构，管理方法和生产运作方式相对简单，而且员工素质也普遍较低，这些特点与大企业形成了鲜明的对比。此外，从外向型中小企业的从业人员结构来说，企业的雇员以创建者的家庭成员和有一定血缘、人情等私人关系的人员为主，这部分劳动者一般没有太高的文化素质，很难进入大企业或者政府部门工作，加上和企业主的私人关系，因而更容易接受外向型中小企业较低的薪酬，也比较容易管理。

（五）外向型中小企业在西北地区具有经营特色，竞争力强

我国西北地区自古以来就是对外贸易出口的重要组成部分，西北五省如今地理与行政区划具体包括：陕西省、甘肃省、青海省、宁夏回族自治区和新疆维吾尔自治区。五个省区风土人情，自然环境各不相同，独具特色，而且拥有众多少数民族，在对外贸易出口的产品、形式等方面也不尽相同。例如，青海省的藏毯产业，甘肃省的品牌苹果，陕西省的电子产品等产品贸易和文化输出都各具特色。外向型中小企业能够发掘西北五省各个地区的特色产品出口外国，这不仅有利于西北地区的经济发展，也有利于我国文化软实力的输出。

二 外向型中小企业与跨国企业的区别

外向型中小企业与跨国企业存在着一定程度的概念关联。外向型中小企业可以说是我国对于跨国贸易形式探索出的符合中国特色社会主义和发展中国家国情的产物，既可以发挥跨国贸易的优点，也规避了大型跨国企业市场反应较慢等不足。外向型中小企业与跨国企业的对比如表1-4所示：

表1-4　　　　　　　　外向型中小企业与跨国企业的对比

	外向型中小企业	跨国企业
金融支持	合作伙伴共同出资，与正式的融资渠道有融资联系	一个国家实力雄厚的大型公司为主体，通过对外直接投资或收购当地企业的方式，在许多国家建立有子公司或分公司
销售模式	与产品相关的产业链、供应链有联系	从全球战略出发安排自己的经营活动，在世界范围内寻求市场和合理的生产布局，定点专业生产，定点销售产品，以谋取最大的利润
组织管理	有明确的组织结构，有正式的管理工作内容。结构较为简单，易于管理	完整的决策体系和最高的决策中心，各子公司或分公司虽各自都有自己的决策机构，都可以根据自己经营的领域和不同特点进行决策活动，但其决策必须服从于最高决策中心
固定资本	拥有机器、设备较少，单一不全面	固定资本多，经营所需的工具和设备完善而机械化程度高
薪酬制度	有正式的薪酬制度，实行了岗位工资制	具有严格标准化的薪酬制度，奖金，加班费，福利等规定严格
财务会计	存在面向中小企业的会计制度	国际化的会计制度
人力资源	有一定的招聘制度，进入企业的员工专业性水平不一	跨国公司招聘标准高，不仅对人才知识和能力的要求高，而且对企业归属感和忠诚度的要求也高
生产运作	有一定的采购、生产、存货和质量管理制度；有一定的竞争战略选择，具有一定的竞争力	跨国公司实行全球化的经营方式，促进了资金、技术和先进管理方式在全球范围的流动，带动了相对落后国家和地区的产业结构调整。从而推动世界经济的持续发展。跨国公司需要发展中国家的资源、廉价的劳动力和广阔的市场，发展中国家则需要跨国公司雄厚的资金、先进的技术和管理经验。通过相互补充，可以达到各取所需的目的

资料来源：根据2002年APEC微型企业高峰会（High Level Meeting on Microenterprises, HLMM）资料整理而得。

第三节　外向型中小企业发展的理论基础

外向型中小企业的发展离不开理论基础的支持，理论基础是外向型中小企业又好又快发展的源头保障。对于外向型中小企业，国外学者与国内学者都给出了一定的理论支持，只是由于理论方向不同，理论原则不同，理论条件不同，从而也就决定了外向型中小企业的发展模式和管理模式有所不同。全面学习和掌握相关的理论基础，对于我国西北地区外向型中小企业的研究具有重要意义。

一　比较优势理论

比较优势理论认为，国际贸易的基础是生产技术的相对差别（而非绝对差别），以及由此产生的相对成本的差别。每个国家都应根据"两利相权取其重，两弊相权取其轻"的原则，集中生产并出口具有"比较优势"的产品，进口其具有"比较劣势"的产品。比较优势贸易理论在更普遍的基础上解释了贸易产生的基础和贸易利得，大大发展了绝对优势贸易理论。

（一）比较优势理论的具体内容

比较优势理论是指在两国之间，劳动生产率的差距并不是在任何产品上都是相等的。每个国家都应集中生产并出口具有比较优势的产品，进口具有比较劣势的产品（即"两优相权取其重，两劣相衡取其轻"），双方均可节省劳动力，获得专业化分工提高劳动生产率的好处。

（二）比较优势理论假设条件

假定贸易中只有两个国家和两种商品（X 与 Y 商品），这一个假设的目的是用一个二维的平面图来说明这一理论。两国在生产中使用不同的技术。技术的不同导致劳动生产率的不同，进而导致成本的不同。模型只假定在物物交换条件下进行，没有考虑复杂的商品流通，而且假定 1 个单位的 X 产品和一个单位的 Y 产品等价（不过它们的生产成本不等）。在两个国家中，商品与要素市场都是完全竞争的。在一国内要素可以自由流动，但是在国际间不流动，分工前后生产成本不变，不考虑交易费用和运输费用，没有关税或影响国际贸易自由进行的其他壁垒。但是，在贸易存在的条件下，当两国的相对商品价格完全相等时，两国的生产分工才会停止。如果存在运输成本和关税，当两国的相对价格差小于每单位贸易商品的关税和运输成本时，两国的生产分工才会停止。价值规律在市场上会得到完全贯彻，实现自由竞争，自由贸易。假定国际经济处于静态之中，不发生其他影响分工和经济的变化。两国资源都得到了充分利用，均不存在未被利用的资源和要素，那么，两国的贸易是平衡的，即总的进口额等于总的出口额。

二 赫克歇尔—俄林定理

对于现行形式的赫克歇尔—俄林模型是萨缪尔森在20世纪40年代末和50年代初发表的一系列文章的成果，要比赫克歇尔1919年的开创性文章和俄林据此加工和发展而形成的《区际贸易和国际贸易》（1933年）一书的功绩要大。

（一）赫克歇尔—俄林定理的具体内容

赫克歇尔—俄林定理（Heckscher-Ohlin Theory），又叫作要素比例理论（Factor Proportion Theory）。该理论并未试图解释各国之间生产力的重要差异，这种差异会导致各国之间的比较成本差异，从而导致国际贸易。在现代赫克歇尔—奥尔良理论中，这些生产率差异归因于各国主要要素所有权的差异。主要要素所有权的这种差异实际上承担了解释国际贸易的全部任务：外贸商品构成更明显的原因，如要素质量的国际差异和同一产品的生产函数的差异，都是通过假设被严格排除在外。赫克歇尔—奥尔良的理论最终形成了现在众所周知的国际贸易模式的赫克歇尔-奥尔良定理（HOT）：一个国家以其相对丰富的元素出口集中生产的商品，并以其相对稀缺的元素集中生产进口商品。这个定理似乎是合理的，但它也是非常鲁莽的。它使用供应条件来解释整个外贸商品的构成。例如，如果一个国家的进口需求倾向于以其丰富的元素集中生产这些商品，那么Heckscher-Orlean定理无法解释它。

（二）赫克歇尔—俄林定理的特定条件

在一系列具体条件下，自由贸易将使要素价格基本完成，而不是部分均等化。这些具体条件包括：完全竞争、无交换成本、不完全专业化、相同的线性同质生产函数、无外生经济、所有相对要素价格的相对因子浓度程度相同、要素质量相同、要素数量不大于商品的数量。这个精彩的阐述（里卡多的比较优势理论）最终扩展到n个国家，n个元素和n个商品；H-O理论没有这样做，它仍然是讨论两个国家，两个元素和两个商品的定理。

三　关税同盟理论

关税同盟是区域经济一体化的重要形式。它是一个区域经济一体化组织，统一对外关税，同时消除成员国之间的关税和非关税壁垒。从德国关税同盟开始到现在，世界各地都有不同发展水平和组织形式的关税同盟。

（一）关税同盟理论的具体内容

关税同盟理论是美国经济学家维纳（J. Viner）在其1950年出版的《关税同盟问题》一书中提出的，是指两个或两个以上的国家缔结协定，建立统一的关境，在统一关境内缔约国相互间减让或取消关税，对从关境以外的国家或地区的商品进口则实行共同的关税税率和外贸政策。

（二）关税同盟的效果：静态效果和动态效果

静态效果：贸易创造效应是指关税同盟成立后，关税同盟成员国的部分国内产品被进口其他生产成本较低的产品所取代，从而提高了资源利用效率，扩大了生产效益；同时，通过专业化分工，减少了该产品的消费支出，并将资金用于其他产品。消费扩大了社会需求，导致贸易增加。贸易转移效应是指在关税同盟结束之前从世界上生产率最高，成本最低的国家进口货物；在关税同盟成立后，如果世界上生产率最高的国家被排除在关税同盟之外，关税同盟内的自由贸易和共同对外关税使该国的货物形成联盟。成员国的税后价格高于该联盟成员国关税同盟的同一商品的免税价格，因此该联盟的成员从非成员国进口的低成本商品国家将从关税同盟中生产效率最高，生产成本最低的国家进口。贸易扩张的影响是，在关税同盟结束后，进口国的X商品（上例中的国家A）的价格与原来相比有所下降，无论贸易创造和贸易转移如何。如果A国X商品的价格弹性大于1，那么A国对X商品的需求增幅大于X商品价格的下降，因此X商品的销量也是进口增加量，这是贸易扩张的影响。关税同盟成立后，可以减少行政支出，减少走私，建立关税同盟后，集团的谈判能力可以得到加强。

动态效果：从长远来看，关税同盟的建立将对其成员国的经济结构产生重大影响。这些长期的结构性影响称为动态影响。它主要包括资源配置的优化，有利于获得专业和规模经济效益，扩大投资和技术进步。

四　大市场理论

以往国家之间狭隘的贸易保护政策，只考虑自身利益，狭隘地划分市场，缺乏适度的灵活性，只能为国内制造商提供狭窄的市场，无法实现规模经济和大众化的好处，大市场理论有效地改善了这种情况。

（一）大市场理论的具体内容

大市场理论认为，当经济一体化演变为一个共同市场时，该地区不仅实现了贸易自由化，而且其要素可以在该地区内自由流动，从而形成一个超越国界的大市场。一方面，生产在共同市场范围内沿生产可能性线重新排列，提高了资源的配置效果；另一方面，该地区生产和贸易的扩大使生产可能性线向外扩展，促进了该地区生产的增长和发展。对共同市场的理论分析已经形成了大市场理论。代表性观点（Dinbergen）是"消除对障碍最合理运作的各种人为障碍，通过有意识地引入有利于调整和统一的最理想因素，创造最理想的国际经济结构"。大市场理论是对区域经济一体化经济效应的动态分析。它的代表是 T.Scitovsky 和 J.F.Deniau。在整合程度上，共同市场比关税同盟更进一步。它将被保护主义分割的小市场统一到大市场，然后通过大市场的激烈竞争实现大规模生产带来的大规模经济效益。德意志诺伊描述了大市场带来的大规模生产，并最终得出结论："这样，经济将开始滚雪球扩张。消费的扩大导致投资增加，增加投资导致价格下降，工资增加和购买力增加，只有迅速扩大市场，才能促进和刺激经济扩张。"从西欧现状来看，西欧已经陷入高利润率、低资本周转率和高价格的矛盾之中，小市场与保守的企业家态度之间存在着恶性循环，因此，只有在共同市场或贸易条件下，才能通过激烈的竞争自由化迫使企业家停止老式的小规模生产并转向大规模生产，从而出现积极扩张的良性循环。

（二）大市场理论的核心

大市场理论的核心是通过国内市场向统一的大市场延伸，扩大市场范围获取规模经济利益，从而实现技术利益。通过市场的扩大，创造激烈的竞争环境，达到实现规模经济和技术利益的目的。

综合西托夫斯基和德纽的阐述，我们可以掌握大市场理论的核心，即通过扩大市场，我们可以获得规模经济，实现经济效益。它通常也可以表示为建立一个扩大市场的共同市场，并将更多分散的生产集中在一起。通过这种方式，机器得到充分利用，生产更加专业化和社会化，高新技术得到更广泛的应用，竞争更加激烈，生产成本降低。同时因为取消了关税和其他成本，销售价格下降，肯定会导致购买力和生活水平的提高，消费也会随之增加，而消费的增加将促进投资的增加。因此，市场经济进入了一个良性循环。虽然大市场理论是针对共同市场提出的，但它也适用于任何自由竞争和自由贸易的情况。

（三）大市场理论的意义

通过建立共同市场，使国内市场向统一的大市场延伸，市场的扩大使得市场竞争更加激烈，优胜劣汰的市场必将促进企业之间的差异化，一些管理不善的小企业将被淘汰，一些具有技术优势的企业最终将获胜并在竞争中扩大经营规模，实现规模经济和专业化生产。企业生产规模的扩大和激烈的市场竞争将不可避免地降低商品生产和销售价格的成本，价格的下降将导致市场购买力的扩大和居民实际生活水平的提高。反过来，市场购买力的扩大和居民实际生活水平的提高将进一步促进投资的增加和规模的扩大，最终将导致经济的滚雪球式扩张。结论是，大市场的形成将促进和刺激经济的良性循环，促进经济的蓬勃发展。

五　综合发展战略理论

经济一体化是发展中国家的一种发展战略，要求有强有力的共同机构和政治意志来保护较不发达国家的优势。所以，有效的政府干预对于经济一体化是很重要的，发展中国家的经济一体化是变革世界经济、建立国际经济新秩序的重要手段。

（一）综合发展战略理论的原则

经济一体化是发展中国家的发展战略。它不局限于市场的统一，也不必在所有情况下都尽可能高地寻求其他形式的一体化。极化是一体化的特征，只有通过强有力的共同制度和制定系统政策的政治意愿才能避免。鉴于私营部门是发展中国家融合过程失败的重要原因，有效的政府干预对经济一体化的成功至关重要。发展中国家的经济一体化是集体自力更生的一种手段，也是根据新秩序改变世界经济的重要方式。

（二）综合发展战略理论特点

综合发展战略理论特点包括：它突破了以往的经济一体化理论研究方法，放弃利用自由贸易和保护性贸易理论研究发展中国家的经济一体化进程，提倡利用与发展理论紧密相连的跨学科研究方法，并将融合视为发展中国家的发展战略，而不仅限于市场一体化。在制定经济一体化政策时，它主张全面考虑政治和经济因素。它强调,在经济一体化的基础上,有必要在生产和基础设施领域进行有效的政府干预。

(三)发展中国家地区经济一体化的主要因素

1. 经济因素

经济因素主要包括:区域经济发展水平和各国之间的差异,各国经济相互依存程度,新经济区的最佳利用,特别是资源和生产要素的互补性及其总体发展潜力,与第三国经济关系的性质,外国经济实体(如跨国公司)在特定经济群体中的地位,以及特定群体中工厂的选择,综合政策模式和类型的适用性,等。

2. 政治和机构因素

政治和机构因素包括:各国社会政治制度的差异有利于实现和巩固一体化的"政治意愿",集团对外政治关系的模式,共同制度的效率以及有利于创造性活动的可能性,该集团对外政治关系模式,共同机构的效率及其有利于集团共同利益的创造性活动的可能性。

(四)制定经济一体化政策应注意的问题

成员国的发展战略和经济政策应有利于经济一体化发展。生产和基础设施是经济一体化的基本领域,集团内部的贸易自由只应作为这一过程的补充。在情况允许的情况下,经济一体化应包括尽可能多的经济和社会活动,应特别注意通过区域工业化加强相互依存和减少相互依存。协调成员国通过协商利用外资的政策,给欠发达成员国提供优惠待遇,以减轻一体化对成员国两极化的影响。

第四节　外向型中小企业发展战略

实践是检验理论的唯一标准,在西北地区外向型中小企业的运作中,外向型中小企业不断探索,不断创新,不断发展,形成了适合西北地区的发展战略。总结认识外向型中小企业的发展战略有利于更好地掌握其发展程度,探索认识发展潜力,准确把握发展前景,让外向型中小企业在促进区域经济、转型生产结构、缓解就业压力、提供发展思路等方面起到积极的推动作用。

一 外向型中小企业发展的战略环境

在国家新一轮西部大开发的战略背景下,西北地区的外向型中小企业发展势头稳中向好,"一带一路"倡议的提出使其正处在一个可遇而不可求的积极大环境中。因此,了解所处环境特点,把握难能可贵的发展机会,积极推动西北区域经济结构的优化,促进产品和文化的对外输出是西北地区外向型中小企业在制定自身发展战略时需要考虑的重要问题。

(一)"一带一路"倡议的提出

"一带一路"倡议是为了构建"中国理念"的国际经贸规则而提出的。当前中国深化同世界主要国家或地区合作的自贸区战略大多还沿袭发达国家在第二次世界大战以来倡导的国际经贸规则,这在一定程度上受制于现有规则缺陷的制约,难以全面反映互利共赢等中国倡导的国际经贸合作理念。这既有国际经贸规则路径依赖的问题,也与现行贸易体系主要在发达国家主导的秩序下形成有密切关系,中国希望倡导新的经贸合作理念就必须有新的空间。相比其他经济体来说,"一带一路"尤其是丝绸之路经济带是较为年轻的经济区域,由于基础设施较为落后等原因,丝绸之路经济带沿线国家或者地区之间开展的合作仍然较少。中国倡导推动"一带一路"建设,显然为构建具有互利共赢等"中国理念"的国际经贸规则提供了重要的增量空间。当然,国际经济秩序的变化不是一朝一夕形成的,它是世界各国尤其是大国进行公开讨论、协调、竞争而形成的,但这种调整往往伴随既得利益国家或者地区的反对,容易引发多方的争议甚至较量。

通过"一带一路"建设,一方面,要建立一个新的开放的,内外联动,全球定位的新格局。建设开放型经济,建立开放型经济体制,实现开放型发展。另一方面,要推动与各有关国家和地区在各个领域的务实合作共赢,国际能力和装备制造业合作,以开放和实现各国的共同发展和可持续发展。在党的十八届五中全会上,党提出了开放发展的理念,从七个方面制定了开放发展的战略规划,开辟对外开放新格局,完善战略布局。对外开放,形成新的开放体系,推进"一带一路"建设,深化大陆、港澳台地区的合作与发展,积极参与全球经济治理,积极开拓国际市场。可以说"一带一路"的建设已成为中国新时期开放战略的重要标志,它承担着新时期在中国建立新的开放格局的重要任务,也体现了中国及周边地区开放发展理念的具体实践。

持续发展的重要动力源自开放型经济体制的构建。"一带一路"建设将构建中国对外开放的新格局。中西部地区首次与中国沿海地区的开放布局处于同一位置，从而为建立开放的经济体制带来了历史性机遇。中西部地区的资源禀赋、人力资源和后发优势，将为本地区在这一开放过程中建立新的区域优势奠定坚实的基础。生产要素流动的转变是开放模式升级的重要标志。在中国开放30多年的大部分时间里，开放模式的一个重要的体现是西方资本、技术、管理经验和管理人才等生产要素的引入，呈现出单向流动的因素。"一带一路"建设注重基础设施、制度规范和人员交流三位一体，将进步促进政策沟通，设施联动，贸易流通，融资和民生发展。随着"一带一路"生产要素的扩散，一维开放模式发生根本变化，中国对外开放模式的升级也将加速。

（二）中国对外开放新思维战略

为了将中国元素注入国际经济秩序，中国在过去30年实现了快速发展，已成为现有全球统治体系的受益者，开放合作再次被证明是全球发展的源泉。但是，中国贸易体量飙升导致的世界贸易格局的转变客观上要求及时调整公开合作规则，以适应世界贸易格局的变化。与此同时，中国由主要的经贸大国转变为强大的经贸大国，本身也需要参与或主导国际经济贸易规则的制定。由此中国启动了自由贸易区、"一带一路"建设等建设项目。

党的十九大报告指出，要推动形成全面开放的新格局，要把重点放在"一带一路"建设上，坚持"走出去"的原则，恪守共建共享的原则，加强创新能力的开放与合作。对此，巴拿马广东省友好协会副会长何小娟表示："一带一路"倡议为中国企业在巴拿马和拉丁美洲的发展提供了机遇，"带路与我们的海外华人息息相关，我们同样感受到拉丁美洲一带的延伸。随着中国对外开放，海外华人将有更多机会回国投资，支持中国的现代化"。

党的十九大报告从"一带一路"建设、对外贸易、区域开放布局、自由贸易试验区改革等方面制订了一系列推进新格局开放的计划。费城中国商会常务副会长关碧红表示，习近平总书记提出要在中共十九大报告中全面开放新格局，这句话确实鼓舞人心，海外华商非常鼓励实施"一带一路"建设，建立亚洲投资银行，建立丝绸之路基金，建立首届国际合作高峰论坛。祖国开放的进一步扩大，中国的国际影响力、灵感和塑造力的进一步增强，都可以使我们预见到改革开放将在新时期迎来中国特色社会主义的进一步发展。

二 外向型中小企业发展的战略选择

企业的战略选择决定了其经营的方向与发展的前景。外向型中小企业的战略选择分为自贸园区与自贸区，二者的区别在于自贸园区是单边开放、单边给惠，而自贸区则是双边或者多边之间的互相开放与相互给惠。两个战略各具特色，都具有很高的研究和实践价值。[①]

（一）自贸园战略

自贸园区战略是为了构建中国开放型经济新体制。目前，中国已批准建立上海、广东、天津、福建四个自由贸易区，积极向世界各国发布更多积极的开放信号，成为建立新的开放型经济体系的重要把握。根据新开放经济体制的要求，四个自由贸易区和特区之间存在显著差异。自贸园战略重点是探索制度创新，不仅仅是为了争取优惠政策，而是努力与高标准的经济和贸易规则相媲美。园区主要通过与 TPP（Trans Pacific partnership Agreement，跨太平洋伙伴关系协定）等高标准国际经济贸易规则的对接，探讨相关标准对中国的适用性，如探索中国入世前的国民待遇和外国直接投资的负面清单，更重要的是探索"国家概念"或"中国特色的高标准经贸法规"，如互利共赢。

自由贸易协定战略的核心不是建立尽可能多的自由贸易协定，而是要探索高标准的经济和贸易规则。这需要澄清什么是高标准规则，这些规则与其他规则之间的区别是什么，如何协调不同经济体实施的不同规则和订单，等等。相关问题将集中在自由贸易协定战略中，并将在未来的实践中完善，这决定了自由贸易协定战略的非短期性质。

（二）自贸区战略

自贸区战略是为了推动当前国际经贸规则的调整优化。在通过自由贸易协定战略探索新的经济和贸易规则的同时，中国迫切需要通过自由贸易协定战略加快与其他国家建立更密切的经贸关系。这不仅是中国对外开放的重要组成部分，也是金融危机以来深化国际经贸合作的客观要求。由于世贸组织自多哈回合谈判以来进展缓慢，这也成为世界主要国家采取的一种普遍做法。

---

① 陈建奇：《中国开放型经济的新发展、新挑战及新战略》，《国际贸易》2015 年第 9 期，第 4 页。

中国与其他国家建立自由贸易区的目标不仅是扩大市场，因为中国已经是世界上最大的商品进口国和出口国，短期内边际市场扩张难以大幅改善。实施 FTA（Free Trade Agreement，自由贸易协定）战略的更大吸引力在于促进现有国际经济贸易规则的调整和优化，消除或缓解世界主要贸易伙伴采取非常规手段限制中国出口产品和外国投资的各种障碍，避免被 TPP 等新的区域经济一体化规则所边缘化。

自由贸易协定的谈判涉及制定双边或多边经济和贸易规则。有关方面希望在新的贸易协定中更好地释放其比较优势，同时有效保护与国民经济、民生和战略安全有关的产业。因此，自由贸易协定的谈判往往是复杂和不确定的。中国加快建立新的开放经济体系将有助于在自贸区谈判中释放出更开放的态度。与此同时，经济和贸易规模的扩大也将提高其他经济体加快与中国签署自由贸易协定的意愿，包括中美自由贸易协定在内的自由贸易协定谈判将得到密集启动，中国的自由贸易协定战略有望加速。

第二章

"一带一路"建设中西北地区外向型中小企业发展的商业机遇

2013年9月，习近平主席在访问中亚和东盟期间先后提出了与各国共同建设"丝绸之路经济带"和"21世纪海上丝绸之路"的构想。"一带一路"建设向东延伸到亚太经济圈，向西联系到欧洲经济圈，向南横穿到南中国海，跨越波斯湾，涉及范围广泛、影响力较大。2014年3月5日，李克强总理在第十二届全国人大二次会议上作的《政府工作报告》中，再次强调了要抓紧规划建设"丝绸之路经济带""21世纪海上丝绸之路"，要加快基础设施互联互通，拓展国际经济基础合作新空间。"一带一路"建设的提出，对我国对外贸易以及整体国力的提高都将具有重要的意义，是经济全球化新形势下中国实施新一轮西部大开发和践行"中国特色大国外交"的重要战略部署。长期以来，我国经济的发展重点一直都是比较倾向于东部沿海经济地区，西北地区的基础建设和经济发展相对较弱。"一带一路"建设的推进在促进区域之间协调发展，深化西部地区对外开放程度，加速中原崛起等统筹规划发展建设方面都将起到重要的作用。

第一节 "一带一路"建设的基本内涵

"一带一路"建设，不仅有利于实现中华民族的伟大复兴和新时代条件下的"中国梦"，符合现代国际经济与贸易发展的需求，也契合丝绸之路沿线各国人民要求和平发展，繁荣昌盛的美好愿望。从古时闻名于世的"丝绸之路"到今天提出的"丝绸之路经济带"和"21世纪海上丝绸之路"建设构想，我国一直积极推动经济的对外发展，倡导和平和谐美好的国际关系，这是一条优势互补、平等协商、共建共赢、惠及多方的和平之路、合作之路、共赢之路。在共商共建共享以及打造"利益共同体""命运共同体""责任共同体"等新理念的指引下,以开展全方位多领域跨区域务实合作为根本目的的建设路径越发清晰。

一 "一带一路"建设内涵及其重要意义

自从乌拉圭回合多边贸易谈判以来,由于世界贸易组织(WTO)成员之间自身条件存在的差异性,以及各自利益的多样化,发达国家之间以及发达国家与发展中国家之间,很难在技术标准程度、贸易开放水平、竞争政策方针、环境绿色保护以及争端解决方法等多个领域的问题上达成统一。之后经历的多哈谈判也随之陷入僵局,英国、美国、巴西、印度等多个国家逐渐放弃多哈回合谈判的机会,在各国多方利益博弈下,范围过广的世界贸易组织(WTO)内部多边谈判已经很难适应世界局势的转变。在这样僵持不下的历史时期,各国都需要重新寻找适合自己的发展模式,中国正处在改革开放后的新一轮发展高峰期,随着时间的推移,与其他国家之间的交往也越来越密切深入,构建一个互利共赢的共同发展模式对于中国以及其他各国来说都至关重要,并且刻不容缓。

2013年习近平主席主政以来,为了积极与各国交流,形成共同发展的理念,汇集各方经验智慧,综合分析展望国内和国际的局势变化,提出了"一带一路"建设构想,并将这一战略写入了《中共中央关于全面深化改革若干重大问题的决定》和2014年的《政府工作报告》,"一带一路"建设成了国家重要的发展战略。"一带"是指"丝绸之路经济带",而"一路"是指"21世纪海上丝绸之路","一带一路"建设是两个简称的合并。"一带一路"建设不仅仅是一条线、一条路,还在带动沿线的多面发展,不仅包括亚洲国家,还包括欧洲国家,不仅有发达经济体,还包括欠发达经济体。"一带一路"建设并不是一个具体的实体和机构,而是不同国家和地区之间合作发展的理念和倡议,是依靠中国与"一带一路"的相关国家通过双边和多边的机制安排,构建行之有效的区域合作平台,发展与"一带一路"国家的经济合作和文化交流,共同打造政治互信、经济融合、文化包容的利益共同体、命运共同体和责任共同体。"一带一路"建设是党中央和国务院综合分析国内外两个大局,顺应国际形势深刻变化作出的重要决策。对于古代丝绸之路的辉煌延续,构建中国全方位对外开放新格局，促进世界和平发展与共同繁荣具有深远的意义。

"一带一路"建设的沿线民族众多，各民族之间在文化上的交流、经济上的合作以及信仰上的和谐，使得沿线各民族文化自觉地进入这个经济文化交流圈，同时成为西部经济交流、利益共享的基础。各国实现了物资、人员、技术和思想的交流互鉴，推动了不同民族文明的对话与交融，在人类历史上写下了辉煌灿烂的篇章。丝绸之路反映的是人类各种文明交会的轨迹，印证了世界历史上多元文化和平共处、互相交融、共同发展的辉煌历程。从而形成了"和平合作、开放包容、互学互鉴、互利共赢"的丝绸之路精神，成为推动人类文明进步，促进沿线各民族繁荣发展的重要纽带和东西方文明交流合作的象征。

"一带一路"建设作为我国新时期对外开放的重要建设部署，其构思以及实践的重要依据是以中华文化文明与沿线各民族千百年来的交流、交往、交融过程中所产生的价值认同、文化交流为基础的。一个民族的文化是在历史长河中创造积累并传承下来的，并伴随着本民族的生产生活方式的变化而不断发展进化的，每个民族都有自己不同于其他民族的独特文化。"一带一路"建设沿线自古以来就是多民族文化富集区，多姿多彩的民族文化在古丝绸之路上相互碰撞激荡，铸就了中外文化交流史上的绚丽篇章。丝绸之路从古至今都寓意着友好、文明，象征着开放、共荣。这种核心价值观念的认同使"丝绸之路"精神薪火相传，在21世纪焕发出新的生机和活力，成为今天"一带一路"建设中共有精神家园的思想基础。

二 "一带一路"建设的区域定位[①]

"一带一路"建设不仅对我国西北地区具有重要的开放意义，而且对于国际之间的经济合作和文化交流也具有举足轻重的意义。"一带一路"建设中国际区域地位和国内定位都有不同。

（一）国际区域定位

从经济全球化趋势的视角来看，中国推进"一带一路"建设构想完全符

---

① 邢广程:《"一带一路"的国际区域和国内区域定位及其涵义》，《中共贵州省委党校学报》2015年第3期。

合经济全球化和区域一体化的需要，符合与周边国家建立更加紧密区域经济合作的需求。"一带一路"建设所寻求的是共同发展、共同繁荣和合作共赢，而合作共赢是最高追求。无论是古代丝绸之路的繁荣灿烂还是现代丝绸之路的合作共建，都有一个非常重要的前提：合作共赢。只要当事双方能够在互利合作的轨道上前进，就能够达到合作共赢的目标。而合作共赢是当事方深度合作的基础和进一步合作的起始条件，也是当事方互利合作的最理想状态。这只有增进理解信任和全方位才能使这一目标得以实现。"一带一路"建设的基本理念，就是和平合作、开放包容、互学互鉴、互利共赢，目标就是实现三个"共同体"，即利益共同体、命运共同体和责任共同体，这三个共同体浓缩了"一带一路"建设的基本目标和追求，其在政治上体现在各国的高度互信，在经济上体现在当事方的全面融合，在文化上体现在当事方的深度包容，在利益上体现在当事方的恰当契合，在空间上体现在当事方的最佳组合。

从我国所公布的正式文件上看，"一带一路"建设的基本范围，涵盖亚洲、欧洲和非洲三大洲，确切地说，这里涉及非常广阔的洲际空间，该范围的东面是经济发展非常活跃而迅猛的东亚经济圈，西面是发达而富有的欧洲经济圈，中端是俄罗斯等一系列重要合作国家所组成的区域，经济发展潜力巨大，经济发展比较优势较为突出，支撑经济发展的各种因素比较明显。"一带一路"建设中第一个非常重要的战略功能就是横通亚太经济圈和欧洲经济圈，将欧亚大陆的东端和西端紧密联系起来；第二个重要战略功能就是能够使联系起来的欧亚大陆产生经济社会发展的向外辐射效应，将非洲的北部与东部地区和南太平洋地区联系起来，形成有效的洲际大区域合作格局；第三个重要战略功能就是将欧亚非大陆与太平洋、印度洋、大西洋和北冰洋联系起来，实现海陆区域的深度合作。因此，"一带一路"建设是一个非常开放的合作系统和体系，与其相关联的地区十分广泛。根据"一带一路"建设展望和行动规划，丝绸之路经济带有三个战略方向，一是由中国经中亚、俄罗斯至欧洲的波罗的海方向；二是中国经中亚、西亚至波斯湾、地中海方向；三是中国至东南亚、南亚、印度洋方向。21世纪海上丝绸之路有两个基本建设方向：一是从中国沿海港口过南海到印度洋，延伸至欧洲；二是从中国沿海港口过南海到南太平洋。在丝绸之路经济带的三个方向上将依托陆上已经有效运行的国际大通道，尤其是依托两个亚欧大陆桥，以沿线各国中心城市（蒙古国的乌兰巴托，哈萨克斯坦的阿拉木图，俄罗斯的新西伯利亚、莫斯科、圣彼得堡等）为基本支撑点和辐射源,以重点沿线各国的经贸产业园区和各种区域合作载体为基本合作平台(如中哈霍尔果斯国际边境合作中心等),以互联互通为基本的网络构筑骨架(除了亚欧两座大陆桥之外,还有联通亚欧的一系列公路网络和信息网络),以贸易投资便利化为最基本的合作样式(各沿线国家的海关之间的有效合作),展开沿线国家的多层面合作。

(二)国内定位

经过 40 多年的改革开放,中国形成了全面的开放战略格局。首先,沿海地区对外开放,边境地区全面向外开放。到目前为止,中国已经全面展现了对外开放的格局。在"一带一路"建设中,中国将充分发挥中国各省区的比较优势,实施更积极、更有效的综合开放战略。中国的对外开放不仅是一次全面开放,而且是我国各地区的全面开放。特别是要加强我国东中西部地区的互动与合作,全面提高我国各地区的对外开放水平。

进入 21 世纪,中国的发展面临诸多矛盾,如经济增长与超额集聚的矛盾,消费结构与经济结构的矛盾,高增长与高成本的矛盾,扩大内需与增长之间的矛盾。外部需求,数量增长与价值增长之间的矛盾,经济发展与收入差距扩大之间的矛盾,倾斜发展与均衡发展之间的矛盾,技术引进与自主创新之间的矛盾,这些矛盾都需要通过深化改革开放全面解决。

中国西北地区在"一带一路"建设中主要发挥桥梁和纽带的重要作用。古丝绸之路沿线的五个西北省份包括陕西、新疆、甘肃、宁夏和青海,属于西部欠发达地区。新疆维吾尔自治区具有得天独厚的地理优势,是中国对外开放的重要窗口和边疆。新疆与八个国家接壤,与中亚,南亚,西亚和欧亚大陆腹地等国际板块相连。这些独特的地缘政治和地缘经济条件和因素使新疆成为丝绸之路经济带建设不可再生的重要区域。中共中央和国务院将新疆定位为丝绸之路经济带的核心区域。新疆是丝绸之路经济带的核心区域,其特色是一个枢纽和两个中心,即丝绸之路经济带的重要交通枢纽,贸易物流中心和丝绸的文化,科教中心道路经济带。在建设丝绸之路经济带的过程中,新疆采取了积极的态度,为建立中国中亚自由贸易区而奋斗。从地理位置来看,新疆位于欧亚大陆的腹地,这似乎与海洋没什么关系。但是当我们注意到中巴经济走廊的建设时,我们会发现这条重要经济走廊的内陆端位于新疆南部的喀什。喀什是新疆中巴经济走廊的起点,来自印度洋的海风将沿着中巴经济走廊吹向新疆。

除新疆外,中国的陕西、甘肃、宁夏和青海将在"一带一路"建设中发挥重要作用。陕西省和甘肃省在综合经济和文化发展方面均具有比较优势。陕西省西安市是古丝绸之路的东部起点,为古丝绸之路的繁荣发展做出了重要贡献。丝绸之路经济带中西安建设必将成为中国内陆改革开放的新高地,是中国对外开放的重要节点城市,也是西部大开发的重要支撑点。陕西正在积极申请建立丝绸之路经济带(西安)自由贸易区。从中国西部的战略布局来看,陕西省也是新疆建设丝绸之路经济带核心区的重要支撑点。甘肃省将新疆与腹地巧妙地联系起来,河西走廊自古以来就是中原王朝和西部腹地的唯一通道和重要通道。在古代,河西走廊的战略价值不仅体现在贸易上,也体现在安全、文化和文化交流上。在建设现代丝绸之路的过程中,河西走廊的战略地位并没有减少,而是变得越来越重要。如果新疆是丝绸之路经济带的核心区域,陕西省是丝绸之路经济带的支撑点,那么甘肃省则是核心区域与支撑点之间的重要纽带和桥梁。

因此,西部丝绸之路经济带布局的构建要重视河西走廊,它不是一般建筑的位置,它是中国向新疆传递战略能源的重要桥梁,也是中亚和其他欧亚大陆将重要能源从新疆传递到大陆的重要纽带。甘肃省兰州市是这一重要环节的重要节点。银川是宁夏回族自治区的重要地区,是中国西部经济发展和开放的重要门户。丝绸之路经济的重点是宁夏内陆开放经济试验区的建设,宁夏回族自治区也应该发挥与阿拉伯世界密切联系的有益合作模式,更加深刻地总结其在民族团结中积累的重要经验和强大的积极能量,在社会稳定,民族团结的熔炉中发挥重要作用。在丝绸之路经济带建设过程中的文化融合中,宁夏回族自治区和青海省都具有较强的民族和人文优势,有待进一步发展。陕西省、甘肃省、宁夏回族自治区和青海省与新疆一道,逐步形成了中、南、西亚国家的战略走廊,贸易和物流枢纽,重要产业和人文交流基地。

三 "一带一路"建设的三互准则

互信、互利和互通是"一带一路"建设中"三互"准则[①]的具体内容,它从建设基础、建设核心和建设目标三方面具体而清晰地表达了国与国、地区与地区之间的合作规则,对于"一带一路"建设的顺利高效实施具有促进

---

① 刘雨林:《"一带一路"建设中的"三互准则"及其落实方法》,《成都理工大学学报》(社会科学版)2016年第1期。

作用。

（一）三互准则的内容

1．"互信"是"一带一路"建设实施的基础

信用是企业或个人开展日常业务活动的基础。在跨国和跨区域经济带运作的过程中，声誉反映在更多方面，十分重要。由于"一带一路"的建设覆盖了欧亚大陆，有大量相关国家，国家之间的政治、经济和文化存在差异，各国之间的相互了解有限。因此，建立国家间信任基础是"一带一路"建设的首要前提和重要保障。各国政府之间的相互信任与合作有利于"一带一路"建设的长期稳定，区域经济带的建设则需要政府的长期政策支持，各国政府相互信任，共同维护"一带一路"建设，是实施"一带一路"建设的官方保障。同时，经济带建设的主体是各国企业。动员各国企业积极参与"一带一路"建设，也具有十分重要的意义。企业之间的互信是高效合作的保证。个体企业的商誉，对其他国家和企业的总体印象和认可，以及政治和经济环境的变化，都会影响企业的决策。

2．"互利"是"一带一路"建设实施的核心

追求利益是商业活动的最初目标。"一带一路"经济带的建设，旨在促进沿线各国的共同发展和繁荣，让有关国家和企业真正感受到"互利共赢"是支持和实施"一带一路"建设的核心。2013年10月，习近平主席提议成立亚洲基础设施投资银行。10月24日，前21个成员国在北京签订了合同。截至2015年4月15日，亚洲投资银行已确定了57个初始成员国。在经济带建设的具体实施阶段，基础设施的建立更加需要政府的大力支持，各国有关部门的积极协商与合作，以及各国企业的积极参与。而互利是动员参与者主观能动性的必要条件，也是各国长期合作的根本保证。

3．"互通"是"一带一路"建设实施的目标

"一带一路"建设横贯东西，从东亚经济圈到欧洲经济圈，东西方"一带一路"建设，涵盖了许多具有巨大经济潜力的发展中国家，覆盖范围比古代丝绸之路更广。连接不同地理位置的不同国家是实施"一带一路"建设的基石和最终目标。它不仅包括道路和设施的互联，还包括资金和货币的流通。在跨境贸易中，贸易路线上的交通设施和基础设施是贸易畅通的保障。其中包括高速公路和铁路的建设，海上航线和沿海码头，以及内陆地区输电网络，石油和天然气管道，光纤和其他设施的建设。政府实施的持续优惠政策是跨

国贸易的"润滑剂",各国企业可以安全、大胆地投资"一带一路"建设。

(二)三互准则的落实建议

1."互信"的落实建议

(1)用适当的语言解释和宣传"一带一路"的建设。目前,许多学者和有关人士正在讨论和推动"一带一路"的建设。他们使用了很多军事化的词汇,例如"战略""桥头堡"和"第一战"。这很容易引起其他国家不必要的担忧和警惕。古老的丝绸之路是一个和平的商业活动。在"一带一路"的建设和发展中,要强调和平,宽容,共赢的发展理念。我们应该强调,中国不是单边主义,中国坚持公平和自愿的原则,不会把意志强加给别国。针对一路走来的各国关切,中国应采取积极主动的方式加强政府间的交流与磋商,认识到每个国家都是"一带一路"建设的主体。因此,每个国家在欧洲和亚洲经济带的发展中都是平等的,无论是经济发达还是相对落后。

(2)对于其他经济大国采取兼容和合作的态度,已经有一些其他大国参与经济带及其周边地区的"一带一路"建设,如俄罗斯领衔的欧亚经济委员会,关税同盟和跨西伯利亚运输委员会。在"一带一路"建设中,中国应采取兼容和合作的态度,通过与有关大国的对话和协商,努力在不同经济计划之间形成有效对接,以保证共同利益,避免其对"一带一路"建设采取敌对态度和阻挠措施。

(3)此外,国内企业质量参差不齐也将对"一带一路"建设产生影响。中国应加强各省之间的内部协调,并以统一的形象展示在其他国家面前。与"一带一路"沿线国家产生共识,有利于长期合作。一些中国企业在国外市场的先前行为使一些国家对中国企业产生负面印象,中国应该提高自身企业的质量,严格控制、提高沿线国家对中国企业的评价,使他们愿意与中国企业合作。

2."互利"的落实建议

(1)以优惠政策支持"一带一路"建设。"一带一路"建设的实施涉及许多基础设施建设。一些项目,如高速公路和铁路,建设周期较长,资金回报不确定。国家应该给予政策鼓励和保障,使企业能够积极参与沿线基础设施建设。此外,应实施优惠的跨境贸易政策,例如降低某些商品的关税,以鼓励商品的跨境流通。

(2)为了最大限度地发挥沿线国家的比较优势,巨大的经济复合体的潜力很大程度上取决于利用其内部地区的比较优势。沿线各国"一带一路"建设具有不同的经济优势，可以形成优势互补，从而有效推进"一带一路"建设。例如，与中亚和西亚国家相比，中国在工业制成品方面具有比较优势，西亚国家在能源产品方面具有比较优势，欧洲国家在技术方面具有比较优势。可以通过政策导向，使西亚国家的能源产品、中国的工业产品和欧洲的科技产品在各个国家间更加便捷、灵活地流动，从而最大限度地发挥各国和地区的比较优势。

（3）为充分发挥亚洲投资银行等国际组织的作用，中国发起的亚洲基础设施投资银行引起了世界各国的广泛关注，吸收了许多成员国。要充分发挥亚太投资银行在实施"一带一路"建设中的作用，使利益与发展有效结合。此外，还应与多边金融机构，国际货币基金组织，亚洲开发银行等其他相关国际机构合作。世界合作将有利于降低金融和政治风险，提高"一带一路"建设实施的稳定性。

3."互通"的落实建议

（1）政治互通。各国政府之间应该经常进行磋商和对话，以提高透明度，减少政治摩擦。此外，我们应该举行更多的双边、多边和所有与经济带建设相关的会议，讨论有关实施"一带一路"建设的政策制定。

（2）设施互通。基础设施互通性是沿线经济带经济运行的基础和保障。有关公路、铁路、电缆、光纤等公共设施的建设和有关道路、码头等公共设施的建设，需要政府和企业共同努力，重视长远利益，为公共设施奠定基础。我们应该灵活有效地利用亚洲投资银行和其他国际金融组织的力量，帮助"一带一路"沿线国家或地区的基础设施建设。关于基础设施建设可能带来的生态环境问题，有必要根据各国的实际情况加强沟通，以达成具体有效的共识来应对生态环境带来的问题。

（3）金融互通。货币流通是金融互通的前提。应确保沿线国家货币的可兑换性。目前，人民币国际化进程顺利。2015年7月8日，津巴布韦宣布人民币为合法外币。亚洲投资银行的成立也有利于人民币的进一步"走出去"。"一带一路"沿线各国的金融稳定性各不相同，一些国家货币价值不稳定，融资困难，将阻碍"一带一路"建设的顺利实施。因此，要鼓励跨国金融公司支持"一带一路"建设，加强沿线金融流通。此外，如果我们能够在沿线所有国家之间建立联合货币汇率制度，我们就能有效地降低"一带一路"建设范围内的金融风险。

（4）民心互通。这是各国人民之间的相互理解和认可，虽然没有直接的利益，但它是各国友好共处和长期合作的保证，是一种宝贵的无形资产。各国之间定期的文化交流活动，积极鼓励旅游业的发展和电影、电视和文学作品的流通，都可以对民心互通产生积极的影响。

四 "一带一路"建设的发展方向

实现亚欧经济一体化是"一带一路"发展和建设的重要目标。"一带一路"建设作为21世纪中国的一项重大国策，需要区域内各国的共同努力，才能实现我国经济的二次腾飞，实现亚欧国家共同繁荣。[①]

（一）中国和"一带一路"国家共同建设

在具体安排方面，需要充分咨询相关的亚欧国家，以达成共识，共同努力，促进亚欧各国的共同经济发展。中国和东南亚国家是山水相连的友好邻邦，从历史上看，经济关系非常密切。中国和东南亚国家有经济竞争，但也有更多的合作。要充分发挥各自优势，采取创新合作方式，共同打造"一带一路"。中亚是古丝绸之路的重要组成部分，也是中欧之间的陆地联系。中亚资源丰富，但经济发展相对落后。中国可以利用金融和技术优势与中亚国家合作，促进其经济发展。欧洲国家也可以在"一带一路"建设中发挥重要作用。由于历史原因，欧洲把发展与美国的关系放在第一位。中国崛起后，欧洲国家开始加强与中国和其他亚洲国家的关系。中国和"一带一路"沿线国家也可以在联合国、20国集团、上海合作组织、亚太经济合作组织、金砖国家、东亚峰会和亚洲峰会的框架内积极合作，积极参与促进石油天然气、核电、电力、高铁、航空、通信、金融等领域的合作，增强各方面的合作。

（二）中国国内各地区共同建设"一带一路"

中国提出"一带一路"倡议的初衷是深化改革，扩大开放，增强国民经济实力。但是，由于东西部发展不平衡，具体建设存在一定差异。在东部地区开放的同时，将注重产业升级，提高经济竞争力，争取在国际市场占有一席之地。另外，在吸收东部地区经验的基础上，西部地区应吸引国内外投资，

[①] 张建华：《"一带一路"战略的发展前景、商业机遇与挑战思考》，《商业经济研究》2015年第12期，第17页。

加快基础设施建设，提高经济发展水平。东部地区要充分发挥现有优势建设"一带一路"，特别是经济特区和保税区、自由贸易区等优势，吸引区域内的资金、技术及先进的管理理念等。同时，要支持西部地区，促进共同发展。作为西部地区，首先要完善体制建设，营造良好的投资环境，吸引东部地区的资金和技术参与西部地区的建设。"一带一路"建设需要国家各地区和部门的共同建设和共同发展，才能实现共同繁荣。

五 "一带一路"建设对中国经济持续发展的六大效应

中国积极实施可持续发展战略，而"一带一路"建设对中国经济的持续发展同样具有增加新经济点，推动产能输出，提高经济安全水平，推动中国中西部地区发展，优化产业结构和提升人民币国际地位的六大效应。

（一）"一带一路"建设拓展出新的经济增长点，为我国经济发展增添新活力

目前，稳定增长是中国经济发展的重要任务。要实现稳定增长，必须突破传统经济发展的思路。"一带一路"通过建设世界上最长的经济走廊，为我国创造了许多新的经济增长点。首先，"一带一路"建设基础设施互联为中国经济增长带来了新的机遇。沿线和公路沿线的大多数国家相对落后，行业相对薄弱。根据亚洲开发银行的统计，到2020年，亚洲国家的基础设施投资只能达到8万亿美元。我国基础设施技术先进，经验丰富，在铁路、公路、航空、电力线路和通信网络建设方面具有比较优势。沿线国家对基础设施的需求为中国基础设施技术和设备的出口带来了新的空间。例如，中国加强了与巴基斯坦、俄罗斯和其他邻国的铁路和公路合作项目，以促进中吉—乌兹别克斯坦铁路和中塔高速公路的建设。莫斯科—喀山高速铁路，中老铁路和中泰铁路的建设有条不紊地进行。这些基础设施建设无疑推动了相关产业的发展，促进了我国的经济增长。其次，"一带一路"建设将扩大中国对外工程承包的市场空间，增加商品出口。随着"一带一路"建设的良好机遇，中国的能源和基础设施企业加快了在沿线国家的工程承包。再次，"一带一路"建设将促进传统产业"走出去"，为传统产业的发展注入新的活力。沿线国家劳动力资源丰富，市场需求量大。轻工、纺织、服装、建材等传统企业纷纷投资沿线国家的工厂建设，实现了本地化生产，降低了生产成本。最后，"一带一路"建设将促进中国海洋经济的发展。海

洋经济是未来中国经济发展的新增长点。通过建设21世纪海上丝绸之路，我们将大力加快中国港口建设步伐，推动海上货物运输，推进远洋船舶制造，石油勘探平台建设等。

（二）"一带一路"建设推动我国产能输出，缓解产能过剩的矛盾

产能过剩已经成为中国经济运行中的一个突出矛盾和许多问题的根源。产能过剩将加剧市场的恶性竞争，造成经营困难，行业亏损大，增加银行不良资产等问题，直接危及经济的健康持续发展。目前，中国的钢铁、水泥等行业成为产能过剩的"重灾区"。"一带一路"建设沿线国家的经济发展水平落后于中国，为中国的能力转移提供了广阔的空间。沿"一带一路"建设的大多数国家迫切需要加强基础设施建设，导致对钢铁和水泥的大量需求。以钢铁为例，"一带一路"建设对钢铁的需求量很大，钢铁净进口量占70%以上，这为中国钢铁产量过剩带来了有利的市场机遇。

（三）"一带一路"建设维护我国能源安全和促进外贸增长，提升了我国经济安全的水平

能源合作是互利合作，合作共赢的重要领域。中国是一个能源需求国，"一带一路"沿线的一些国家是能源供应国，这为双方的能源合作奠定了坚实的基础。对我国而言，"一带一路"为中国创造了多元化的能源进口格局，有效保护了中国的能源供应安全，为经济的持续发展提供了能源保障。中国是世界上能源供应短缺的国家。据预测，到2020年，中国的石油进口量将超过5亿吨，对外国的依赖将达到70%。作为世界上最大的能源消费国，中国迫切需要多元化的能源进口渠道。沿线和公路沿线的许多国家都是能够满足我们需求的能源出口国。

（四）"一带一路"建设带动中西部地区经济发展，促进国内区域协调发展

由于地理位置，发展基础等因素，中国整体经济发展呈现出东部快速，西部缓慢的格局。中西部地区的滞后发展已成为中国全面建设小康社会的难点。实施"一带一路"建设，将为加快内陆开放，促进中西部地区经济发展提供良好的历史机遇。"一带一路"可以将中西部变成"内陆腹地"的"开放边疆"。例如，陕西作为古丝绸之路的起点，重点建设综合交通枢纽、国际贸易物流中心、科教文化旅游中心、能源金融中心和经贸合作中心。同时，要充分发挥装备制造业和能源化工业的优势，积极向外界输出。

(五)"一带一路"建设推动我国经济结构优化，促使产业技术升级

"一带一路"建设涉及中国技术，资金和产能的输出。它为中国经济结构调整和技术升级提供了动力。"一带一路"建设将有助于产业结构的调整。它不仅促进了基础设施建设相关产业，资源和能源相关产业，装备制造业的发展，而且促进了信息技术、生物、新能源、新材料、环境保护等高科技产业的发展。金融和电信等相关服务，它加速了这些行业的物联网、云计算和大数据的应用，有利于促进产业结构的调整。"一带一路"也为中国东部低端制造业转移到中西部地区和东南亚地区劳动力成本低的地区提供了新的机遇，促进了经济结构的调整。在东部地区，"一带一路"建设创新了贸易方式，促进了新形式的贸易和物流的形成,有利于中国经济结构的优化。"一带一路"建设将有效促进产业技术升级和技术创新，培育中国新的竞争优势。沿线国家积极与中国合作的原因不仅是中国可以提供财政援助，而且中国也关注其生产能力和设备的技术含量。为了在国际市场上获得优势，中国应不断提高产能、承包工程和出口设备的技术水平。

(六)"一带一路"建设加快推进人民币国际化，提升我国经济在全球地位

人民币国际化是中国经济升级的重要标志，也是中国经济全球升级的必然要求。人民币国际化是指人民币在国际范围内成为主要的贸易结算货币，金融交易货币和国际储备货币的过程。人民币国际化对中国经济的持续发展有很多好处：它可以减少汇率波动的损失，有利于获得国际铸币税收入；有利于国内企业更好地"走出去"，降低交易成本；它可以提高中国的国际金融竞争力，增强中国在国际经济中的声音。与此同时，中国是"一带一路"建设基金的重要供应国，人民币可以成为基础设施融资的主要货币，从而促进人民币国际化。亚洲基础设施建设投资银行和丝绸之路基金可以进一步扩大人民币在金融融资中的使用，促进人民币国际化。特别是亚洲基础设施建设投资银行将打破以美国为首的世界银行和日本主导的亚洲开发银行对国际金融的垄断，这有利于推动人民币国际化。

第二节 "一带一路"建设与西北外向型中小企业发展机遇

"一带一路"建设的实施既符合当今世界经济发展的格局，也符合我国

对外开放的策略,更有利于我国西北地区区域经济结构的调整。外向型中小企业是"一带一路"建设在西北地区实施的基础保障平台,而"一带一路"建设是外向型中小企业蓬勃发展的动力支持和政策保障,二者相辅相成,互相促进。随着"一带一路"建设的推进,新的商业机遇也逐渐呈现出来,这将带给西北地区外向型中小企业新的活力,促进其又好又快发展。

一 "一带一路"建设中西北地区外向型中小企业发展

"一带一路"建设主要针对西北五省,即陕西省、甘肃省、青海省、宁夏回族自治区、新疆维吾尔自治区,每个地区的发展规划不同,对于"一带一路"建设的定位与发展机遇也各不相同。

(一) 西北五省简介

西北五省地区具体包括:西北地区大体上位于大兴安岭以西、长城和昆仑山—阿尔金山—六盘山以北,包括陕西省、甘肃省、青海省、宁夏回族自治区、新疆维吾尔自治区。地形地貌以高原、平原、盆地为主,包括黄土高原、青藏高原、塔里木盆地、准格尔盆地、柴达木盆地、河西平原等。主要城市包括:武威、兰州、敦煌、天水、酒泉、张掖、乌鲁木齐、喀什、银川、西宁、石嘴山、克拉玛依等。自然景观从西到东为高原—荒漠—荒漠草原—草原—耕地,400mm降水线以下,以戈壁荒漠高原为主。

陕西省,简称陕或秦,又称三秦,为中国西北一个省级行政单位,省会为古都西安,位于中国内陆的腹地,属于黄河中游和长江上游,地理坐标处于东经105°29′—111°15′,北纬31°42′—39°35′之间。面积约21万平方千米,人口约3733万,下辖10个地级市及1个农业示范区。东邻山西、河南,西连宁夏、甘肃,南抵四川、重庆、湖北,北接内蒙古,为连接中国东、中部地区和西北、西南的重要枢纽。西周初年,周成王以陕原为界,原西由召公管辖,后人遂称陕原以西为"陕西"。陕西历史悠久,文化底蕴深厚,为中华之源,在历史上较长时期一直简称为"秦"。

甘肃省地处黄河上游,地理坐标位于北纬32°31′—42°57′、东经92°13′—108°46′之间。东接陕西,南控巴蜀、青海,西倚新疆,北扼内蒙古、宁夏。甘肃省简称甘或陇。辖12个地级市和2个自治州,省会为兰州。古时属于雍州,是丝绸之路的黄金之地和咽喉路段,与蒙古国接壤,像一块灿烂的玉石,镶嵌在中国中部的黄土高原、青藏高原和内蒙古高原上,东西蜿蜒

1600多千米，纵横45.37万平方千米，占全国总面积的4.72%。

青海省为我国青藏高原上的重要省份之一，简称青，因境内有全国最大的内陆咸水湖——青海湖，因而得名。青海位于我国西北地区，面积72.23万平方公里，东西长1200多公里，南北宽800多公里，辖6州、1地和1市，与甘肃、四川、西藏、新疆接壤。青海东部素有"天河锁钥""海藏咽喉""金城屏障""西域之冲""玉塞咽喉"等称谓，可见地理位置之重要。2008年年末全省常住人口554.3万人，有汉、藏、回、土、撒拉、维吾尔、蒙古、哈萨克等民族。青海省是长江、黄河、澜沧江的发源地，被誉为"江河源头""中华水塔"。

宁夏回族自治区，简称宁，位于北纬35°14′—39°23′，东经104°17′—107°39′之间。宁夏回族自治区是我国五大自治区之一，首府为银川，下辖5个地级市，处在中国西部的黄河上游地区。南北相距约456公里，东西相距约250公里，总面积为6.6万多平方千米。宁夏东邻陕西省，西部、北部接内蒙古自治区，南部与甘肃省相连。自古以来就是内接中原，西通西域，北连大漠，各民族南来北往频繁的地区。

新疆维吾尔自治区，简称"新"，位于亚欧大陆中部，地处中国西北边陲，总面积166.49万平方公里，占中国陆地总面积的六分之一，周边与俄罗斯、哈萨克斯坦、吉尔吉斯斯坦、塔吉克斯坦、巴基斯坦、蒙古国、印度、阿富汗等8个国家接壤；陆地边境线长达5600多公里，占中国陆地边境线的四分之一，是中国面积最大、陆地边境线最长、毗邻国家最多的省区。境内与甘肃、青海、西藏相邻。地形以山地与盆地为主，地形特征为"三山夹两盆"。新疆沙漠广布，石油、天然气丰富，是西气东输的起点，我国西部大开发的主要阵地。

（二）"一带一路"建设下西北五省的定位及发展机遇

1. 陕西省

定位：着力建设丝绸之路经济带重要支点，形成我国向西开放的重要枢纽。

发展机遇：建设交通、商业和物流中心。以轨道交通和航空为主导，推动枢纽式交通和综合交通网络建设。沿着航点重点布局"沿路一带"标志。创建高水平的自由贸易试验区，创造陕西独特的体验。将深化与中国航海和北京东方的战略合作，具体任务包括：开始建设西安地铁8号线和14号线，建设北方客运站与新机场段之间的城际铁路；努力在西安实施"一带一路"全国自由化试点工程；推进"一带一路"空间信息走廊建设，布局"卫星工厂"；建设2~3个"海外仓库"或"陕西商品展示中心"，力争全年增加新产品数量达到1000多家贸易企业。[①]

构建国际产能合作中心。将重点推进中俄丝绸之路创新园区和哈萨克斯坦与中国国家元首苹果友谊园的建设。引导企业探索吉尔吉斯斯坦、哈萨克斯坦等外商投资产业集聚度较高的陕西工业园区的联合建设。支持资金和技术密集型企业，扩大沿线国家能源、装备制造和农业技术开发的合作渠道，形成能力合作的示范效应。具体任务包括：推进吉尔吉斯斯坦中亚能源有限公司成品油终端网络建设，积极推进中国铁路局巴基斯坦高速公路项目等多项海外投资和重大项目，推进陕西省的设备制造,设备和劳务"走出去"。

构建科技教育中心。促进省级高校、科研机构和企业与国外创新机构的合作，建立创新合作平台，开展跨境联合研发和技术转移。继续推进教育部签署的国际合作备忘录协议的实施，进一步扩大全省教育开放，打造丝绸之路职业教育基地。

构建国际文化旅游中心。扩大文化交流与合作，巩固与国外文化交流与合作的各种平台。陕西动漫游戏产业基地，西安外国文化贸易基地等项目建设要好。西安丝绸之路国际旅游博览会将建成以丝绸之路为主题的重要国际展览，以扩大陕西旅游的国际影响力。促进陕西"长恨歌"等沿线国家采用或使用的现场表演标准。加快与旅游团体的战略合作，共同建立世界文化旅游大会。

构建丝绸之路金融中心。围绕丝绸之路金融中心的定位，编制了"丝绸之路金融中心建设规划"。加大对外投资机构的引进力度，争取有兴趣的银行落户陕西。我们将争取国内外金融机构的区域总部和功能总部设在陕西。加快丝绸之路经济带跨境资金结算功能建设。创新国际融资模式，加强与国际金融机构和丝绸之路基金合作，开展重大项目海外投资。

2. 甘肃省

定位：向西开放的纵深支撑和战略平台、丝绸之路的综合交通枢纽和黄

---

① 《陕西"一带一路"建设2018年行动计划发布》，陕西省人民政府网，http://www.shaanxi.gov.cn/sxxw/xwtt/bm/105770.htm。

金通道、经贸物流合作的区域中心、产业集聚和合作示范基地、人文交流合作的桥梁和纽带。用一句话来概括，就是要打造丝绸之路经济带甘肃黄金段。

发展方向：在建设平台，扩大交流和建立开放平台方面取得了新的突破。兰州新区作为丝绸之路经济带的第一个国家级新区，被定位为国家对西部开放的战略平台，是国家重要的工业基地，重要的增长和产业转移西部示范区。目前，甘肃省已引进39家全球500强中资和民营企业，200多个主要工业项目。要扩大对外开放，必须加快对外开放。目前，兰州中川机场和敦煌机场的国际航空港已对外开放。嘉峪关机场开通正在申请纳入"十三五"规划。同时，要努力推进兰州和武威铁路口岸的规划和申报，并对外开放。特殊海关监管领域的建设取得了积极进展。武威保税物流中心于去年10月关闭海关业务，并在甘肃海关特别监管区实现了"零"突破。兰州新区综合保税区近期通过了全国验收关闭业务，为甘肃省与中亚和西亚国家的贸易提供了平台和基础。[①]

强化基础，交通先行，开放通道建设呈现新亮点。道路互联是"一带一路"建设的重中之重。甘肃省根据地理位置和渠道优势，将公路联盟视为丝绸之路经济带甘肃段建设的基础性工作。2015年年初，省委、省政府果断决定制定和颁布丝绸之路经济带甘肃段"6873"交通突破行动实施方案，并决定从2015年起集中六年，完成投资8000多亿元，建设公路铁路7万多公里，实现"公路、铁路、大通航线"三大目标，从根本上解决甘肃省的交通不发达的问题。这一重大倡议的实施必将对突破交通瓶颈，扩大开放，促进全省经济社会发展产生重大而深远的影响。"6873"综合交通突破运营在过去四个月中取得了良好开端。据省交通厅有关负责人介绍，目前14个市、州确定的交通突破行动公路、铁路、民航建设计划投资规模超过1万亿元。

内引外联，加强合作，经贸合作取得新成果。在推进"一带一路"建设的过程中，甘肃将在资源、能源和产业优势的基础上，主动"走出去"，加强与丝绸之路沿线国家的经贸合作，包括中亚和西亚，进一步扩大对外开放范围，提升对外合作水平。金川公司、白银公司、酒泉钢铁集团等大型企业

---

① 《甘肃省深入推进"一带一路"重大战略建设》，人民网，http://gs.people.com.cn/n/2015/0907/c183283-26265255.html。

坚持市场化和国际化的方向，初步形成国际化的商业模式。民营企业在"走出去"拓展国际市场方面也取得了重大进展。兰州海默科技公司在美国，阿拉伯联合酋长国、阿曼、哥伦比亚等国家设有六家海外子公司和分支机构。截至 2015 年 7 月底，海外投资 6730 万美元；Tianmercury Spark 机床公司在法国合并成立法国 Soma 公司，累计投资额为 595 万美元。在加大投资合作的同时，甘肃省的国际贸易合作也越来越活跃。2014 年，甘肃省和丝绸之路沿线国家进出口同比增长 3.3%，甘肃省进出口比重由 2013 年的 18% 上升至 23%。甘肃省对吉尔吉斯斯坦、塔吉克斯坦、土库曼斯坦、乌兹别克斯坦等中亚国家的石油钻井和生产设备、特色农产品、民族产品、电子产品等的出口大幅增加。2015 年上半年，甘肃省与丝绸之路沿线国家的进出口贸易量稳步增长。

发挥优势，突出特色，人文交流取得新进展。近年来，甘肃省根据丝绸之路沿线国家的历史文化渊源和建立的友好城市关系，在人才培养、技术合作和文化推广等方面开展了广泛的政府间合作和民间交流，促进了文化交流。目前，甘肃已在五大洲建立了 50 对国际友好城市，涉及 35 个国家。其中，有 17 个国家为"一带一路"沿线国家。我们将通过建立互访的政府间机制，进一步扩大互动，交流与合作。2015 年 6 月，白俄罗斯贸易部副部长马杜里斯率领经济贸易代表团前往甘肃省洽谈合作事宜。在第 21 届兰州博览会期间，白俄罗斯副总理加里宁率领政府和企业代表团访问甘肃，进一步促进双方的交流与合作。相应地，2014 年 8 月，甘肃省委副书记欧阳健率团访问伊朗、吉尔吉斯斯坦和哈萨克斯坦；2015 年 5 月，省委常委，副省长李荣灿率团参加"中白区域经贸合作论坛"，并与白俄罗斯贸易部和格罗德诺州签署合作协议。

在技术交流方面，甘肃省充分发挥其在风能、太阳能、旱作、雨水储存和利用方面的技术优势，并对来自 30 多个国家的 400 多名学员进行了对外援助项目培训。积极实施甘肃国际交流研讨会项目，近年来共有来自 54 个国家的 232 名交换者参加了学习和培训。

3. 青海省

定位：青海正在打造丝绸之路经济带的战略通道、重要支点和人文交流中心，使丝绸之路经济带成为青海向西开放的主阵地和推动全省经济发展的新增长极。节点城市为西宁、海东、格尔木。

发展方向：优化经济结构。鼓励和支持企业加快升级改造，充分发挥科技在支持产业升级中的作用，整体整顿产业转型升级资金，实施相关税收和财政支持政策，支持企业升级和转变落后产能，重点是品质，节能，环保，设备改进，采用高科技，先进的适用技术。重点企业如祁连山绿色有机生物技术开发公司、青海金乡生物技术开发公司、青海沂源乳业有限公司、青海金门牛食品开发有限公司、门源兴农蜂业有限公司等都具有良好的产业基础，将通过建立政企、银企的服务平台，尽一切可能帮助企业贷款、升级技术、稳定库存、做生意，大幅增加将促进产业转型升级。同时，积极为企业提供信息咨询、市场开发、技术支持、人才培养等服务，努力为转型升级提供要素。

推动特色产业发展。以生态环境保护为目标，着力提升工业化水平，优化产业结构，延伸产业链，扩大工业总经济，积极培育新的工业经济增长点，加快转变和升值优势。不断提高资源型工业企业财政收入的效率和贡献率，努力培育年内四家计划企业。全面完成园区基础设施建设项目，投资5000万元，不断增强园区的承载能力和生产配套能力。总投资9700万元的大麦酒和沙棘饮料生产线，牛奶生产线，有机肥加工，蕨类植物栽培和深加工项目的研发已经完成。建设总投资4.03亿元的青藏高原特色生物资源原料储存加工基地，香芹籽油加工旅游产业园和新雪山毛虫鸡屠宰加工项目。

创新发展新兴产业。结合门源产业的实际发展，依托水电，煤炭，多金属矿产和农畜产品加工四大支柱产业，加快生物园基础设施建设，实现企业集中、要素集中、产业集群和土地集中。做好招商引资，回国创业，培育中小企业，实现产业转移。立足企业信赖，寻求产业转移接纳，回报业务服务，培育新的中小企业集聚体，依托商业物流园区建设规划，寻求门源区域工业企业物流中心平台的新发展。现代生产和生活服务。推进渐进式优化，加快绿色有机食品、旅游文化、建材、物流等重点战略性新兴产业的发展，优先培育和开发适合当地产业发展优势和特色的一批新兴产业项目，逐步形成产业集群。

4.宁夏回族自治区

定位：以国家"一带一路"建设为引领，进一步打造丝绸之路经济带战略支点。

发展方向：扩大对外开放水平。宁夏回族自治区位于新欧亚大陆桥中心区和中亚—西亚经济走廊。它具有建设西北辐射的条件，连接中国北部和东北地区，并通往西亚和北非的航空枢纽。它是通往中国阿拉伯国家空中走廊的重要门户。国家批准建设宁夏内陆开放经济试验区，年度中阿博览会，银川综合保税区关闭和运营，银川粤海湾中央商务区和滨河新区建设，国家对少数民族地区和西部贫困地区给予的优惠政策都体现了这一基础。

完善区域经济结构。改革开放以来，宁夏历届党委政府围绕中央发布的一系列扶持地方发展的政策措施，稳步推进西部地区的开发和开放。各项经济社会事业取得了很大成就，经济发展潜力巨大。特别是以煤化工为代表的宁东能源化工基地正在崛起。五条国家"西气东输"管道穿越宁夏，在中东和中亚开展油气加工和改造具有一定优势。建立中阿信息网络的初步条件已经到位。

推动民族特色发展。宁夏是回族自治区，回族人口超过230万，它是中国最大的回族人口聚集区。回族人民与世界其他国家的穆斯林有着相似的风俗习惯，宗教信仰相同，民间交往频繁。它在与阿拉伯国家和穆斯林地区的交流与合作方面具有明显的优势。这些优势和条件必将在"一带一路"建设中创造宁夏的未来，抓住新的商机，赢得主动，赢得未来。旅游资源的鲜明特征和民族风情与丝绸古道路的融合，对沿途游客具有极大的吸引力。

5. 新疆维吾尔自治区

定位：新疆将依托地缘优势，深化与周边国家和地区的交流合作，形成丝绸之路经济带上重要的交通枢纽、商贸物流和文化科技中心，打造丝绸之路经济带核心区。主要节点城市为乌鲁木齐、喀什。

发展方向：充分发挥地域优势。新疆与俄罗斯、哈萨克斯坦、吉尔吉斯斯坦、塔吉克斯坦等国接壤，陆地边界超过5600公里。它是中国接壤国家最多的省级行政区。新疆正处于与"一带一路"沿线国家的沟通渠道。它可以直接与邻国互连，也是资本交换的门户。在2015年1月20日发布的政府工作报告中，新疆提出今年要推进丝绸之路经济带核心区建设，加快实施丝绸之路核心区建设的意见和行动计划。加快建设五大中心，即交通枢纽中心、商业物流中心、金融中心、文化科教中心和医疗服务中心。

构建物流节点中心。通过交通联系，新疆打算发展成为中亚与中国内陆地区货物流通的配送中心。特别是一些零散的商品可以在这里合并。例如，乌鲁木齐开始建设铁路集装箱中心，这是建设新疆丝绸之路经济带核心区的重要项目之一。希望该项目能加快中欧一体化进程，建设西部集装箱码头，推动周边物流园区建设。新疆正在争取更多的货运线路，并在新疆进行重组。作为配送中心，其功能将大大增强。此外，未来五年，新疆将建设乌鲁木齐、伊宁等国家级公路交通枢纽和30多个物流园区。除乌鲁木齐外，伊宁等其他城市也计划在"十三五"期间建设伊宁机场。他们将重建和扩建现有机场，开放机场国际港口，在哈萨克斯坦和中亚开辟国际航线，为中亚开放货物并发展国际物流中心。虽然在现阶段，这些配送中心或物流中心的功能仍然取决于未来的货物供应情况。据新疆发展和改革委员会代表介绍，未来新疆将依托综合保税区，自由贸易区，铁路和航空运输联系，加强配送中心的功能，以吸引货物的流通和集中。

发展特色产业。新疆是中国的石油和天然气生产和加工储备基地，煤、煤电力、煤化工基地，大型风电基地。并计划发展使用当地资源作为原料或半成品的加工和制造业，或使用中亚资源，如木材、棉花、玉米，加工成板、家具，然后出口到中亚或中国进行国内销售。我们还可以根据民族特色，如天山、高昌古城、吐鲁番、喀纳斯湖、博斯腾湖、魔鬼城等积极发展旅游业，积极建设基础设施，打造国际旅游品牌。

二 "一带一路"建设赋予西北地区外向型中小企业发展的机遇

"一带一路"建设的提出与实施，有效地提高了西北地区的对外开放水平，促进了西北地区经济优化转型，赋予了西北地区外向型中小企业五个发展方向的新机遇，这对于西北内陆地区具有重要意义。[①]

（一）赋予西北地区外向型中小企业加快再平衡的机遇

"一带一路"建设使中国有机会实现区域经济的再平衡。传统的全球化始于海洋。海洋国家和沿海地区首先发展，而内陆国家则落后。同样，中国对外开放长期以来主要集中在沿海开放区域，而内陆开放程度仍处于较低水平，形成了贫富差距巨大的现象。今天，"一带一路"建设鼓励中国向西方开放，它不仅改善了该地区的开放性，还缩小了东西方之间的差距，加快了区域再平衡的进程。它突破了原有区域政策甚至区域研究的局限，强调内外联动，在更大的经济发展空间格局中调动两种市场资源。

---

① 张俊莉：《"一带一路"背景下内陆开放型经济制度创新》，《经济与管理》2015年第12期，第68页。

(二) 带动西北地区外向型中小企业开放型经济的转型

"一带一路"建设促进了内陆开放型经济的转型,形成了新的"雁形"模式。"一带一路"建设的主要背景是将中国的优势转化为其他国家的优势,把中国的机遇转化为世界的机遇。这不仅是中国经济发展方向的重大转变,也是世界对外经济失衡的必然要求。这不仅会增加中国与周边新兴经济体的合作,形成经济发展的合力,解决中国部分产能过剩,及时转移劳动密集型产业,促进中国与周边新兴经济体形成梯度和区域生产网络,加强与周边国家的经济功能整合。与此同时,随着对外开放的加强,中国将加快优势产业和先进技术的出口,从东部到中西部地区的产业转移速度也将提高。当然,整个国民经济结构转型升级的"雁形模式"将会取得成果。

(三) 提供西北地区外向型中小企业可持续发展的机会

"一带一路"推动"绿色丝绸之路",为内陆地区开放型经济的可持续发展提供了良好的机遇。"一带一路"的原则是"合作、共建、共享"。它抛弃了"零和游戏,你胜我败"的旧思想,与所有会员国实现"和平、发展、合作、共赢"。这不仅超越了区域经济发展的概念,而且极大地丰富了中国古代"和而不同"的合作思想。这不仅是中华民族可持续发展的有力保障,也是世界文明可持续发展的重要支撑。同时,通过"一带一路"建设,我们将一路受益于贫困和贫困地区,让他们尽快摆脱贫困,尽快减贫。用绿色低碳可持续发展模式构建"人类命运共同体"。

(四) 增强西北地区外向型中小企业与外界的交流

"一带一路"倡议的提出,增进了内陆开放地区与中东人民之间人文文明的相互了解。"一带一路"提出的"互联"不仅是交通、能源、通信、技术等硬件的对接,也是文化与文明的对接,即软环境的对接。硬件对接是人们心灵的关键,软环境的对接极大地丰富了硬件对接。丝绸之路是一条文明和文化交流的道路,这也是中国与周边国家友好合作的概念,随着"一带一路"的发展,中国的工业文化因素将日益影响中国未来的区域竞争力。

(五) 提高西北地区外向型中小企业的区位优势

"一带一路"建设增强了西部内陆开放区域的区位优势。从区域经济学的角度来看,技术因素和地理因素是相互作用的,许多技术因素改变了地理因素。中国提出21世纪复兴"古丝绸之路"的重要原因之一是,高速铁路和高速公路所代表的技术因素改变了世界地理地图,缩小了地缘政治空间。例如，在以海运为主导的国际物流走廊时代，西部内陆开放区基本上处于物流走廊的尽头。丝绸之路经济带的建设使西部许多内陆省份成为国际物流走廊的节点。从结束到节点的位置变化为内陆省份创造了新的竞争优势。

第三章

西北地区外向型中小企业发展的基础与挑战

伴随着"一带一路"向西开放的水平不断提高，我国西北地区的对外贸易额和外贸增长率呈现出了持续快速上升的态势。显然，"西部大开发"政策的实施与"一带一路"建设的积极推进，使得西北地区经济建设与对外贸易紧密地结合在一起，为西北地区高速平稳发展提供了源源不断的动力。良好的社会经济环境不仅为西北地区外向型中小企业提供了难得的发展机遇，也带来了非同寻常的挑战。

第一节 西北地区对外贸易发展的历程

西北地区对外贸易历史悠久，两汉时期就已出现。由于西北地区的地理位置的特殊性，西北地区的对外贸易大多是指对中原地区的贸易，中亚、欧洲等地区也存在着一些贸易往来。历史上，西北地区曾经作为附属于中原王朝的小国，并不是经济与贸易的活动主体，西北地区的对外贸易多为西北地区与中原地区的贸易、西北地区与中亚的贸易以及西北地区与欧洲的贸易。与中原地区的贸易主要以"朝贡"为主。汉朝时，张骞出使西域，促进了西北地区的对外贸易；唐朝时，唐设立西域都护府，促进了西北地区与中亚的联系和贸易；元朝时，蒙古族建立了大一统的王朝，加强了西北地区与中亚、欧洲、中东等地区的经济文化交流。近年来，在"一带一路"建设推动下，我国西北地区的中小企业与中亚、西亚、欧洲等国家和地区的贸易往来频繁，经济文化交流日益加深，发展迅速。

一 秦汉时西北地区外向型贸易的原始萌芽出现

秦汉时，中原地区的支柱产业是农业，而西北地区的支柱产业为畜牧业，在经济类型上的不相同也就使得两者之间具有了一定的贸易互补性。生产模式与经济类型的不同决定了西北地区对外贸易的商品种类、贸易程度。在当时，西北地区的对外贸易按照商业贸易地域、商业贸易形式、商业贸易层次，可以分为不同的种类。按照商业贸易地域，西北地区的对外贸易可以划分为西北地区与中原王朝的贸易、西北地区与中亚、欧洲各国的贸易；按照商业贸易形式，西北地区的对外贸易可以划分为主动对外贸易与被动对外贸易；按照商业贸易的层次，西北地区的对外贸易可以划分为民间贸易与上层贸易（民间贸易是指西北地区与中原地区接壤的地方或者在古丝绸之路沿线，民间多通过"互市""合市"的方式来进行以物换物，在上层则多采用"和亲""朝贡"等方式进行贸易），如表3-1所示。

表 3-1　　　　　　　　　　西北地区对外贸易的类型

划分标准	类型
商业贸易地域	西北地区与中原王朝的贸易 西北地区与中亚、欧洲各国的贸易
商业贸易形式	主动对外贸易 被动对外贸易
商业贸易层次	民间贸易：通过"互市""合市"的方式来进行以物换物 上层则多采用"和亲""朝贡"等方式进行贸易

早在张骞出使西域之前，西北地区就已经和中原王朝之间有了商业往来，在新疆阿尔泰等地区发掘的先秦时期的墓葬中，就曾出土了具有强烈中原气息与特征的物品：丝织品、青铜镜等，而在河南安阳发掘的墓葬中也发现了产自昆仑山北麓的玉石。公元前137年（建元三年），张骞出使西域，欲联合大月氏夹击匈奴，在途中被匈奴所虏，经历了十余年之久，张骞终于重返汉朝，向汉武帝报告了西域的情况。公元前119年（元狩四年），张骞第二次出使西域，其主要目的是加强与西域的联系，促进西域各国与中原王朝之间的联系，从此也建立起汉朝与西域之间的交通。张骞出使西域之后，丝绸之路成为西北地区与汉朝通商的重要途径。丝绸之路虽然一开始有着重要的

政治意图，但是随着西北地区与汉朝的联系不断密切，丝绸之路的商业功能也不断强化。中原地区派遣使者出使西域，西域诸国派遣使者出使中原，两者之间相互沟通，在促进双方之间了解的基础上也促进了双方之间的贸易往来。中原地区的丝织品、金银货币、青铜制品流入了西域，西域特有的葡萄、核桃、马匹等也沿着丝绸之路流入中原地区。在此时期，双方民间多通过"合市""互市"进行贸易，"合市"是指民族间由官方组织的定期（或不定期）的商业交换关系。但是"合市""互市"并不是特别发达，贸易程度较低，在双方的贸易额中占比较小。大宗的贸易主要通过"朝贡""和亲"等形式，西域向中原派遣使者，携带稀奇之物前往汉朝进贡来换取大量的赏赐。

二 隋唐时西北地区的对外贸易程度不断加深

隋唐时期，中原王朝与西北地区交流达到一个新的高峰，在隋唐时期西北地区的对外贸易主要包括三种形式，分别为：朝贡贸易、绢马贸易和茶马贸易。这三种贸易对于西北地区外向型中小企业在不同的时期有着不同程度的影响。

（1）朝贡是指藩属国向宗主国上贡方物。对于宗主国来说，得到了来自藩属国的承认与纳贡，稳固了自己的政治地位；对于藩属国来说，朝贡浅层次是向宗主国上缴贡奉，其实质已经成了一种贸易形式了。中原王朝派遣使者出使西域携带的大量礼物多为赠送，西域派遣使者向中原王朝上贡多以贸易的形式，因此，朝贡对于西域地区来说其实质是一种在政治旗帜下的贸易活动。朝贡贸易对于当时西域的经济贸易发展有了一个极大的推动。朝贡贸易有着十分浓厚的政治色彩，是一种在政治外表下极不平等的贸易，在唐代经历过"安史之乱"后，中原王朝已无力再支撑这种亏本的朝贡贸易。于是出现了政治色彩比较淡的绢马贸易和茶马贸易。

（2）绢马贸易，是指西域国家使用马匹来换取中原地区生产的绢。绢是中原地区生产的丝织品的总称，不仅包括绢，而是丝织品与布帛的总称。因为西域地区多以畜牧业为主，加上自然条件与技术的限制，西域地区并不生产丝绸，然而在西域地区的上层对于丝绸十分向往，因此除了朝贡贸易之外，只得通过绢马贸易来进行交换。中原王朝受经济形式与自然条件的限制，养马的数量不能满足与周边国家作战的需要，自产马的数量跟不上战争的需求，于是使用丝绸、布帛、粮食与西域进行交换。双方的经济互补性促进双方的对外贸易，绢马贸易从实质上来说是一种平等的贸易行为。随着唐朝中后期国力衰微，已经无力支撑起规模巨大的绢马贸易，经常拖欠西域国家的丝绸、布帛，出现了"中国财力屈竭，岁负马价"的情况。

（3）茶马贸易是在唐朝中后期兴起的，在当时并不能与绢马贸易相提并论，只能作为贸易的一种补充形式。中原地区对茶叶的记录较早，茶叶一直是中原地区人们生活起居的必备之品，但是在西域地区，茶叶是只有上层才能享受的高档品。茶马贸易对于当时不堪大量的绢马贸易而"财力屈竭，岁负马价"的唐朝来说是十分乐意的事情。唐德宗贞元年间，唐朝开始了与西域地区的茶马贸易，茶马贸易后来成为一种主要的贸易形式。

三 当代西北地区外向型中小企业的飞速发展

从历史的角度看，古代西北地区主要的外向型贸易便是与中原地区的贸易。在当今，西北地区的主要对外贸易形式是与中亚、欧洲等地的贸易。中华人民共和国成立后，西北地区通过资源整合与大力改革，摆脱了传统的畜牧业与农业经济，步入了工业社会。2006年开始推行的"西部大开发"政策主要包括基础建设、产业生态保护等多个方面，其主要目的是加强西部地区的经济建设，缩小东西部的经济差距，促进全国统一协调发展。由于政策的推动与环境的改善，西北地区中小企业整体上获得了快速的发展。目前，伴随着"一带一路"建设工作的不断推进，我国西北地区中小企业的发展出现了新的飞跃，其中，外向型中小企业的发展尤为突出。由表3-2可以看出，西北地区私营企业数量从2014年到2016年年底都有着大幅度的提升，这也在一定程度上说明了"一带一路"建设中积极良好的政策与市场环境使西北地区中小企业得到了迅猛的发展。

表3-2　　　　　　　　西北地区的私营企业数量　　　　　　　单位：户

地区	2014年	2015年	2016年
陕西	98157	123679	145512
甘肃	47044	59508	68918
青海	18618	22379	26448
宁夏	22832	31094	42069
新疆	73691	87929	104979

资料来源：根据《2014年中国中小企业年鉴》《2015年中国中小企业年鉴》《2016年中国中小企业年鉴》统计而得。

第二节 西北地区外向型中小企业发展的基础

西北地区外向型中小企业的发展基础包括政策基础、资金基础、基础设施建设以及西北地区本身固有的人文基础优势。政策基础是指在"西部大开发"与"一带一路"政策的支持下，我国西北地区外向型中小企业的发展获得了多方面的便利。资金基础是指亚投行、丝路基金以及当地的金融机构为西北地区外向型中小企业的发展提供了资金保障。基础设施建设基础是指公共交通与工业基础建设和信息技术方面的飞速发展与完善。同时，西北地区外向型中小企业还有着地缘、人文、产品等方面的发展基础，这些都为西北地区外向型中小企业全面快速发展奠定了坚实的基础。

一 政策沟通：政策支持为西北地区外向型中小企业指明方向

西北地区外向型中小企业在发展过程中的政策支持来自中央和地方两个层级，中央制订方向性的规划，地方政府进行底层设计，共同推动西北地区外向型中小企业的发展。来自中央的政策支持主要有"西部大开发"政策、"一带一路"政策，不同的省份根据"一带一路"建设要求有着相应的政策支持。

（一）"西部大开发"与"一带一路"的政策支持

1."西部大开发"政策对西北地区外向型中小企业的支持

我国西部地区幅员辽阔，资源丰富，市场潜力巨大，不少省区地处祖国边疆，是多民族聚居的地方。改革开放以来，各地区经济和社会发展都取得了长足进展，人民生活水平普遍提高。但西部与东部相比，在总体发展水平上，还存在着较大的差距。在继续保持东部地区良好发展势头的同时，我国实施西部大开发政策，有利于发挥蕴藏在中西部地区的巨大市场潜力和发展潜力，扩大国内需求；有利于缩小地区差距，最终实现全体人民的共同富裕；有利于增强民族团结、保持社会稳定和边疆安全。

（1）国家加大了对西部地区重点建设的投资力度，基础设施建设迈出实质性步伐。2000年以来，中央加大了对西部地区建设资金投入的力度，用于基础设施的投资约2000亿元，生态环境投资500多亿元，社会事业投资100多亿元，共2600多亿元。长期建设国债资金1/3以上用于西部开发，达1600亿元。国家在西部地区新开工了36项重点工程，投资总规模6000多亿元。青藏铁路、西气东输、西电东送、水利枢纽、公路干线等关系西部地区发展全局的重大项目已经全面开工。共建设和改造大型水库30多座，新增公路通车里程约5万km，新建铁路新线1641km、复线1311km、电气化线路1370km，新建和改扩建机场31个，西电东送工程在建装机容量2200多万千瓦。结构调整和对外开放步伐加快。西部地区水电、天然气、石油、有色金属、棉花、糖料、水果、肉类等特色产品初步形成优势。旅游基础设施建设明显加强，第三产业增加值比重由1999年的35.4%提高到2001年的38.3%。国有企业改革、改组、改造力度加大，个体、私营经济快速发展。世界500强企业已有近百家到西部地区投资或设立办事机构。东西部经济合作和对口支援项目已落实9000多个，引进资金1000多亿元。[①]

（2）国家实行重点支持西部大开发的政策措施并要求执行统一的政策措施。2000年10月，《国务院关于实施西部大开发若干政策措施的通知》颁布了西部大开发的相关政策措施。2001年9月，国务院办公厅转发了国务院西部开发办会同有关部门制定的《实施西部大开发若干政策措施的实施意见》，对国家支持西部开发的政策措施作了进一步明确、具体的阐释。在西部地区，国家鼓励外商投资于农业、水利、生态、交通、能源、市政、环保、矿产、旅游等基础设施建设和资源开发等领域，以及建立技术研究开发中心。2002年2月25日，经国务院同意，印发了《"十五"西部开发总体规划》。适应加入世界贸易组织的要求，扩大西部地区服务贸易领域对外开放。将外商对银行、商业零售企业、外贸企业投资的试点扩大到直辖市、省会和自治区首府城市。允许西部地区外资银行逐步经营人民币业务，允许外商在西部地区依照有关规定投资电信、保险、旅游业，兴办中外合资会计师事务所、律师事务所、工程设计公司、铁路和公路货运企业、市政公用企业和其他已承诺开放领域的企业。引导外商投资于教育、卫生领域。

（3）实行税收优惠政策。设在西部地区国家鼓励类的外商投资企业，10年内减按15%的税率征收企业所得税。民族自治地方的外商投资企业可以减征或免征地方所得税。对外商在西部地区新办交通、电力、水利等企业，符合规定的实行企业所得税两年免征、3年减半征收。西部地区外商投资鼓励类产业及外商投资优势产业的项目，在投资总额内进口自用先进技术设备，

---

① 彭怀针：《中国西部大开发年度报告2001—2002》，中共中央党校出版社2002年版。

免征关税和进口环节增值税。

（4）拓宽西部地区外商投资的渠道。鼓励在华外商投资企业到西部地区再投资，对外商到西部地区再投资项目，凡外资比例超过25%的，均可享受外商投资企业相应待遇。对西部地区的火电站、水电站、高等级公路、独立桥梁及隧道、地方铁路、城市供水水源及净水厂、污水处理厂、垃圾处理厂等项目，扩大以BOT方式吸引外商投资的试点，开展以TOT和项目融资方式吸收外商投资的试点。探索以企业上市、转让经营权、出让股权、兼并重组、产业基金、风险投资基金等方式吸引外商投资。

（5）放宽西部地区利用外资的条件。对外商投资于西部地区基础设施和优势产业项目，可适当放宽对外商投资的股比限制。外商从事西气东输管道建设、经营，以及城市天然气管网建设的，可以控股。对外商投资于西部地区商业项目，放宽经营年限和注册资本条件。对外商投资于西部地区基础设施和优势产业项目，适当放宽国内银行提供固定资产投资人民币贷款的比例。允许外商投资项目开展包括人民币在内的项目融资。

（6）实行鼓励外商投资于矿产资源开发的优惠政策。对外商投资勘查开采非油气矿产资源的，除享受国家已实行的有关优惠政策外，还可以享受免缴探矿权、采矿权使用费1年，减半缴纳探矿权、采矿权使用费2年的政策。对外商从事《外商投资产业指导目录》中鼓励类非油气矿产资源开采的，享受免缴矿产资源补偿费5年的政策。

2."一带一路"建设对西北地区外向型中小企业的支持

"一带一路"倡议是2013年习近平主席提出来建立"新丝绸之路经济带"和"21世纪海上丝绸之路"的倡议。"一带一路"的政策提出加强沿线各个国家的经济合作，为了促进双方的合作水平、加深合作程度，就必须提高出口产品、对外贸易的质量和数量。西北地区作为"一带一路"向西开放的出口地，在地理位置上有着很重要的影响，而西北地区外向型中小企业作为西北地区对外贸易最活跃、最广泛、数量最多的企业，对推动西北地区外向型中小企业的建设有着极为重要的意义。

为了促进西北地区外向型中小企业的发展，我国出台了一系列政策法规，来支持西北地区中小企业的发展，尤其是西北地区外向型中小企业。充分地深化我国西北地区外向型中小企业与"一带一路"沿线各国在贸易、投资、科技、能源、各类产业之间的合作。构建完善的服务体系为我国西北地区外向型中小企业的发展提供支持，使得西北地区外向型中小企业得以走出去，与此同时学习"一带一路"沿线国家管理经验与科学技术，不断地提高西北地区外向型中小企业的竞争力。

（1）支持中小企业参加国内外展览展销活动。创新中国国际中小企业博览会办展机制，推进国际化、市场化、专业化改革，重点邀请沿线国家共同主办，并设立"一带一路"展区，继续为中小企业参展提供支持。鼓励中小企业参与工业和信息化部、中国贸促会举办的境内外展会和论坛活动。支持各地中小企业主管部门与贸促会分支机构合作开展专门面向沿线国家中小企业的展览活动，帮助中小企业特别是"专精特新"中小企业展示产品和服务，为中小企业搭建展示、交易、合作、交流的平台。

（2）建立经贸技术合作平台。共同搭建"中小企业'一带一路'合作服务平台"，为中小企业提供沿线国家经贸活动信息，支持各地中小企业主管部门、中小企业服务机构和贸促会分支机构联合开展企业洽谈、项目对接等活动。鼓励中小企业服务机构和企业到沿线国家建立中小企业创业创新基地，开展技术合作、科研成果产业化等活动。吸引沿线国家中小企业在华设立研发机构，促进原创技术在中国孵化落地。

（3）鼓励中小企业运用电子商务开拓国际市场。支持各地中小企业主管部门积极参与中国贸促会跨境电子商务示范园区和单品直供基地建设，鼓励并支持创新型中小型跨境电商企业入驻发展。大力推进中国贸促会"中国跨境电商企业海外推广计划"，针对中小企业在通关报检、仓储物流、市场开拓、品牌建设等方面的需求，引入第三方专业机构，提供定制化服务，帮助中小企业利用跨境电子商务开展国际贸易。

（4）促进中小企业开展双向投资。支持在有条件的地方建设我国与沿线国家中小企业合作区，进一步发挥合作区引进先进技术、管理经验和高素质人才的载体作用，在中小企业服务体系建设、技术改造、融资服务、小型微型企业创业创新基地建设、人才培训等方面提供指导和服务。大力培养外向型产业集群。组织中小企业赴境外园区考察，引导企业入园发展，协助园区为入驻企业提供展览展示、商事法律、专项培训等服务，帮助中小企业提高抗风险能力。通过以大带小合作出海，鼓励中小配套企业积极跟随大企业走向国际市场，参与产能合作和基础设施建设，构建全产业链战略联盟，形成综合竞争优势。促进与沿线国家在新一代信息技术、生物、新能源、新材料等新兴产业领域深入合作。

（5）加强经贸信息、调研等服务。加大信息收集、整理、分析和发布力度，用好网站、微信公众号、报纸杂志等载体，提供沿线国家的政治环境、法律法规、政策准入、技术标准、供求信息、经贸项目、商品价格、文化习俗等信息，重点发布沿线国家投资风险评估报告和法律服务指南。注重收集并向沿线国家政府反映我中小企业合理诉求，维护其在当地合法权益。支持建立产学研用紧密结合的新型智库，重点面向中小企业，围绕沿线国家产业结构调整、产业发展规划、产业技术方向等开展咨询研究。实施"中小企业'一带一路'同行计划"，聚合国际合作服务机构，加强信息共享，强化服务协同，助力中小企业走入沿线国家。鼓励中小企业服务机构、商业和行业协会到沿线国家设立分支机构，发挥中国贸促会驻外代表处、境外中资企业商协会和企业作用，探索在条件成熟的沿线国家设立"中国中小企业中心"，为中小企业到沿线国家投资贸易提供专业化服务。

（6）强化商事综合服务。构建面向中小外贸企业的商事综合服务平台，提供商事认证、商事咨询、外贸单据制作、国际结算、出口退税等综合服务。继续完善"中小企业外贸综合服务平台"功能，为广大中小企业提供贸易投资咨询、通关报检、融资担保、信用评级等一揽子外贸服务。

（7）完善涉外法律服务。建立健全中小企业风险预警机制，帮助中小企业有效规避和妥善应对国际贸易投资中潜在的政治经济安全和投资经营风险。开通中小企业涉外法律咨询热线，及时解答企业涉外法律问题并提供解决方案。建立健全中小企业涉外法律顾问制度，提供一体化综合法律服务。组织经贸摩擦应对，帮助中小企业依法依规解决国际经贸争端，维护海外权益。深入实施中小企业知识产权战略推进工程，提升中小企业知识产权创造、运用、保护和管理能力。完善知识产权管理和专业化服务，降低中小企业知识产权申请、保护、维权成本，推动知识产权转化。帮助中小企业开展境外知识产权布局，妥善应对涉外知识产权纠纷。

（8）开展专题培训。围绕中小企业关注的焦点问题，开展多层次专题培训，帮助中小企业提升经营管理水平和国际竞争能力。进一步发挥国家重大人才工程的作用，深入实施中小企业领军人才培训计划，共同开展中小企业国际化经营管理领军人才培训，加大对中小企业跨国经营管理人才培训力度。

（9）提高中国品牌海外影响力。开展"中国品牌海外推广计划"，引导企业增强品牌意识，提升品牌管理能力。通过帮助中小企业有选择地赴海外参展，组织产品发布会等活动，宣传推介自创品牌及产品，为中国品牌"抱团出海"搭建促进平台。引导企业规范境外经营行为。引导中小企业遵守所在国法律法规，尊重当地文化、宗教和习俗，保障员工合法权益，做好风险防范，坚持诚信经营，抵制商业贿赂。注重资源节约利用和生态环境保护，主动承担社会责任，实现与所在国的互利共赢、共同发展。

（二）各地政府提供相应的政策支持

西北地区为了响应"一带一路"政策，促进西北地区中小企业的发展，鼓励企业积极参与到国际贸易中去，推出了一系列的政策法规来推动和规范西北地区中小企业的发展。

1. 加大财税金融的支持

由省商务厅和省财政厅牵头负责，统筹好各方面资金，发挥好中央和省级关于西北地区外向型中小企业发展的转型资金，推动外贸的创新与转型发展，培养竞争优势，开拓国外市场。加大西北地区外向型中小企业的出口信用保险力度，降低短期出口保费，发挥出口信用保险平台的各项功能。积极落实西北地区外向型中小企业出口退税政策，完善退税分类、提高退税比例、优化退税结构，给予西北地区外向型中小企业发展优惠。积极支持西北地区外向型中小企业的融资，除了中央和省级两部分支持外，引导金融机构加大对西北地区外向型中小企业的资金支持。

2. 提高通关便利化水平

创新企业通关新模式，积极推进西北地区外向型中小企业在国际贸易中"单一窗口"的建设，推行无纸化作业，通关一次检验。为西北地区外向型中小企业人员的出入境提供便利，为企业的国际贸易提供便利。与此同时，采取综合措施降低企业成本，减免西北地区外向型中小企业的部分收费，严肃查处违规收费的行为。

3. 巩固和发展竞争优势

鼓励西北地区积极承接加工贸易转移，综合运用各方面措施支持各省的加工贸易转移，支持金融机构通过发放贷款等形式为承接加工贸易转移提供支持。支持西北地区外向型中小企业开拓国际市场，对企业参加境外重点展会给予支持，扶持西北地区外向型中小企业"走出去"。加快培育外贸自主品牌，帮助西北地区外向型中小企业统筹国内外两个市场，提高竞争力。落实部分产品的进口贴息政策,鼓励西北地区外向型中小企业进口消化吸收再创新。

在"一带一路"建设的过程中,我国出台了许多法律法规来支持和促进西北地区中小企业的发展。如表3-3所示。

表3-3　　"一带一路"背景下我国出台关于支持推动西北地区中小企业的文件

法律文件	主要内容
《中国(陕西)自由贸易试验区总体方案》	加快和推动"一带一路"的建设和发展,扩大我国的开放程度
《新疆维吾尔自治区人民政府关于贯彻落实国务院扩大对外开放积极利用外资若干措施的实施方案》	颁布政策支持小微企业、高新企业的发展,吸引外资、扩大开放
《规范对外投资合作领域竞争行为的规定》	建设稳定、和谐的外贸环境,减少不正常、破外市场交易环境的行为
《对外投资合作境外安全事件应急响应和处置规定》《对外投资合作境外安全风险预警和信息通报制度》	出台政策来保证我国企业对外投资的安全,维护我国的中小企业的资产安全与投资环境安全
《关于开展支持中小企业参与"一带一路"建设专项行动的通知》	通过为中小企业提供政策、设施的支持促进其发展,鼓励中小企业走出去,推动中小企业与"一带一路"沿线国家深度联系在一起
《陕西省科技型中小企业技术创新基金项目组织、日常监管和验收工作规范》	规范科技部科技型中小企业技术创新基金项目和陕西省科技型中小企业技术创新资金项目的组织、日常监管和验收工作

资料来源:根据陕西省科学技术厅、新疆维吾尔自治区发展和改革委员会公布文件整理而得。

二　资金融通:资金支持为西北地区外向型中小企业提供保障

自2010年以来,随着经济一体化程度不断加深,我国对外进出口的贸易总额也在不断地增长。2010年我国进出口总额为29727.61亿美元,增速为34.7%,到2014年我国进出口总额为43015.27亿美元,增速为3.4%。近年来,随着国际竞争的日趋激烈,我国经济增长速度的放缓,加上一些国家对我国的外贸进行打击,使我国进出口总额下降,且下降幅度较大。为了应对国际间的挑战,我国推行"一带一路"建设,促进国际合作,加强经济联系。在2017年，我国进出口总额回升至41045.04亿美元。[①]

在激烈的国际竞争中，为了保持充分的竞争力，增加进出口能力，企业就必须不断地壮大自身。我国企业以中小企业为主，企业的运营需要大量的资金，中小企业经常会因为缺乏必要的资金支持使得业务扩张受到阻碍，甚至倒闭破产，融资困难问题是制约中小企业发展的主要原因。对于西北地区来说，由于资金活动的局限性和不灵活性常常导致西北地区的中小企业缺少资金支持。外向型中小企业的发展需要的资金往往比内向型中小企业发展需要的资金多，解决好融资困难问题，就相当于为中小企业的发展建设好了经济基础。

（一）中小企业的融资渠道及选择

中小企业的融资方式主要包括两种渠道。一种是内源融资，是指公司在生产经营活动中形成的资金；另一种是外源融资，指公司通过各种方式向公司外部进行融资。中小企业最主要的融资方式还是外源融资。外源融资的形式主要包括：银行贷款、股票、债券等。如表3-4所示。

表3-4　　　　　　　　中小企业融资的主要方式与优缺点

融资方式	优点	缺点
银行贷款	是市场信用经济重要的融资方式，也是企业融资的重要渠道	①申请条件比较苛刻；②借款偿还期限较短；③借款额度较小
证券融资、股权融资	①是一种直接融资行为；②监管严格，有完善的法律维护	有一定的准入权限，大部分中小企业不能达到门槛
招商引资	寻求合伙人可以使企业获得资金	①需要良好的投资环境；②企业要拥有一定的竞争力
民间借贷	①借款速度快捷、灵活；②可以吸引社会游资的注入	①缺乏完善的法律制度；②风险系数较大

（二）政府与金融机构对西北地区外向型中小企业的资金扶持

政府对西北地区外向型中小企业的发展提供资金扶持是必不可少的。西北地区外向型中小企业作为推动我国与"一带一路"沿线国家贸易最活跃的因素，在"一带一路"的建设过程中起着不可替代的作用。政府对西北地区外向型中小企业的扶持会加速企业的发展，从而提高与"一带一路"沿线国

---

① 资料来源：根据国研网统计数据库中对外贸易数据库资料整理而得。

家的联结程度。另外，良好的融资环境可以为企业的发展提供重要保障，可以满足企业在不同阶段需求的资金缓解企业发展的困境。并且，西北地区外向型中小企业本身就比普通的内向型企业面临的风险较大，在国际化的过程中抵御经济风险的能力较弱，一旦发生金融风险，可能就会倒闭，血本无归，政府的必要扶持是不可缺少的。

据甘肃省工业和信息化委员会通知，在2018年甘肃省要新认定省级中小企业服务平台15家以上，创建一流的服务平台，为中小企业的发展提供良好的环境。同时，大力推动小微企业的融资信贷，2018年达到2亿元；加强高校与中小企业的对接合作；利用"互联网+"技术加强中小企业的信息管理水平，推动中小企业的快速发展。陕西不断推进对中小企业的服务，认定了125个省级中小企业服务平台，其中14个被认定为国家级示范平台。争取到国家工信部对中小企业扶持资金共9亿元，不断推动中小企业创新创业，目前有74家省中小企业局认定的"双创"基地[1]。宁夏为了改善当地融资难、融资贵的问题，推进财政与金融的融合，把股权投资引入宁夏通过引导基金、创投基金来为中小企业融到资金，同时宁夏拨付中小企业专项发展资金3.6亿元。

三 设施联通：基础建设为西北地区外向型中小企业铺平道路

设施联通在"一带一路"的五个互通中起着非常重要的作用，是贸易畅通、民心相通的前提条件。设施联通不仅包括交通的建设而且还包括基础设施的建设，比如物流、信息技术等的建设。随着"一带一路"的不断深化，我国西北地区和中亚、西亚的基础设施也在不断完善。

交通设施的完善是两国之间增强联系必不可少的前提条件，完善的交通设施可以降低地区之间的贸易成本。西北地区的交通设施的不断完善为西北地区外向型中小企业的发展提供了基础设施建设，极大地降低了西北地区外向型中小企业的运输成本，加快了运输速度，使得西北地区外向型中小企业在产品出口、运转方面都有了极高的竞争力，促进了西北地区外向型中小企业的发展。

在"一带一路"政策支持下，我国西北地区国内交通设施建设取得了一

---

[1] 资料来源：根据《陕西省中小企业公共服务示范平台认定管理办法》整理而来。

系列成果，见表3-5。这些项目的实施完成可以极大地提高我国的物流运输能力和客运能力。比如张呼客专项目的建设，如果坐火车的话从呼和浩特到北京需要10个小时，这辆列车开通后缩短为3小时，快捷的交通设施可以提高效率、降低交易成本。

表3-5　　　　"一带一路"西北地区国内交通建设取得的成果

项目名称	项目简介	项目意义	目前状态
北屯至阿勒泰铁路项目	北阿铁路总投资14.02亿元，全长67.05公里，自奎北铁路的终点北屯市车站北端引出，向西绕过北屯市，一路向东北跨过额尔齐斯河、640台地、克兰河至阿勒泰市南约12公里处的阿勒泰站	铁路建成后，近期年运输能力318万吨，客车每天开行2对；远期年运输能力460万吨，客车每天3对；远景年输送能力1500万吨，客车每天5对	已竣工
花石峡至久治高速公路项目	花久公路是青海省"三纵四横十联"骨架公路的重要组成部分，是连接青海、新疆、四川三大省区的大通道。沿线经玛多县、玛沁县、甘德县和久治县，由花石峡至大武段、大武至久治（省界）段两段组成。全线采用二级公路标准设计，全线设特大桥6座，大桥69座，中桥53座，小桥56座，涵洞710道，隧道9座，互通式立交11处，分离式立交7处	花久公路于2013年8月开工建设，工程进展较快，全线路基工程基本完成，桥梁工程除阴靠峡大桥外基本架设完成，路面工程已经完成铺设164km，隧道掘进40.433km，截至目前，累计完成固定资产投资137.9亿元，占总投资的63%，其中2015年已经完成投资65.4亿元	已竣工
京新高速公路阿拉善段项目	京新高速公路阿拉善段全长814km、总投资302亿元，设计时速120km，双向四车道	该项目是国家高速公路网中的第六条放射线——北京至乌鲁木齐的一部分，也是内蒙古高速公路网"8横9纵8支8环线"第八横的重要组成部分	已竣工

续表

项目名称	项目简介	项目意义	目前状态
张呼客专项目	张呼客运专线东起张家口南站，西至呼和浩特东站，为双线电气化铁路，全长286公里，预计2018年建成通车。2017年3月，内蒙古自治区首条高铁——张呼铁路客运专线静态验收工作正全面推进。2017年8月3日，内蒙古首条高铁——张（家口）呼（和浩特）客运专线呼和浩特至乌兰察布段正式开通运行	铁路建成后，呼和浩特至北京运行时间将缩短至3小时以内	已竣工
甘肃甜水堡至罗儿沟圈高速公路项目	路线起自庆阳市环县甜水堡镇（宁甘界），接拟建的银川至百色国家高速公路宁夏自治区境宁东至甜水堡（宁甘界）段，经山城、洪德、环县、马岭、庆城、合水、宁县、早胜、榆林子，止于正宁县永和镇（甘陕界），接拟建的银川至百色国家高速公路陕西境湫坡头（甘陕界）至旬邑段，全长29554公里。现在甜水堡山城二十里沟口、环县、杨旗、马岭、庆城北、李家坪、史家山、高楼、合水、宁县、早胜、言河、乐兴、罗等116处设置互通式立交。同步建设正宁连接线，长约19.12公里，设榆林子1处互通式立交，以及必要的交通工程和沿线设施	该项目建成后，将形成北通银川、南接西安的省际快速联络通道，成为西部地区直接进入东盟自由贸易区南北大通道的主要组成路段，对完善国家和甘肃省高速公路网、改善陇东地区交通条件、促进区域资源开发、带动区域旅游经济发展具有重要意义	在建
巴彦浩特至银川铁路项目	银铁路计划采用单线200公里/小时标准设计建设，为达到与包银、银西高铁无缝衔接，将通过经停银川高速场站，为直达北京、呼和浩特、西安、兰州创造条件。该线路全长111公里，总投资约70亿元，其中阿拉善盟境内75公里，投资44亿元	项目建成后，全盟铁路运营总里程将达2200公里，全盟铁路路网密度将扩大为81.5公里/万平方公里，电气化率18%，复线率为5.4%	在建
青海祁连机场项目	青海祁连机场工程位于祁连县以东约35公里，包括新建1条长3400米跑道、3000平方米航站楼、4个站坪机位，配套建设空管、供电、供水、供油、消防救援等辅助设施，总投资11.73亿元	完善了青海地区的空中运输能力	在建

续表

项目名称	项目简介	项目意义	目前状态
银川河东国际机场第三期扩建项目	主要建设四个方面内容：一是机场工程，新建1条端联络道、1条垂直联关络道、1条快速出口滑行道；扩建17.86万平方米的客机站坪、2个机位的货机坪、3个机位的除水坪以及其他辅助设施。二是空管工程，新建4500平方米的航管楼和1座塔台，改造现航管楼，新建1座二次雷达站，新增航管、导航、通信、气象等设施。三是宁夏安监局安全运行中心工程。四是供油工程，迁建1座汽车加油站	预计到2020年达成旅客吞吐量1000万人次、货邮吞吐量10万吨的目标	在建
兰州至中川机场T3航站楼专用高速公路项目	投资170亿元、总长76公里。预计于2015年年底开工建设，2018年建成投入使用	建成后，兰州直达中川国际机场的公路、铁路通道将全部畅通	在建
乌海至玛沁高速公路宁夏项目段	乌海至玛沁高速公路宁夏段开工建设。该公路宁夏境内起点位于银川黄羊滩，终点在青铜峡铝厂，项目总投资30.64亿元，全长59.96公里	联通乌海至玛沁，增强沿线物流、客运运输能力	在建
中卫至兰州客运专线项目	中兰铁路客运专线项目正线全长218.5km，其中宁夏回族自治区境内46.2km，甘肃省境内172.3km。项目沿线地形条件复杂，跨越黄河以及多条750kV、330kV等超高压线路，正线桥隧比为63.4%。全线设计时速250公里/小时（预留300公里/小时），设计工期5年，预计2022年建成通车。项目总投资298.21亿元，其中工程投资286.51亿元，动车组购置费11.7亿元	联通了宁夏中卫与甘肃兰州之间的联系，使得两地运输时间大幅缩短，提高了运输效率	在建

资料来源：根据Wind数据库"一带一路"专题数据库的资料整理而得。

2018年4月10日，习近平主席在博鳌亚洲论坛的开幕式演讲中明确表态，中国开放的大门只会越开越大。除了交通建设之外，西北地区也建立了许多贸易和物流园区用来提高整个西北地区的物流运输能力和贸易能力，扩大对外开放程度与吸引外资的能力。

自由贸易园区是指在某一国家或地区境内设立的实行优惠税收和特殊监管政策的小块特定区域,是根据本国(地区)法律法规在本国(地区)境内自己设立的做买卖市场。属一国(或地区)境内关外的行为,其功能是降低贸易成本。我国目前建立和申报的自由贸易园区有:中国(上海)自由贸易试验区、广东自由贸易试验区、重庆自由贸易试验区、厦门自由贸易试验区、天津自由贸易试验区、江苏自由贸易试验区、粤港澳自由贸易园区等。

2018年4月,陕西自贸试验区改革一周年。在过去的一年内,陕西自贸试验区充分地利用了政策的红利,改善了当地的商业环境,激发了市场活力,再加上一些宣传与推广,吸引了诸多中外企业入驻陕西自贸试验区。截至2018年3月底,陕西自贸试验区新增注册市场主体14811户,占揭牌前市场总数的58%,其中企业数有12420户(其中包括164户外资企业),新增注册资本3478.05亿元(其中包括外资注册资本9.56亿美元)。从2017年4月到2018年2月,陕西自贸试验区进出口总额1983.58亿元,占全省进出口总额73.1%(其中进口757.21亿元,占全省进口的74.3%,出口1226.37亿元,占全省出口的72.4%)。与此同时,陕西省还提供了一系列的政策对自贸试验区进行扶持,对自贸区企业办理业务开通了互联网与绿色快速通道。在科技合作、文化交流、旅游合作、医疗卫生等方面也加强了合作,促进了"一带一路"深层次的融合。[①]

物流园区(logistics park)是指在物流作业集中的地区,使用不同类型的运输工具和物流设施对货物服务的集结点。物流园区的建设对于降低企业成本、发挥集约化的优势都有着很重大的作用。物流园区的建设将诸多小规模、低凝聚的物流企业结合起来,实行专门化与规模化,发挥集体规模优势,共享设施、降低成本。目前在"一带一路"建设下,西北地区已经竣工的物流中心有:乌鲁木齐铁路集装箱中心站项目;处于在建中的有:西安铁路枢纽新建建筑物流基地、中阿物流园(平罗铁路综合货场)项目、西安新筑综合物流中心项目;处于筹建状态的有:中卫铁路物流基地项目。

四 贸易畅通:经济互补为西北地区外向型中小企业创造机遇

西北地区外向型中小企业依托自身的地缘优势可以与中亚、西亚等地区

---

① 资料来源:西安市政府网站 http://www.shaanxi.gov.cn/sxxw/xwtt/df/107100.htm。

进行经济文化交流，除了地缘优势，西北地区外向型中小企业承接了中东部地区的产业转移，在国际贸易中有着一定产业结构优势。

(一) 西北地区外向型中小企业发展的地缘优势

"一带一路"的建设对于西北地区五个省份有着不同的要求，对于核心省区提出了各自的发展定位，如表3-6所示。根据国家发改委、外交部、商务部联合发布的《推动共建丝绸之路经济带和21世纪海上丝绸之路的愿景与行动》，新疆被定位为"丝绸之路经济带核心区"。要发挥新疆独特的区位优势和向西开放重要窗口作用，深化与中亚、南亚、西亚等国家交流合作，形成丝绸之路经济带上重要的交通枢纽、商贸物流和文化科教中心，打造丝绸之路经济带核心区。对陕西、甘肃、宁夏、青海四地的定位是，形成面向中亚、南亚、西亚国家的通道、商贸物流枢纽、重要产业和人文交流基地。发挥陕西、甘肃综合经济文化和宁夏、青海民族人文优势，打造西安内陆型改革开放新高地，加快兰州、西宁开发开放，推进宁夏内陆开放型经济试验区建设。

表3-6　　"丝绸之路经济带"核心区各省（区、市）定位

省（区、市）	定位
陕西	新起点、排头兵；心脏、战略支点；物流中心、金融中心、商贸中心、文化交流中心、使领馆中心；华夏文明传承创新区
新疆	桥头堡、排头兵、主力军、核心区；向西开放窗口
甘肃	黄金段、黄金节点；创河西走廊新辉煌；华夏文明传承创新
宁夏	中阿经济新增长极；向西开放的战略支点；内陆开放型经济试验区；打造丝绸之路空中经济走廊；构建西部金融中心，实现与阿拉伯国家金融对接；战略支点；内陆开放型试验区
青海	战略支点
成都	城乡一体化综合配套改革试验区；通过面向欧盟的铁路专列实现向西开放
重庆	城乡一体化综合配套改革试验区；最早开通了渝新欧铁路五定班列

资料来源：张贡生、庞智强：《"丝绸之路经济带"国内段建设战略意义及功能定位》，《经济问题》2015年第4期，第7页。

西北地区外向型中小企业发展的地缘优势也就是西北地区在"一带一路"建设中的优势。西北地区位于我国的中西部地区，向西开放有着优异的区位优势。陕西省位于我国中西部的交界地区，是一个重要的交通枢纽，交通线四通八达，是连接东西和南北的重要节点，航线也可以到达全国任何省

市，交通便利。陕西省是"一带一路"向西开放的起点，是一个金融、物流与文化的中心。应当充分地发挥陕西省在"一带一路"中的心脏作用，给沿线各省市注入活力。另外发挥西安的辐射带动作用，使之成为亚欧合作交流的中心。新疆位于我国的边境地区，国境线漫长。东北部与蒙古国毗邻，北部同俄罗斯联邦接壤，西北部及西部分别与哈萨克斯坦、吉尔吉斯斯坦和塔吉克斯坦接壤，西南部与阿富汗、巴基斯坦、印度接壤。要发挥出新疆在"一带一路"向西开放的窗口作用和区位优势，深化与中亚、西亚国家的交流。新疆拥有与中亚、西亚联通的铁路、公路、航空、管道运输方式，是区域性的国际商贸中心和物流中心，同时也是大型的出口商品加工基地。甘肃省作为"一带一路"出口的重要通道与经济重心，也有着重要的地理优势。甘肃处于"一带一路"向西出口的黄金段，国内的出口物流都必须经过甘肃省转运出去，因此要发挥好甘肃在"一带一路"中的重要通道的作用。宁夏位于古丝绸之路的要道，是我国唯一的省级内陆开放型经济试验区，在地理与人文上与阿拉伯国家交流合作有着十分出众的优势。宁夏在"一带一路"中的战略定位为中阿经济新增长极，构建西部的金融中心与阿拉伯国家进行对接。青海省与四川、西藏、新疆、甘肃四个省（区）交界，是西北地区向外发展必不可少的一环，青海有着丰富的旅游资源，作为"一带一路"向西开放的战略支点，青海省有着重要的战略意义。

（二）产品方面与技术方面的优势

"一带一路"沿线有着65个国家，西北地区在"一带一路"沿线主要面对的是中亚和西亚国家。中亚5国为：哈萨克斯坦、乌兹别克斯坦、土库曼斯坦、塔吉克斯坦和吉尔吉斯斯坦。西亚18个国家和地区为：伊朗、伊拉克、土耳其、叙利亚、约旦、黎巴嫩、以色列、巴勒斯坦、沙特阿拉伯、也门、阿曼、阿联酋、卡塔尔、科威特、巴林、希腊、塞浦路斯和埃及的西奈半岛。西北地区外向型中小企业对外贸易的国家有很多，市场前景广阔。中亚地区是矿产资源富集区和世界第三大能源区，且其拥有的矿产资源多数为我国紧缺矿种，资源互补性非常强，而我国生产出来的大宗工业品与农副产品都是中亚国家所需要的，产业的互补性较强。

西北地区相对于中亚、西亚等国家在化工、机械电子、科教文娱、农林水利、轻纺食品、冶金矿产等方面都有一定的比较优势。西北地区外向型中小企业可以搭乘优势产业和产品技术的便车，快速地发展壮大自身。

新疆主要在化工技术方面有着很高的优势，新疆的天然气建设项目与煤炭、化工原料等利用技术等都有着较大的比较优势。陕西和新疆的电子技术发展也存在着比较优势，陕西建立了一系列的电子产业园区，新疆正在筹建高达 200 亿元的新疆智慧安防产业园。甘肃和陕西在科教文娱产业有着优势，陕西正在筹建西安丝路文博书苑项目，甘肃的敦煌丝绸之路文化遗产博览城项目已经竣工。甘肃和宁夏在清真食品与宗教物品的出口方面也存在着优势。

五 民心相通：民族信仰为西北地区外向型中小企业搭建桥梁

西北地区地处我国西北，是我国少数民族聚居的地区，宗教信仰主要为伊斯兰教。西北地区的宗教信仰和民族与"一带一路"沿线部分国家是相似的，在一定程度上，相似的宗教信仰与民族可以降低交易成本，搭建贸易桥梁。

西北地区主要的少数民族有蒙古族、回族、维吾尔族、哈萨克族、东乡族、柯尔克孜族、土族、达斡尔族、撒拉族、锡伯族、塔吉克族、乌孜别克族、俄罗斯族、保安族、裕固族、塔塔尔族。这与"一带一路"沿线部分国家是同种民族，在与沿线的国家进行贸易时，由于生活习惯和礼节的相似性，会减少贸易壁垒，增强两国之间的贸易。

西北地区的主要宗教信仰为伊斯兰教，伊斯兰教作为世界第二大的宗教，其信徒分布在全球各个地区，穆斯林人口大概有 16 亿（2005 年），伊斯兰教多分布在中亚、西亚和东南亚以及非洲的一些地区。在"一带一路"沿线有许多国家是伊斯兰国家或者信仰伊斯兰教的比例较高。我国西北地区与"一带一路"沿线国家有着相同的宗教信仰，在贸易中受习俗与信仰的影响，在一定程度上会降低交易成本，促进"一带一路"的快速发展。例如宁夏是我国唯一的省级回族自治区，回族人口占整个自治区的 35%，占全国回族人口的 20%，宁夏与阿拉伯国家有着相同的宗教信仰、相似的文化习俗、生活习惯，在外贸合作与交流上都有着很大的优势。宁夏已经建立了清真产业的优势，截至 2013 年，宁夏拥有 760 多家清真企业，工业总产值 900 多亿元，凭借丰富的清真产业与优异的产品质量取得了"一带一路"沿线伊斯兰国家的认同。①

---

① 资料来源：《宁夏回族自治区清真产业中长期发展规划（2014—2020 年）》。

第三节 "一带一路"背景下西北地区外向型中小企业发展的重点与挑战

"一带一路"的推进给西北地区外向型中小企业带来了许多发展空间，随着国际化的进程不断加快，西北地区外向型中小企业要利用好时代机遇发展自身，进行战略选择，不断成为在对外贸易中的最活跃、最广泛的因素。与此同时，西北地区的对外贸易也面临着严峻的挑战，因此如何应对挑战，使西北地区外向型中小企业快速发展成为一个亟待解决的问题。

一 "一带一路"背景下西北地区外向型中小企业的发展现状

随着"一带一路"建设的不断推进，西北地区有了充分的发展活力，一方面政策带来的红利促进了西北地区中小企业的发展，另一方面西北地区承接了来自东部的部分产业转移，加速了西北地区完善基础设施、强化了公共服务、改善了营商环境。

根据中华人民共和国商务部综合司发布的中国对外贸易形势报告，在2018年1月到9月，我国民营企业出口总额为5.68万亿元，占全国出口总额的47.9%。外向型中小企业已经占到全部外贸企业数量的96%，在我国的对外贸易中发挥着至关重要的作用，外向型中小企业已经成为"走出去"的主要力量。[①]

到目前为止，西北地区外向型中小企业发展仍然存在着缺乏资金，无法找到融资路径、产品同质化、缺乏核心竞争力、缺乏人才、企业管理职能缺失等严重的问题，这些问题一旦出现，对西北地区外向型中小企业的经营活动造成不可估计的损失。一方面，政府提供相应的政策支持，解决融资难题，减轻发展负担、鼓励企业创新、构建竞争力、推动供给侧改革，促进发展；另一方面，西北地区外向型中小企业应当顺应政策支持、借助资金支持来推动自身的发展，完善企业的各项管理职能，强化企业竞争力，承担企业的社

---

① 资料来源：《中国对外贸易形势报告（2018年秋季）》http://images.mofcom.gov.cn/zhs/201811/20181112173153688.pdf。

会责任。

二 "一带一路"背景下西北地区外向型中小企业发展的战略重点

企业的战略选择决定了企业的前进方向，西北地区外向型企业的战略选择决定着西北地区外向型企业未来的发展方向。西北地区外向型中小企业面临的主要问题是融资困难、企业缺乏核心的竞争力与创新力。因此，其发展的重点在于如何解决融资困难的问题，如何促进西北地区外向型中小企业的专业结构改革，增强核心竞争力。

（一）解决融资难题，减轻发展负担

"一带一路"政策的实施为西部地区提供了很多发展资金，国家为了扶持西北地区中小企业的发展下拨了许多款项，因此，如何落实好资金的流向成为一个很重要的问题。除了国家的政策支持，西北地区也需要实行一些鼓励政策，比如积极推动银行等金融机构对中小企业信贷支持，以甘肃为例，在国资委的支持下，甘肃省公路航空旅游股份有限公司成立了甘肃中小企业贷款有限公司，推出了"陇E贷"为中小企业提供信贷。政府还应当优化公共资源服务，除了直接向中小企业提供资金，还可以为中小企业提供税收优惠等，减轻中小企业的资金负担。

（二）增强核心竞争力的构建，提高创新能力

西北地区外向型中小企业的规模较小，因此其进入或者退出某个市场的沉没成本相对于大型企业就会比较低，企业的发展十分灵活，易于把握市场的方向，及时地规避风险。西北地区外向型中小企业易于把握市场，灵活发展，在同类企业的发展中应该更加注重企业自身核心竞争力的构建，提高创新能力，否则就很容易被大中型企业给排挤出去，最终导致破产。

（三）顺应供给侧改革，促进企业转型升级

2017年10月18日，习近平同志在党的十九大报告中指出，深化供给侧结构性改革，供给侧改革是为了改变我国当前GDP增长过于豪放的状态，转为集约型、优化型的状态。主要的措施就是"三去一降一补"，即去产能、去库存、去杠杆、降成本、补短板五大任务改变我国当前经济发展不健康的状态。西北地区外向型中小企业主要的产业在第二、第三产业，因此要顺应供给侧改革的实施，减去生产中高投入，低产出的产品，提高全要素生产率，推动企业的改革转型，促进企业发展。

三 "一带一路"背景下西北地区外向型中小企业面临的挑战

"一带一路"下西北地区外向型中小企业的发展也面临着很多的挑战,这些挑战可以分为来自国内的挑战与来自国际的挑战。西北地区外向型中小企业想要发展就一定要认清当前的格局与形势,积极地应对来自国内与国外的挑战,提高自身的竞争力,促进发展。

(一)西北地区外向型中小企业面临的国内挑战

西北地区外向型中小企业面临的国内挑战主要存在于企业外部与内部,国家的各种扶持政策已经给予了企业更大的空间与活力,因此,更多的挑战来自企业内部:第一,西北地区外向型中小企业的人力资源发展需要转变;第二,西北地区外向型中小企业营销管理需要转变;第三,西北地区外向型中小企业技术管理需要转变;第四,西北地区外向型中小企业需要跨文化管理。解决好这些问题,西北地区外向型中小企业才能有更好的发展。

1. 西北地区外向型中小企业的人力资源管理发展需要转变

西北地区作为我国"一带一路"建设不断向西开放的桥梁,在联通中原地区与欧亚之间有着很重要的作用。随着政策的不断加深投入,西北地区外向型中小企业迎来了自身的发展,与此同时西北地区外向型中小企业的人力资源管理也遇到了前所未有的发展机遇与挑战。

我国的中小企业人力资源管理的发展本身就面临着十分严峻的问题,企业管理者的不重视、缺乏系统的管理思维以及企业的发展重心并不在此都使中小企业的人力资源管理发展比较艰难,西北地区的人力资源管理发展状况尤为严峻。西北地区中小企业的人力资源管理主要面临着企业管理者对人力资源管理的重要性认识不足、人力资源管理的职能缺失、缺乏完善的企业人力资源管理制度、缺少企业的核心文化建设等。因此如何改变我国西北地区人力资源管理现状就显得十分重要。

2. 西北地区外向型中小企业营销管理需要转变

营销管理是企业将自身生产出来的产品销售出去的一种管理手段,对于中小企业来说,把生产出来的产品销售出去是企业的核心业务,如果不能实现马克思所描述的商品交换环节惊险的一跃就会使企业陷入困境。西北地区外向型中小企业主要贸易对象在国外,因此就更需要进行对营销管理的转变。

目前我国西北地区外向型中小企业的营销管理还存在着如下问题:营销

观念较为落后、营销手段有待改进、营销组织建设落后、营销人才较为缺乏、营销创新动力有限、营销战略缺乏理性、忽视品牌建设等。因此西北地区外向型中小企业的营销观念急需转变：从保守到先进的营销管理观念转变、从忽略到重视营销管理人才的观念转变、从缺乏到注重科学实践性的观念转变。西北地区外向型中小企业的营销策略也需要以下转变：从被动到主动的营销管理策略转变、从传统到现代的营销管理策略转变、从单一到多元的营销管理策略转变。树立品牌营销的策略，推进西北地区外向型中小企业的营销管理的转变。

3. 西北地区外向型中小企业技术管理需要转变

技术管理是在管理的过程中强调管理者对于团队中的各种技术的分配、指向与监察。通过技术管理可以提升整个团队的效率。西北地区外向型中小企业很少会有技术管理，层次也停留在较低的层次。技术管理的转变可以提高企业的绩效已经得到了普遍的认同，西北地区外向型中小企业在应该注重技术管理的转变过程，从技术识别、技术迁移、技术加工三个方面去转变企业的技术管理。由于技术管理对管理人员的要求较高，因此需要西北地区外向型中小企业招聘一些高层次的管理人员，促使企业技术管理的转变，提高西北地区外向型中小企业的效率。

4. 西北地区外向型中小企业需要跨文化管理

跨文化管理又称为"交叉文化管理（Cross Cultural Management）"，它是指通过克服不同异质文化之间的差异，在此基础之上重新塑造企业的独特文化，最终打造卓有绩效的管理行为。大多数研究者认为，文化差异的存在及解决是西北地区外向型中小企业跨文化管理面临的重大问题。西北地区外向型中小企业要健康发展就必须重视彼此之间的文化差异，采取措施解决好彼此之间的文化差异问题，实现跨文化管理。在新形势下，西北地区外向型中小企业跨国经营无疑已经成为中国经济发展的一个重要趋势，进行全球的投资以实现资源的有效配置，可以充分而有效地利用国际市场，参与国际竞争，提高国际竞争力。全球化实际就是把过去没有必要或没有机会彼此相互联系的人联系到了一起，即不同的语言、文化和价值都被国际商业的基本原理融合在一起。如何正确利用这些因为文化差异带来的价值则是西北地区外向型中小企业跨文化管理中首要关注的问题，文化差异造成的潜在问题关系到西北地区外向型中小企业全球运作成败。

(二) 西北地区外向型中小企业面临的国外挑战

西北地区外向型中小企业发展所面临的国外挑战主要有：第一，国际竞争日趋激烈，企业的出口成本优势减少；第二，国外政策的不延续性阻碍企业出口；第三，出口国家对企业产品的需求和认可度不足；第四，缺少对出口地国家法律的了解。面对复杂的国际环境，西北地区外向型中小企业想要得到快速、长久的发展，就必须了解贸易国当地的政策、法律、投资环境等，知己知彼，方能做到百战不殆。

1. 国际竞争日趋激烈，出口的成本优势受到威胁

伴随着"一带一路"建设程度的不断加深，越来越多的国家加入"一带一路"建设的行列之中，国际化不断加深，西北地区外向型中小企业在复杂的国际环境中需要发展，就要不断地降低自身的成本。当前我国西北地区的主要竞争优势在于以初级产品为主，成本低廉，便于拓宽国际市场，薄利多销，但随着国际化、机械自动化程度的不断加深，西北地区外向型中小企业的竞争优势正在不断削弱，因此如何应对挑战、优化转型成为西北地区外向型中小企业重要的发展方向。

2. 国外政策与局势阻碍企业出口

西北地区外向型中小企业对外出口的国家多为"一带一路"沿线国家，根据中国外交部官方网站公布的资料显示，"一带一路"沿线或附近国家的政治国情各有不同。其中，总统制国家29个，集中分布在中亚和东欧，多数为苏联加盟共和国；议会共和制国家25个，主要集中在南亚和中欧（土耳其正在经历由议会共和制向总统制的转变）；君主立宪制国家7个，主要分布在东南亚和西亚，分别为泰国、马来西亚、柬埔寨、不丹、约旦、巴林和西班牙（巴林在2002年完成宪政改革后实行两院制，但王室依然掌握国家权力）；君主制国家6个，除文莱外，沙特阿拉伯、阿联酋、阿曼、科威特和卡塔尔均为海湾阿拉伯国家，这6国也全部为伊斯兰国家。中国的两个社会主义邻国，老挝和越南实行人民代表大会制。波黑则实行主席团制，由波斯尼亚、塞尔维亚和克罗地亚三族共治。

在2018年4月14日，美国、英国、法国三个国家联合对叙利亚实施打击，叙利亚的首都大马士革遭到了轰炸。美国总统特朗普在媒体采访中指出，美国将持续对叙利亚进行轰炸。叙利亚是参与"一带一路"建设的西亚沿线国家之一，对叙利亚进行制裁这一系列的政治事件对我国中小企业的外贸造成

了严重的损害，阻碍了西北地区外向型中小企业在当地的发展与经营。2018年9月，美国为了抑制中国的出口竞争优势，与我国发生贸易摩擦，对我国进行贸易制裁，不仅对我国西北地区中小企业的出口造成了严重的损害，也对我国的"一带一路"建设制造了困难。

3. 出口国家对企业产品的需求和认可度不足

"一带一路"沿线国家众多，我国西北地区外向型中小企业不能针对所有的国家进行调研查访，充分地了解当地的市场需求。因此在出口方面，只能按照经验来进行出口，这样很容易造成进口国家对西北地区外向型中小企业的产品的需求和认可度不足，这样西北地区外向型中小企业就会在产品输出方面陷入困境。针对不同的地区和国家无法出口相应的产品就会导致出口受阻，无法受到出口地区的欢迎。因此，政府需要对出口国的市场进行预调研，为西北地区外向型中小企业的对外贸易创造好前提条件。

4. 缺少对出口地国家法律的了解

在商业贸易中，充分地了解法律、政策规定等，才能保证自身的利益免受到侵害，在国际贸易中也是这样的。"一带一路"沿线有60多个国家，且大部分国家是新兴的经济体，并且有部分国家国内政局不是很稳定。在"一带一路"中，国内外面临最大的风险在于政治、法律、投资、安全等方面。只有对沿线国家的法律进行深入的研究，才能在对外贸易中保障自身的利益。比如非洲某国有着丰富的黄金、铜、钴等矿产资源，国内某公司没有对其法律进行深入研究就投入资本，挖掘原矿，开采后想要运回国内时，才发现不能出口，原来当地的法律规定必须把矿石加工到一定的程度才可以出口，这给企业带来了无法估计的损失。

在"一带一路"向西开放的对外投资中，政府应当为西北地区外向型中小企业的出口提供一份投资指南，提示企业需要注意哪方面的政治风险，出现风险时应该采取哪些措施，如何与贸易国的政府、企业打交道等。与此同时，政府也应当积极地与相关国家制定好关于贸易、投资保护等方面的协议来保证我国西北地区外向型中小企业"走出去"的利益。

第四章

西北地区外向型中小企业的人力资源管理战略

在任何企业的发展过程中，人是企业赖以生存和发展的最基本的因素。无论是在大型企业还是在中小型企业，对人的管理是必不可少的。在大型企业中，人力资源管理的分类已经相当细化了，人力资源管理的每个分支都有专职的员工或团队来负责。而在中小型企业中，虽然存在人力资源部门，但是其各项职能的发挥依然存在着许多问题。随着"一带一路"向西开放倡议的提出，我国对外贸易联系日益密切，西北地区作为我国向西开放的出口，在未来与中亚、西亚、欧洲的贸易中有着巨大的优势与发展潜力，而良好的前景和复杂的形势也使西北地区外向型中小企业的人力资源管理面临着巨大的挑战。因此，充分利用"一带一路"倡议的红利，促进西北地区外向型中小企业人力资源管理和整体管理水平的提高，发挥西北地区外向型中小企业的优势，不仅可以提高西北地区的经济发展水平和基础设施建设，更能扩大我国向西开放的格局，增强国际间的联系，促进国际间的经济、文化交流。

第一节 外向型企业人力资源管理概述

随着"一带一路"建设的不断推进，西北地区外向型中小企业发展迅速，取得了很大的成绩，但对于企业中最重要的人力资源，西北地区外向型中小企业仍需要正视人力资源管理方面存在的不足，改变现状，进一步促进企业的整体良性发展。

一　外向型企业人力资源管理的含义与管理实践

由于外向型企业的特殊性，企业的经营范围分为国内与国外两个部分，外向型企业的人力资源管理也就分为国内管理与国外管理两个部分。

一般来说，人力资源管理是指在经济学与人本思想指导下，通过招聘、甄选、培训、报酬等管理形式对组织内外相关人力资源进行有效运用，满足组织当前及未来发展的需要，保证组织目标实现与成员发展的最大化的一系列活动的总称。人力资源管理的主要活动就是预测组织人力资源需求并做出人力需求计划、招聘选择人员并进行有效组织、考核绩效支付报酬并进行有效激励、结合组织与个人需要进行有效开发以便实现最优组织绩效的全过程。学术界一般把人力资源管理分为六大模块：人力资源规划、招聘与配置、培训与开发、绩效管理、薪酬福利管理和劳动关系管理。人力资源管理六大模块不仅诠释了人力资源管理的核心思想所在，而且能够帮助企业管理者更好地了解员工管理及人力资源管理的本质。相比较一般意义的人力资源管理，企业国际人力资源管理是指企业原有的经营范围拓展到多个国家的过程中对人力资源管理本身职能（比如招聘、甄选、培训、绩效管理、薪酬管理、职业生涯规划）及其职能的演化实行整体、动态管理的过程。

在我国，大型企业或者国有企业的人力资源管理相对已经比较完善。尤其是在华为、腾讯、阿里巴巴等高科技型公司，人力资源管理已经非常重视细节，在人力资源管理的每一个模块下都有相应的管理部门或者团队。华为公司在《华为公司基本法》中这样描述人力资源管理的目的：人力资源管理的基本目的，是建立一支宏大的高素质、高境界和高度团结的队伍，以及创造一种自我激励、自我约束和促进优秀人才脱颖而出的机制，为公司的快速成长和高效运作提供保障。大型企业对于人力资源管理是相当重视的，把人力资源管理视为企业发展的基石。但是在中小企业，人力资源管理的部分职能却存在缺失。这一方面是因为中小企业的发展不够完善，没有足够的精力和资金放在人力资源管理上。另一方面是因为中小企业大多规模较小，对人力资源管理不够重视。中小型企业解决人力资源管理问题，往往存在"头疼医头，脚疼医脚"的情况。因此，解决中小企业人力资源管理问题，一定要从企业战略出发，打破以人为中心的"权利思想"，建立以事为中心的"流程思想"，实现从功能管理到流程管理的突破性思维，最终实现企业的战略目标。

二 外向型企业人力资源管理的内容

与一般意义的人力资源管理不同，外向型企业人力资源管理对各个人力资源管理职能进行了延伸，增加了跨文化管理，使企业能够对不同文化背景下的员工进行分类管理，具体包括职务分析与设计、人力资源规划、员工招聘与选拔、绩效考评、薪酬管理与员工福利、培训与开发、职业生涯规划以及劳动关系管理。

第一，职务分析与设计。这是对企业各个工作职位的性质、结构、责任、流程，以及胜任该职位工作人员的素质、知识、技能等进行调查，在调查分析的基础上编写出职务说明书和岗位规范等人事管理文件。

第二，人力资源规划。这是把企业人力资源战略转化为中长期目标、计划和政策措施，包括对人力资源现状分析、未来人员供需预测与平衡，从而确保企业在需要时能获得所需要的人力资源。

第三，员工招聘与选拔。这是根据人力资源规划和工作分析的要求，为企业招聘、选拔所需人力资源并录用安排到一定岗位上的过程。在国外员工招聘与选拔上，由于企业在国外设有分公司，所以相应的招聘与选拔政策就必须遵守分公司所在地或经营地的法律规范。

第四，绩效考评。这是对员工在一定时间内对企业的贡献和工作中取得的绩效进行考核和评价，及时做出反馈的过程。目的是提高和改善员工的工作绩效，并为员工培训、晋升、计酬等人事决策提供依据。

第五，薪酬管理与员工福利。主要包括对基本薪酬、绩效薪酬、奖金、津贴以及福利等薪酬结构的设计与管理，以激励员工更加努力地为企业工作。对国际企业来说，企业制定的薪酬与福利政策不仅要符合公司战略，还要在一定的程度上与员工的文化背景、经济水平等保持一致，从而起到积极的激励作用。

第六，培训与开发。企业通过培训提高员工个人、群体和整个企业的知识、能力、工作态度和工作绩效，实现开发员工的智力潜能，进而增强人力资源的贡献率。在对国外员工进行培训的过程中，一定要注重学习过程中的文化差异，通过跨文化培训获得理想的培训效果。

第七，职业生涯规划。这主要体现在企业鼓励和关心员工的个人发展，帮助员工制订个人发展规划，从而更好地激发员工的积极性和创造性。

第八，劳动关系管理。这主要通过协调和改善企业与员工之间的劳动关系，进行企业文化建设，营造和谐的劳动关系和良好的工作氛围，保障企业经营活动的正常开展。在国外，劳工关系是一个比较敏感的话题，因为在不同的国家，劳工关系的概念和实践不尽相同，跨国公司在处理劳资关系时应当"入乡随俗"，尽可能地与所在国的劳资关系处理方式相契合，避免造成大的冲突。

三 外向型企业人力资源管理的模式选择

20世纪80年代以来，美国作为人力资源管理的发源地，对人力资源管理理论进行了深入的研究和细致的探讨，在此基础上提出了人力资源管理模式这一创新性的概念。美国哈佛大学巴利德（Christopher A. Bartett）和法国INSEAD商学院的戈夏勒（SumantaChaSha）在合著的《无国界管理》一书中，把国际化经营企业的发展阶段分为全球性企业（global）、国际性企业（international）、多国企业（multinational）、跨国企业（transnational）四种类型。跨国企业为国际化经营企业中的最高理想，具有国际视野，可以根据实际情况，开展地方运作，对任何国家不带有偏见。

企业在其国际化发展的不同阶段表现为不同的组织架构，而组织架构的差异直接影响人力资源的管理活动。佩尔穆特以国际化经营视角，提出跨国公司在管理子公司和为子公司配备人员时的四种战略导向，分别为：民族中心方式、多国中心方式、全球中心方式和地区中心方式，该理论框架被视为确定国际人力资源管理类型和战略活动的基础，如表4-1所示。

表4-1　　　　　　　　外向型企业人员配备的模式选择

企业的特征	标准设定	沟通与协调	人员
民族中心模式	由公司总部负责	从公司总部到各地的子公司	本国员工担任管理人员
多国中心模式	由公司所在地的管理部门负责	子公司之间以及子公司与总部之间很少	东道国员工担任管理人员
地区中心模式	地区内部各个国家之间协作	子公司与总部很少，地区的子公司之间一般较多	本地区各国员工担任管理人员
全球中心模式	全球和当地标准控制并行	子公司之间以及与总部之间结成完全的联系网络	最好的员工安排到最合适的地方

资料来源：Howard V.Perlmutter & Tagi Sagafi Nejad, *international technology transfer*, pergamon pressinc., 1981, p.10.

（一）民族中心模式（Ethnocentrism）

这种类型的跨国企业，母国具有中心的决策主导性格，总部会以母国的产品、设计、技术、管理为标准。政策决定也多以总公司的认知为基础。此类企业又可称为民族中心主义企业。跨国企业总部认定母国的管理风格、知识、评价标准和管理人员均优于东道国。跨国企业所有的关键岗位都由母国人员担任。其结论是，来自母国的管理手段与文化对子公司进行管理，母国的管理人员是子公司高级经理人员的首选。

（二）多国中心模式（Polycentric）

采用多国中心模式的跨国企业，其子公司在海外拥有决策自主权。母公司明确承认母国与东道国的差异，相信东道国的管理人员在处理当地问题上有更大的发言权，子公司有较大的自主权，母公司则通过财务手段进行控制。但是，多国中心模式的子公司管理人员也因文化、社会、经济的差异，很少晋升到母公司的管理职位上。跨国母公司总部会努力适应不同地区的特色，依照不同国家或地区打造合适的经营格局。因此，在政策的决定上，会视不同地区的情况制定不同的政策。此类企业可归类为多元中心主义。

（三）地区中心模式（Regiocentric）

子公司按照地区分类，各个地区人力资源管理政策尽可能协调，子公司的管理人员由本地区任何国家的员工担任。在此模式中，地区内部协调与沟通的程度很高，而在各个地区与公司总部之间的沟通与协调非常有限。这种国际人员的配备方法主要反映跨国公司的战略结构。具体组合随公司商务和产品战略性质而变化，但对跨国公司来说，方法之一就是把它的经营按地理区域划分，人员在地区间流动。

（四）全球中心模式（Geocentrism）

全球中心模式的核心内容是进行全球资源整合。公司总部与各子公司构成一个全球性网络，该网络被看成是经济实体而不是母公司与各个子公司的一个简单集合。管理者持全球导向的开放态度，企业从全球范围内招收管理者，并指派其在总部或子公司工作，而不过多考虑其国籍。此类型的跨国企业，以无国界的心态管理企业与制定企业决策。企业希望能发展出一种为全世界所共同接受的产品、营销方式和经营手法。在决策过程中，使用多元化的决策方式，超越国籍的限制。此类企业的决策可称为全球中心主义。

第二节　西北地区外向型中小企业人力资源管理的现状与问题

近年来，我国中小企业人力资源管理的发展虽然取得了很大的进步，但人力资源管理的层次还比较低。现实中，许多中小企业都没有正式的人力资源管理部门，或者企业中可能会有人力资源管理部门，但其管理职能却不健全，不能为企业的发展做出应有的贡献。因此，改善中小企业的人力资源管理现状，对促进西北地区外向型中小企业快速稳步发展具有非常重要的意义。

一　西北地区中小企业人力资源管理存在的主要问题

综合而言，西北地区中小企业的人力资源管理整体相对比较落后，企业人力资源管理等方面依然存在着一些不足有待提高和完善，比如：缺乏长期的战略规划和相应的管理职能设置，人力资本投资意识不够，缺乏持续有效的绩效机制，人才存量少，流动性大，中小企业"家族化""个人集权化"管理的负面影响比较严重等。

（一）西北地区中小企业缺乏长久持续的战略规划

长久持续的人力资源战略规划是一项系统工程，以企业发展战略为目标，全面系统地核查企业现有的人力资源、详细分析企业内外部的现实条件，预测组织未来的人力资源需求与变化，以配合组织的战略发展需要。目前，我国西北地区中小企业的人力资源战略规划主要有两种表现，一种是过分重视组织战略目标的发展，忽视人力资源战略发展。因为人力资源概念属于现代企业的理念，因此在战略性地位上远没有得到重视，企业的发展战略始终和人力资源管理相脱离，导致企业始终无法寻找到帮助企业发展的核心人才，即使招聘到了，也会在很短的时间内流失。另一种是随着中小企业管理层的管理意识提高，的确在人力资源的管理上重视了起来，但是企业在初创阶段没有单独的人力资源管理部门，因此不得不将相关部门外包出去，而外包公司对于企业内部的战略目标、文化内涵等都不甚了解，操作起来难免会有偏颇。因此，缺乏长期的战略规划是目前我国西北地区中小企业人力资源管理面临的突出问题之一。

（二）西北地区中小企业缺乏专设的人力资源部门

西北地区一些中小企业在经济实力和经营范围内都不能和大企业相比，

因此也没有单独设立人力资源管理部门，常常是由企业的管理者代为管理，将这项工作简单等同于行政管理，其效果可想而知。即使设立了专门的人力资源部门，也存在着分工不明确以及管理人员不专业的情况。西北地区中小企业的大多数人力资源管理人员没有接受过专业的训练，只是简单地将其看作人事工作，不能认识到其核心作用。在实际的操作过程中，难免会出现职能交叉、部门混淆的情况。这样不仅不利于管理效能的提高，还造成了人浮于事的现象。这也进一步说明专业的管理人才在企业中是极其缺乏的，这种巨大的人才缺口极大地限制了企业的发展。因此，缺乏专门的管理部门和管理人才是目前我国西北地区中小企业人力资源管理面临的又一突出问题。

（三）西北地区中小企业缺乏人力资本投资意识

中小企业往往不把人力看成一种资源，加以培养与开发。西北地区大多数中小企业认为人力资源是一种使用工具，不用过多培养也可以创造财富。还有一些中小企业觉得在人力资源上的投资回报太慢，人力资源作为一种流动的资源，有一旦培养成熟就存在跳脱原企业，奔向更好企业的风险，因此宁愿利用现有的资源做有限的事情，也不愿意过多地投入人力资源的建设中去。当然，西北地区也有很多中小企业认识到了人力资源培养的重要性，但是由于成立的时间较短，加之经济实力和体系成熟度的原因，也常常造成培训机制不系统、不持久，难以在效果上有所显现，导致很多企业的管理者逐渐丧失了投资人力资源的想法。因此，缺乏人力资本投资意识也成为目前我国西北地区中小企业人力资源管理面临的又一突出问题。

（四）西北地区中小企业缺乏持续有效的绩效机制

与东部地区的企业相比，西北地区中小企业的员工绩效结构往往比较单一，缺乏灵活性，在经济高速发展的时代很难适应复杂的经济环境。绩效结构的单一也造成了员工的激励效应不足，只在物质上进行激励，忽视个人自尊与自我实现的需要，员工无法获得真正的激励与自我成就感，使企业的激励机制形同虚设。另外，工作执行中很多员工只把工作效率作为唯一关心的重要指标，缺乏对工作积极的探索和思考，绩效机制无法在深层次上调动员工自主创造的能力，这也成为目前我国西北地区中小企业人力资源管理面临的另一个突出的问题。

（五）西北地区中小企业人才存量少，流动性大

相比大企业而言，西北地区的中小企业人力资源流动率要高，人才流失

的可能性也比大企业要大,这与员工的职业操守有很大的关系。绝大多数中小企业的员工是抱着打工的思想工作而不是以主人翁的姿态工作,他们感觉不到自身的发展与企业的前途有多大关联,而中小企业的工作压力和工作强度又往往比较大,特别是一些关键岗位的管理人员和技术人员经常进行超强度的工作。因此,当他们所受到的待遇或者个人的发展机会不如预期的那样好,就很容易跳槽,形成人才的频繁流动。这往往成为目前困扰我国西北地区中小企业人力资源管理的一个突出的问题和难题。

(六)西北地区中小企业"家族化""个人集权化"管理的负面影响比较严重

国内有很大一部分中小企业的管理人员多为亲属或好友,在企业的重要岗位上任人唯亲的现象非常普遍,甚至有些企业的最高领导者身兼数职,既抓生产又抓管理,既做财务又做市场营销,涉足企业的所有业务。这种"家族化""个人集权化"的管理在中小企业发展的初期的确促进了其快速发展,但随着企业的进一步发展壮大,"家族化"和"个人决策化"的管理已经逐渐显现出其弊端,成为这类企业必须面对的管理问题。因此,企业缺乏明确的分工,缺乏标准化、规范化的管理制度,严重地束缚了中小企业前进的步伐,也是目前我国西北地区中小企业人力资源管理面临的一个突出问题。

二 西北地区外向型中小企业人力资源管理面临的问题

西北地区外向型中小企业的人力资源管理通常存在着一些普遍的问题,主要包括来源于文化、劳工关系、经济制度、法律制度、政治等方面的问题,如图4-1所示。不同的国家在人力资源管理上会存在着不同的差异,如何面对差异,解决或者降低外向型企业人力资源管理所面临的问题,是制约当前外向型中小企业人力资源管理发展的主要难题之一。

(一)文化方面:缺乏具有对外沟通能力的专业人才

语言是人与人之间交流的桥梁,也是国家间经济合作的基础。"一带一路"为国家区域经济合作创造了良好的条件,而这些大部分都建立在语言的基础上。我国西北地区与很多"一带一路"沿线国家的官方语言都不是英语,在这种情况下,建立在英语基础上的沟通与交流就显得不够通畅。比如,巴基斯坦的国语为乌尔都语,将乌尔都语翻译成英语,再从英语翻译成中文,往往会失去原

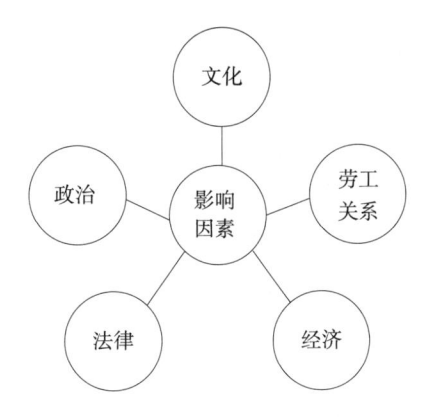

图 4-1 影响国际人力资源管理实践发展的因素

来想要表达的意思。这时，精通乌尔都语的小语种人才就显得特别重要。类似地，西北地区的外向型企业大多都是面向中亚国家的，中亚国家的语言各不相同，比如哈萨克斯坦官方语言为哈萨克语，乌兹别克斯坦是乌兹别克语，土库曼斯坦是土库曼语，塔吉克斯坦为塔吉克语，吉尔吉斯斯坦是吉尔吉斯语。尽管这些国家通用俄语，但是各国的官方文字也不尽相同，这就对西北地区外向型中小企业的对外沟通交流造成了很大的麻烦。同时，"一带一路"沿线的民族和国家众多，民心相通是"一带一路"建设的社会文化根基。民心相通，说到底是民族理解的加强与文化交融的加深，是政策沟通、设施联通、贸易畅通、资金融通的基础，是消除误判、加强合作的必要条件。传承和弘扬丝绸之路友好合作精神，广泛开展文化交流、学术往来、人才交流合作，是促进双多边合作的坚实基础。对于西北地区外向型中小企业的对外贸易来说，更需要有了解贸易国风俗习惯的人才在企业的经营活动中促进双方的交流合作，消除贸易中一些不必要的摩擦，顺利促进双方的合作与发展。

（二）法律方面：缺乏熟悉国际法律的专业人才

企业是中国"一带一路"倡议实施的重要主体之一。中小企业作为企业中数量最多、最为活跃的因素，尤其是外向型中小企业，在对外贸易中发挥着强大的推动作用。在"一带一路"倡议推进的过程中，面对"一带一路"沿线国家迥然不同的政治、文化和社会等因素构成的复杂营商环境，中国企业在经营活动中将不可避免地面临一系列经营风险，其中最为突出的表现就是市场规则变化所引致的企业法律风险。从各国的国内法律体系来看，"一带一路"沿线国家大多为经济转型国家或发展中国家，其国内法律体系大多沿袭发达国家法律体系，有的属于大陆法系，有的属于英美法系，还有些国家则受宗教影响明显。不同的国家对合同的签订有着不同的要求，企业在签订合同时，需要协定好各种条款。为了避免在国际贸易中引起不必要的麻烦，使得企业能够更快地融入当地，及时并准确识别和有效规避法律风险将成为中国企业成功参与"一带一路"倡议实施的必要条件。外向型中小企业在对外贸易交往过程中由于资金等限制往往缺乏熟悉国际法律的专业人才，这对企业的发展是非常不利的。

（三）经济方面：缺乏了解国际贸易的专业人才

国际间的贸易相对于国内贸易是比较复杂的，这就要求企业需要了解更多关于国际贸易的知识。第一，与买方签订产品出口合同时注意合同中的品质条款（是否需要样品等）、合同中的数量条款、合同中的包装条款、合同中的价格条款使用的何种贸易术语、装运期、偿付行以及美元与人民币的换算率等。第二，应注意关税和非关税壁垒的限制。比如，一是调节关税；二是原产地标识；三是卫生标准；四是先检验后通关；五是金属异物。第三，了解国际商法。国际商法主要涉及的法律有商事组织法、国际商事合同法、国际商事代理法、国际货物买卖法、国际货物运输法、国际货物保险法、票据法、国际产品责任法、国际商事仲裁法等。国际间复杂的贸易需要企业招聘一些具有国际贸易知识的专业性人才。西北地区外向型中小企业的对外贸易比较频繁，需要注意的事项也比较多，因为缺乏具有国际贸易知识的专业人才所产生的商业纠纷也很多。因此，招聘到合适的国际贸易专业人才对西北地区外向型中小企业来说也是急需解决的问题之一。

（四）劳资关系方面：对外劳资关系方面存在着巨大问题

西北地区外向型中小企业在对外劳资关系方面存在着许多问题，主要表现在：第一，是外派高管还是从当地招聘高管；第二，人员的招聘是选择本地员工还是当地员工；第三，对员工的管理是以本国文化为主还是以当地文化为主；等。但我国外向型企业多年的境外投资实践经验表明，人员当地化为境外企业自身带来了积极的经济效益和社会效应。首先，我国境外企业使用人员外派策略虽然直接成本较低，但外派人员往往要先具备基本的语言沟通和生活能力，要熟悉和适应全新的生活和工作环境，这本身就得有一定的时间和财力保证，再加上给予他们较高的工资待遇和各种福利补助等"一揽子"成本付出，使得境外企业往往雇用本地员工，报酬总额只要达到或略高于境外市场即可,从而降低了企业的经营成本。其次,相比外派员工,当地员工在语言、文化、思维、生活习惯、政治网络等方面具有无可替代的本地优势。境外企业可以利用当地员工尤其是当地管理人员现有的文化背景和社交网络来拓展其本地化经营,减少进入当地市场的障碍,进一步减少经营成本。最后,外派人员存在一定的失败率,人员当地化正好能够弥补这一损失,不仅使当地员工得到提升,有助于企业本身的发展,还在一定程度上保证了境外企业的稳定性和连续性,也有助于境外企业树立本地企业形象。

(五)政治方面:对外劳务派遣和驻外办公人员的安全问题

在企业的对外贸易中,对外劳务派遣和驻外办公人员的安全问题一直是无法回避的。在"一带一路"沿线国家,由于历史、经济发展、文化认同的不同,企业外派的人力往往会面临着安全问题。"一带一路"沿线或附近国家的政治国情各有不同。因此,面对贸易国复杂的政治情况,西北地区外向型中小企业在对外派遣劳工时应该格外注意外派人员的安全问题。具体可以采取以下措施:遵守当地的法律,企业员工不去当地国家参加一些非法的聚集、集会等;尊重当地的风俗习惯,"一带一路"向西沿线国家多为伊斯兰国家,企业的外派人员应当尊重伊斯兰国家的风俗习惯,不要做出一些不尊重当地风俗习惯的行为;企业要加强对外派遣员工的管理和教育,避免员工发生意外。

第三节 "一带一路"背景下西北地区外向型中小企业人力资源管理的发展机遇

西北地区作为我国"一带一路"建设不断向西开放的桥梁,在联通中原地区与欧亚之间有着很重要的作用。随着政策的不断加深投入,西北地区外向型中小企业迎来了自身的发展,也面临着巨大的机遇与挑战。

一 开放的环境为西北地区外向型中小企业的人力资源管理发展提供了机遇

党的十九大报告中五次提到"一带一路"建设,这传达了三方面信息:一是"一带一路"建设在经济社会发展中的重要作用;二是明确指出"一带一路"建设是中国对外开放的重点;三是"一带一路"建设是中国推动构建人类命运共同体的重大举措。这充分体现了中国高度重视"一带一路"建设、坚定推进"一带一路"国际合作的决心和信心。其中，在支持中小企业发展方面，党的十九大报告中指出，"激发和保护企业家精神，鼓励更多社会主体投身创新创业"，"要支持民营企业发展，激发各类市场主体活力，要努力实现更高质量、更有效率、更加公平、更可持续的发展"，"深化科技体制改革，建立以企业为主体、市场为导向、产学研深度融合的技术创新体系，加强对中小企业创新的支持"。显然，中小企业不仅是中国经济社会发展的重要力量，也是"一带一路"沿线国家（地区）经济繁荣发展的重要基石。当前，中小企业日益成为对外合作的主力军，具有不可替代的功能和作用。随着"一带一路"建设的深入推进，鼓励和支持我国中小企业融入"一带一路"建设，将为中小企业带来广阔的发展空间和新的发展机遇。在"一带一路"建设的背景下，西北地区与国际市场的贸易往来更加频繁，国际人才市场将更趋活跃和完善，运作机制将更加灵活机动，人力资源不可避免地将在全球范围内进行进一步的整合，人才的活动空间得到极大的拓展，人才的流动更加自由、方便，这为中小企业的人力资源管理发展提供了难得的机遇。

二 全球经济一体化有利于中小企业自动纳入国际经济合作体系，增强核心竞争力

随着全球经济一体化的发展，各国经济之间的依赖性与企业之间的合作将日益增强，国际间的企业交往将会进一步增多，国内的中小企业会有更多、更广泛地参与国际分工和国际合作的机会，这将有助于我国的中小企业学习借鉴国际上先进的企业经营理念和管理方法，从而提高中小企业人才队伍的综合素质，优化其人力资源，增强核心竞争能力。"一带一路"政策的发展，进一步增强了全球经济的一体化进程，促进了我国西北地区与"一带一路"沿线国家的经济、文化的交流。西北地区外向型中小企业将进一步加入国际化的行列中，在与西亚、欧洲等国家的贸易中学习沿线国家的先进之处，对自身的发展提供技术与制度层面的优化与提升。

三 "一带一路"下多种产业的聚集模式促进了企业竞争力的发展

对于中小企业而言，海外合作区和产业园模式具有多种优势，一方面它可以促进产业聚集效应离岸化，简化审批流程；另一方面还可以助力企业在走入"一带一路"沿线国家（地区）时有效规避各种风险。已有的海外合作区和产业园在"一带一路"建设过程中会不断提高其层次和规模，建立健全合作体系，发挥示范和集聚功能，加快合作区在地化经营，增强辐射和覆盖作用，通过加强财政金融、税收优惠、创业创新等政策支持，从而更好地为中小企业提供便利。地方也会进一步加强对中小企业参与合作区和产业园的国别引导，进行科学规划和细致筹备，鼓励企业结合自身优势参与，逐步形成功能完善、重点突出、特色鲜明的合作区域网络，带动中小企业更好、更快地对接园区。与此同时，考虑到核心技术与创新能力是企业发展的重要支柱，政府也会不断增加科技创新投入，加大对中小企业技术研发的奖励和支持力度，继续加强产学研合作，推动企业将价值链向高端化、高质化方向拓展，打造面向中小企业，融入"一带一路"建设的协同创新平台，推动中小企业由简单加工制造为主向研发、设计、品牌等附加值环节的延伸。社会各界力量也会支持中小企业运用电子商务开拓沿线市场，尤其是支持中小企业参与单品直供基地和跨境电子商务示范园区建设，支持鼓励创新能力强、具有平台汇聚功能的中小型跨境电商企业入驻发展。此外，在人才培训等方面提供指导和服务，突破中小企业国际化发展中的人才瓶颈。总之，在"一带一路"下的多种产业模式聚集下，西北地区外向型企业会得到飞速发展和壮大自身的机会。随着企业的不断壮大和外部的环境日益复杂，西北地区外向型中小企业的人力资源管理也面临着前所未有的机遇和挑战。

四 内部产业结构调整推动了中小企业人力资源结构的优化

"一带一路"沿线的贸易投资活动具有长期持续快速增长的潜力。中国和"一带一路"沿线国家之间经贸关系的重要性日趋凸显，加强政策沟通和基础设施互联互通建设是中国与"一带一路"经贸关系加快发展的关键，"一带一路"建设也将为我国经济增长和结构调整提供持久动力。西北地区外向型小企业由于其发展的特殊性，大多数还集中在劳动密集型的传统产业里，已经不适应21世纪国际大市场的需求。因此，其产业结构以及产品结构都需要进行较大幅度的调整，而产业结构和产品结构的调整必然要导致就业结构的变化，就业结构的变化又必然要引起人力资源结构的调整，产生一系列的连锁反应，这就为推动中小企业人力资源结构的调整与优化带来了契机。

企业目标的实现离不开人力资源管理工作的支持与配合。一般来说，企业拥有三大资源，即人力、财力、物质，而物质资源和财力资源的利用则是通过人力资源的结合实现的，只有通过合理组织人力，不断协调劳动力之间、劳动力与劳动资料和劳动对象之间的关系，才能充分利用现有资源，在生产经营中发挥最大的效用，形成最优配置，从而保证生产经营活动的健康进行。全面加强人力资源管理，科学组织劳动力，配置人力资源，就是减少劳动损耗，提高经济效益的过程。中小企业的竞争，实质就是人力资源的竞争。因此，减少劳动消耗，提高企业效益并增加企业的资产就需要全面强化人力资源管理，明确人力资源管理战略，加强人力资源管理，运用科学、有效的方法提高企业效益。

第四节 西北地区外向型中小企业人力资源管理的战略选择

当前我国处于经济转型阶段和"一带一路"倡议的发展阶段，为了实现中华民族的伟大复兴，聚天下英才而用之，就必须创新人力资源管理模式，夯实创新发展的人才基础。这是时代变革、社会转型、创新发展的必然要求。西北地区外向型中小企业不应该仅着眼于当前的人力资源管理模型，而应该有着长远发展的规划，建立创新型人力资源管理模式。

一 转变人力资源管理观念

转变人力资源管理观念，主要表现在要学习大型企业管理模式，建立新型人力资源管理；更新人力资源管理观念，完善人力资源管理体系；加大人力资源投入，优化人力资源结构；塑造企业文化，增强企业软实力。

（一）学习大型企业管理模式，建立新型人力资源管理

在大型企业中，我国的人力资源管理已经从传统的事务性人事管理转换到了战略性人力资源管理。随着互联网、大数据、物联网、云计算、人工智能等高新技术的发展，我国大型企业的人力资源管理运用相关的信息与技术对人力资源管理模式进行着创新，以充分发挥企业潜力与创造力。创新型人力资源管理模式具体表现为服务型、共享型、智能型人力资源管理模式。西北地区的外向型中小企业可以对创新型人力资源管理模型进行模仿与学习，建立创新型人力资源管理模式。

（二）更新人力资源管理观念，完善人力资源管理体系

西北地区的中小企业要树立正确的人力资源管理观念，对现代员工管理、

全面化劳动力管理、生命周期人才管理等典型人力资源管理理念要有清晰的认知,理解其产生的特定历史背景、文化背景和经济环境背景。要把人力资源和企业员工的观念问题真正落实下来,更好地提升人为资源管理的持续性,确保企业人为资源管理在现有基础上再上一个新台阶。同时,要认识到我国中小企业人力资源管理不能一味地强调降低人才成本,而是要与企业发展战略紧密联系,以企业实际情况为根本出发点,综合采用多种人力资源管理方法的优缺点,有选择性地创新运用。随着时代发展,以往很多企业的人力资源管理经验已经不再具备效率和效益优势,对欧美和日韩成功的中小企业人力资源管理模式也不能一味照搬,西北地区外向型中小企业必须根据中国实际和文化特点树立适合自身实际的新型中小企业人力资源管理理念,建立完善人力资源管理体系。

(三)加大人力资源投入,优化人力资源结构

西部地区中小企业要想实现迅速、稳健与长久的发展,就需要把有限的人力资源放到企业全局战略层面去谋划,加大人力资源方面的投入。中小企业因为现实发展规模、组织架构和市场地位等因素,想要全面打造高效、规范的人力资源管理体系并不现实。因此,有必要将人力资源管理的客观规律和企业发展的实际相结合,制订扎实有效的人力资源管理计划,推进人力资源管理水平更上一层楼,这将帮助企业大大拓展自己的生存空间。我国西北地区外向型中小企业的人力资源管理中必须坚持"制度建设",实现人力资源管理完整和有效的制度化和流程来约束中小企业的全体员工,并建立执行团队。通过建设完善的规章制度,可以形成良好的人员工作与协调规范,用有效的行为准则来框定企业运转全过程的各项活动,同时体现团队协作的精神,为确保企业工作的持续推进提供保障。因此,中小企业要建立科学的招聘和选拔制度,公平的人员配置和使用机制,完善的绩效考核管理机制,合理而有竞争性的薪酬福利制度(结合市场定位和本企业定位)以及灵活有效的激励机制。相关制度制定时首先要做到服务于企业发展战略,同时要易于执行,尽可能做到量化。

(四)塑造企业文化,增强企业软实力

文化建设是现代企业发展的核心与灵魂,是企业内在价值展现的依托。企业的文化可视为现代企业的"软实力",与企业的生产、经营和市场营销等实体实践活动相配合,共同构成了现代企业发展的完整链条。对于我国的

中小企业来说，大多并不重视文化建设工作，甚至存在懈怠的情况。实际上，在推进中小企业人力资源管理的进程中，企业文化建设起到的作用是不可低估的。因此，在西北地区中小企业日常的工作中，要通过有效的宣传教育来普及和深化企业文化，对全体人员进行点拨、引领和思想教育，使之更加注重细节，更加遵循企业的各项规章制度，更能体现人力资源的价值导向，使全体员工认识到企业文化的软性力量，以此来凝聚全体员工的力量，提升员工的工作水平，也为企业文化的塑造打下了良好的基础。

二 人力资源招聘的战略选择

人力资源招聘选择方面，西北地区外向型中小企业需要考虑国际化人才队伍的建设和专业型人才的培养问题。

（一）国际化人才是西北地区外向型企业人力资源管理转变的关键

人才是"第一资源"，国际化人才已经成为提高综合国力和国际竞争力的战略资源。西北地区外向型中小企业在发展中最为缺乏的正是国际化的人才队伍。随着全球化的深入和地球村的形成，国际化人才将主导时代的发展。国际化人才除了具备所有人才应具备的专业知识、能力外，还应具备一些特别的能力。比如，他们在专业范围内视野宽阔，自觉或不自觉地越过地域、文化甚至时代的局限；求真、求新、创新意识强；在坚持民族、时代特色的同时，符合当代乃至未来人类发展的普遍的价值标准和发展进步的主旋律。国际化人才需要精通相关外语、熟悉国际规则、具有国际视野、善于在全球化竞争中把握机遇和争取主动。"一带一路"所经国家众多，地域辽阔，国情民意复杂，合作领域广，因而也迫切需要大批专业素质高、通晓国际规则、掌握多国语言的国际化人才。在"一带一路"建设实施中，国际化人才必将作为"主角"推进各项任务的实施开展。

（二）完善校企合作，培养专业型人才

校企合作，是学校与企业建立的一种合作模式。当前社会竞争激烈，包括教育行业，大中专院校等职业教育院校为谋求自身发展，抓好教育质量，采取与企业合作的方式，有针对性地为企业培养人才，注重人才的实用性与实效性。校企合作是一种注重培养质量，注重在校学习与企业实践，注重学校与企业资源、信息共享的"双赢"模式。将企业引进学校后，也就是将企业的一部分生产线建在校园内，就可以在校内实行的"理论学习"和"顶岗实训"相结合的办学模式。这种模式既可以解决企业场地不足的问题，同时也解决了学校实习实训设备不足的问题，真正做到企业与学校资源共享，获得"产学研"相结合的多赢途径。通过校企合作能够使企业得到人才，学生得到技能，学校得到发展，从而实现学校与企业"优势互补、资源共享、互惠互利、共同发展"的双赢结果。西北地区的高校数量并不少，主要集中在西北五省的省会城市，因此，西北地区的外向型中小企业可以与当地的高校进行合作，寻求人才。一方面，企业给高校的学生提供实习岗位，学生在毕业后可能会留任到企业，推动企业的发展。另一方面，企业与高校进行合作可以借助专家的力量对企业的发展领域和前途进行分析，明确企业未来的前进方向，助力企业的发展壮大。

三 人力资源培训的战略选择

人力资源培训方面的战略选择，主要就是进行系统的员工培训。西北地区外向型中小企业在缺少拥有某种技能的员工时，有两种决策，一种是从外部进行招聘；另一种是对企业内部的员工进行培训。内部培训往往要比外部招聘有着更强的有效性与可靠性，也可以降低招聘风险，节约招聘成本。

对于培训方法，一般中型企业应当采取 ADDIE 的系统培训模式，小型企业则应当采取培训外包的做法。对于员工来说，企业提供对其培训与学习机会，不仅能提高其工作上的技能和素质，还体现了企业对他们的关爱与重视，进而满足了其成长需求。具体的培训应该包括企业文化培训、业务能力培训、内部晋升培训与管理层培训等。比如企业可以选拔部分有较高潜力的员工在学术上进一步进修，提升员工的学历和知识层次，使其适应未来的市场竞争。

在员工的培训方式上，应该逐渐采用系统培训的方式。系统培训是指在培训过程中把培训者、培训过程以及接受培训的员工结合在一起。国际上经常是基于 ADDIE 模型来对企业员工进行系统的培训。ADDIE 模型是一套系统的培训方法。ADDIE 五个字母分别表示：分析（Analysis），对培训所要达到的行为目标、任务、受训员工、绩效目标等进行一系列的分析。设计，（Design）对将要进行的教学活动进行课程设计。开发（Development），针对已经设计好的进行相应的培训内容撰写、测试等。实施（Implement），通过组之间的配合对已经开发的课程进行教学实施，同时进行实施支持。评估

（Evaluation），对已经完成的培训内容及接受培训的员工针对培训效果进行评估。使用 ADDIE 的系统培训模式有以下优点：第一，使受培训的员工拥有系统思维；第二，可以优化资源的配置，使得组织内的资源可以更好地为人力资源服务；第三，可以促进培训效果的保持；第四，避免在培训过程中出现"跑偏"的现象。ADDIE 系统培训模式虽然可以使员工受到系统的培训，使培训效果更长效，但是由于在我国还处于发展的阶段，只适合大中型企业。小型企业的培训应尽量选择外包，不仅可以取得培训收益还可以降低培训成本。西北地区外向型中小企业尤其是小企业的员工大都缺乏系统意识，不能从整体的角度去衡量和考虑事物，因此对员工进行系统的培训会提升员工的能力，提高公司的绩效。

四 人力资源绩效管理的战略选择

人力资源绩效管理方面，主要是通过建立合理的绩效管理体系、优化薪酬福利组合等措施对员工进行激励，提高员工的绩效，最终实现组织目标，实现多赢。

（一）建立合理的绩效管理体系

建立合理完善的绩效管理体系是西北地区外向型中小企业人力资源管理的重要战略选择。建立合理完善的绩效管理体系是绩效考核得以顺利实施的重要保障。高效的绩效管理系统必须具备以下特征：第一，企业的绩效管理体系要具备适应性。西北地区外向型中小企业所处的经营环境比较复杂，在面对不同的文化、地域与行业，企业的绩效管理体系必须考虑到语言、文化、价值观甚至宗教的因素。第二，企业的绩效管理需要具备公正性。西北地区的外向型中小企业部分为家族式的企业，在企业的经营活动中，家族成员往往可以利用特权获得更多的收益，因此企业在制定绩效管理体系时，必须注重客观公正，真实反映员工的能力与贡献。第三，企业的绩效管理体系需要具备准确性。准确性就是指企业把绩效考核标准化，使绩效考核体系更加规范，依据实际情况对员工的表现进行评价，并且绩效评价的反馈必须准确，以便员工在日后的工作中改进与加强。

（二）企业绩效管理的实施

建立好完善、合理的企业绩效关系体系之后，西北地区外向型中小企业实施企业的绩效管理。企业的绩效管理实施主要在以下方面：第一，绩效工资的实施，绩效工资是基本工资与奖励工资相结合的工资，根据岗位技术含量、劳动强度、工作完成程度来确定绩效工资。第二，绩效管理的模式，在实施绩效管理的过程中，西北地区外向型中小企业可以使用目前比较成熟的目标管理法与平衡计分卡等。

（三）优化薪酬福利

优化薪酬福利组合，加速晋升通道，提高当地员工的工资待遇，这不仅对调动员工工作积极性很重要，还会吸引更多有才能的人来企业就职。高薪一直是企业实施跨国人才战略的重要方式，特别是对管理人员而言更是如此。然而，为了吸引优秀人才，高薪不是唯一的方法，在住房、股权、补充养老保险制度等方面为员工构筑"安全网"，也是提高员工保持率的关键措施。西北地区外向型中小企业对于企业中的高级人才应适当地给予较高的薪酬或者实行激励计划，通过优化薪酬福利对员工进行激励，使得员工可以一直留在企业，为企业效力，同时也可以激励员工，提高员工的绩效。

五　劳资关系的战略选择

劳资关系方面，西北地区外向型中小企业需要合理规划在外的劳资雇佣关系。由于经营的是对外贸易，这类企业也不得不重视跨文化管理，才能在激烈的市场竞争中立于不败之地。

（一）合理规划在外的劳资雇佣关系

积极营建国际化管理的企业文化模式。企业当地化管理说到底还是跨文化管理，特别是人员的当地化管理，更需要境外企业充分考虑文化的多元性，做到"求同存异"，设计"量体裁衣"的人员管理理念。中国境外企业"走出去"必须营建国际化管理的企业文化模式，一方面，识别文化间的不同，寻求发展文化间认同。实施人员当地化战略并不是完全地文化当地化，而是一种"多文化集合体"，只有先识别到不同文化背景下人员的不同之处，才能在企业中融合这些不同，进而形成合力及文化的认同感，否则企业人员在心理上将有"文化休克"的反应。另一方面，实施跨文化培训。在境外企业的当地化过程中，对当地文化的学习尤其重要，通过对各个层次人员进行跨文化培训，可减少彼此间的文化冲突，增进彼此间的交流与认同，进而建立相互适应的企业文化。

(二) 注重跨文化管理

跨文化管理，全意为跨越国界和民族界限的文化管理。西北地区外向型中小企业主要与中亚、欧洲、中东等地方的"一带一路"沿线国家进行经济往来。在贸易国的交易活动中必不可少地会招募一些当地的员工，针对不同国家、地区的员工进行管理是一个复杂的过程。在管理中，不仅要遵守当地的法律、各种规定，还要尊重当地人民的文化和习惯，如何在管理的工程中平衡好关系尤为重要。选择不同的策略会对公司员工的积极性和公司绩效造成不同程度的影响，因此要选择好恰当跨文化管理的策略。西北地区外向型中小企业的跨文化管理是一项很复杂的工程，不仅要考虑到贸易地国家分公司或雇用人员的民族、生活习惯、宗教信仰，更要采取一些措施来实行跨文化管理。

第五章

西北地区外向型中小企业营销管理创新

中小企业是实施大众创业、万众创新的重要载体,在增加就业、促进经济增长、科技创新与社会和谐稳定等方面具有不可替代的作用,对国民经济和社会发展具有重要的战略意义。在"一带一路"倡议下越来越多的中小企业,尤其在西北地区,逐渐以国外市场为主要销售场所,直接受国际市场变化的影响。然而,在西北地区外向型中小企业蓬勃发展的过程中,依然存在不少问题,营销管理就是其中之一。在这种情况下,西北地区外向型中小企业的营销管理不仅要从观念上转变,也要从策略上进行转变。

第一节 中小企业营销管理概述

中小企业是我国经济的重要组成部分,而营销管理是中小企业经营管理的重要组成部分,更是中小企业营销部门的主要职能。因此,认识营销管理及其特点和主要方法对中小企业是至关重要的。

一 营销管理的基本含义

在企业经营管理过程中,企业规划和实施营销理念、制定市场营销组合,为满足目标顾客需求和企业利益而创造交换机会的动态、系统的管理过程是企业经营管理的重要组成部分,更是企业营销部门的主要职能。

(一)营销管理的含义

营销管理是指为了实现企业或组织目标,建立和保持与目标市场之间互利的交换关系，而对设计项目的分析、规划、实施和控制。营销管理的实质，是需求管理，即对需求的水平、时机和性质进行有效的调解。在营销管理实践中，企业通常需要预先设定一个预期的市场需求水平。然而，实际的市场需求水平可能与预期的市场需求水平并不一致。这就需要企业营销管理者针对不同的需求情况，采取不同的营销管理对策，进而有效地满足市场需求，确保企业目标的实现。

但是营销管理到底是管什么，还是回到市场营销的本质上来。每个人、每个企业在社会上生存和发展，都有需要，并愿意付出一定的报酬来满足部分需要，于是这部分需要就形成了需求。需求可以通过很多方式来满足，比如自行生产、有乞讨、有抢夺、有交换等。市场营销的出发点是通过交换满足需求。也就是说，市场营销是企业通过交换，满足自身需求的过程。企业存在的价值，在于企业提供的产品能满足别人的需求，双方愿意交换，如此而已。所以，营销管理也就是需求管理，需求是营销的基础，交换是满足需求的手段，两者缺一不可。

（二）营销管理的五种需求

营销管理要管什么需求呢？这个问题涉及企业的很多方面，企业强调团队合作，强调供应链，因此各个环节的需求都要考虑到。好的营销政策需要考虑到各个方面的需求，企业制定营销政策，要充分考虑营销政策推行的各个方面，但在实际工作中，主要考虑的是企业、消费者、经销商、终端、销售队伍这五个方面。营销管理要满足企业的需求、满足消费者的需求、满足经销商的需求、满足终端的需求、满足销售队伍的需求，企业在不断满足需求的过程中得到发展。

1. 满足企业的需求

企业追求可持续发展，主要目的是追求赢利。企业可以短期不赢利，去扩张，去追求发展，但最终目的是赢利。所有的人员、资金、管理等都是为企业实现可以持续赚钱的手段。按照营销理论，企业要坚持"4C"原则，以消费者为中心。但实际上"以消费者为中心"是企业思考问题的方式，企业要按照自己的利益来行动。企业主要把命运掌握在自己手上，要操控市场，要掌握市场的主动权。企业发展的不同阶段，市场发展的不同阶段，企业有着不同的需求，如表5-1所示。

表 5-1　　　　　　　　　市场的不同阶段及企业需求

阶段	需求
市场孕育期 （企业开发了创新产品）	企业面临两个问题，一是要迅速完成资金的原始积累，二是要迅速打开市场。所以此时企业可能采取急功近利的操作手法，怎么来钱，就怎么来，怎么出销量就怎么来。可能采取的政策是高提成、高返利、做大户等。
市场成长期 （企业飞速发展，出现了类似的竞争对手）	企业要用比对手快的速度，扩大市场份额，占领市场制高点。可能采取的措施是开发多品种、完善渠道规划、激励经销商等。
市场成熟期 （延续产品的生命周期）	企业要追求稳定的现金流量，同时还要开发其他产品。这时企业要不断推出花样翻新的促销政策。
市场衰退期	企业要尽快回收投资，变现。

资料来源：https://baike.baidu.com/item/营销管理/2456?fr=aladdin#5。

从上面简单的生命周期描述中，我们看到，不同时段企业有不同需求，无论在哪一阶段，满足企业需求都是首要的。营销管理是对企业需求的管理，以满足企业的需求为根本。所以作为营销决策者首先要考虑："我的老板要求我做什么？公司现在需要我做什么？股东需要我做什么？"其次在具体落实企业需求的过程中，再考虑下面的四个需求。

2. 满足消费者的需求

中国的消费者是不成熟的，所以才容易被企业误导，策划人搞得概念满天飞，只能风光三五年。真实的、理性的消费者需求是什么呢？消费者对好的产品质量有需求，消费者对合理的价格有需求，消费者对良好的售后服务有需求。满足消费者的需求对企业来说是最重要、最长久的，企业可以选择忽略消费者需求来满足短期利益，但消费者是用"脚"投票的，他们的需求没得到满足最终还是会选择离开。

著名的春都，发家于火腿肠，成为上市公司，在 20 世纪 90 年代是中国知名企业，行业先锋，但在多元化战略下，迷失了自己的方向，主营业务大幅萎缩。为在价格战中取胜，春都竟然通过降低产品质量，损害消费者利益，来降低生产成本，含肉量一度从 85% 降到 15%，春都职工用自己的火腿肠喂狗，戏称为"面棍"。只考虑自己需求，而没满足消费者需求的春都，付出了惨重代价，销量直线下滑，市场占有率从最高时的 70% 狂跌到不足 10%。

春都的灭亡是必然的，只考虑企业的需求是危险的。企业可以在一段时间欺骗所有的消费者，也可以在所有的时间欺骗一个消费者。但群众的眼睛是雪亮的，企业不可能在所有的时间欺骗所有的人。所以对企业来说，满足消费者的需求是企业存在的价值，是企业最长久的保障。在满足需求的基础上，企业还要发掘需求，引导消费的潮流，甚至去取悦消费者，去讨好消费者。

3. 满足经销商的需求

经销商的需求是经常变动的，但归根结底是三个方面，如表5-2所示。

表5-2　　　　　　　　　　经销商的需求及内容

经销商的需求	内容
销量	如果你的产品是畅销产品，不愁卖。这个时候经销商可能只需要销量。因为他知道，你的货可以带动其他货走，这样他可以从其他货中赚钱
利润率	如果你的产品是新产品，这时经销商期望比较高的毛利。你的货可以走得慢，但是很赚钱，这样他也满意
稳定的下家	如果你的货物实在紧俏，零售店非有不可，你给经销商货，经销商就可以用这个产品建立渠道，维护自己渠道的忠诚。当然，如果你可以帮助他做管理，管理渠道、管理终端，这样你也满足了他的需求

资料来源：https://baike.baidu.com/item/ 营销管理 /2456?fr=aladdin#5。

所以企业在制定营销政策时要知道经销商的需求是什么。要搞清楚经销商是要长远发展，还是要短期赢利。企业制定政策时候，还要考虑到经销商的发展，而不是仅仅从企业自身出发，也不是仅仅从消费者的角度出发。毕竟在有些行业，经销商是不可或缺的。经销商也有发展阶段，他在创业阶段需要你给他指点，需要你给他支持。当他的网络已经形成，管理基本规范时，他最需要的就是利润。不同发展阶段，他的需求是不同的。因此企业要针对经销商实际需要不断制定出符合经销商的销售政策、产品政策、促销政策。

4. 满足终端的需求

很多企业强调"终端为王"，终端也确实成了王。某些特殊地位的"超级终端"索取进场费、陈列费、店庆费等，有些中小终端——超市动不动就玩倒闭。做终端风险和成本都很大，到底企业做不做终端，怎么做终端？成了老板两难的选择。按照目前的渠道发展趋势,终端是不做也得做,做也得做,关键是怎么做。所以很多企业都有终端策略,制定区别于经销商的终端政策,满足终端的需求。

终端的需求越来越多,尤其是连锁商家,更是"难缠"。因为国美等连锁家电而导致连创维这样的彩电巨头都要采取"第三条道路"。手机行业的连锁巨头也很"可怕",上百家连锁店,迫使厂家对其出台倾斜政策。终端和经销商同为渠道的组成部分,如果让厂家做出选择,宁肯选择终端,而不是选择经销商。做终端的办法,很多企业不一样,宝洁公司的市场人员就只做终端的维护和支持,而不管窜货、不管价格。在宝洁眼中,终端比经销商更重要。毕竟是终端的三尺柜台决定了厂家的最终成败。

5. 满足销售队伍的需求

销售队伍是最容易被忽略的,因为是自己人,所以先满足外人的利益,如果有剩余就用来满足销售队伍的利益,这是很多老板的做法,即"宁予外寇,不予家奴"。表面上看销售队伍不是很重要,只要赚钱就会跟公司走。但一个销售代表的背叛可能导致一个地区业务的失控。朋友公司的一个销售代表,到了竞争对手那里,做分公司经理,把他以前的经理打得要请他吃饭。

任何营销政策,最终都靠销售队伍来贯彻,销售代表执行力度的大小,可能比政策本身的好坏更重要。这是个"打群架"的时代,营销竞争是靠团队的,所有的经销商、终端、消费者的需求,都要通过销售队伍来满足。他们的需求有哪些呢?不外乎生存和发展,销售队伍对合理的待遇有需求,对培训机会有需求,对发展空间有需求。因此企业要在不同阶段,发掘销售队伍的需求,尽量来满足他们。

企业需求是根本,是营销管理的出发点。其中消费者的需求、营销商的需求、终端的需求是串联的,一个环节没满足,就会使营销政策的执行出现偏差。一个环节"不爽",就可能导致企业"不爽"。作为营销管理者,要从这五个方面出发,来考虑营销问题。如果营销出了问题,就一定是这五方面出了问题。优秀的营销管理者,要善于分析这五个方面,善于平衡这五个方面的资源投入,取得营销的最佳效果。

(三)营销管理的八大类型

市场营销管理的任务,就是为促进企业目标的实现而调节需求的水平、时机和性质,其实质是需求管理。根据需求水平、时间和性质的不同,市场营销管理的任务也有所不同，如表 5-3 所示。

表 5-3　　　　　　　　　　营销管理八大类型

类型	需求状况	营销任务
扭转性营销	负需求①	扭转需求
刺激性营销	无需求②或对新产品、新的服务项目不了解而没有需求；或非生活必需的"奢侈品""赏玩品"等，是"有闲阶级""有钱阶级"的选择	激发需求要在预期收益上做文章，设法引起消费者的兴趣刺激需求
开发性营销	潜在需求③	实现需求设法提供能满足潜在需求的产品或服务
平衡性营销	不规则需求④	调节需求设法调节需求与供给的矛盾，使二者达到协调同步
恢复性营销	需求衰退⑤	恢复需求设法使已衰退的需求重新兴起，但实行恢复性营销的前提是：处于衰退期的产品或服务有出现新的生命周期的可能性，否则将劳而无功
维护性营销	饱和需求⑥	维护需求设法维护现有的销售水平，防止出现下降趋势

---

① 负需求，指全部或大部分潜在购买者对某种产品或服务不仅没有需求，甚至厌恶。例如：有的人对坐飞机有畏惧心理，产生负需求；素食主义者对所有的肉类产生负需求。

② 无需求，指目标市场对产品毫无兴趣或漠不关心，如许多非洲国家居民从不穿鞋子，对鞋子无需求。

③ 潜在需求，指消费者对现实市场上还不存在的某种产品或服务的强烈需求。潜在需求是十分重要的，在消费者的购买行为中，大部分需求是由消费者的潜在需求引起的。

④ 不规则需求，指某些物品或服务的市场需求在一年不同季节，或一周不同日子，甚至一天不同时间上下波动很大的一种需求状况。例如：每年的春节前后，由于人员的大量流动，造成铁路和公路运输高度紧张。又如：在每年的旅游旺季，一些旅游景点人满为患，但在旅游淡季又冷冷清清。

⑤ 需求衰退，指消费者对产品的需求和兴趣从高潮走向衰退。针对这种情况，营销的任务就是设法使已衰退的需求重新兴起，使已冷漠下去的需求得以恢复。

⑥ 饱和需求，指当前的需求在数量和时间上同预期需求已达到一致，但会变化。变化的是消费者偏好和兴趣的改变，还有同业者之间的竞争。

续表

类型	需求状况	营销任务
限制性营销	过剩需求①	限制需求通常采取提高价格、减少服务项目和供应网点、劝导节约等措施
抑制性营销	有害需求②	消除需求强调产品或服务的有害性，从而抵制这种产品或服务的生产和经营

资料来源：https://baike.baidu.com/item/营销管理/2456?fr=aladdin#5。

二 中小企业营销管理的特点与主要方法

通过对营销管理的掌握，根据中小企业的定义，可以总结中小企业营销管理的特点及主要方法。关于中小企业的界定，界定标准各国有所不同，因而结合定性界定和定量界定可以较为直接地反映企业的经济实力。

（一）中小企业营销管理的特点

国际上对中小企业没有一个统一定义，界定标准各国也有所不同。一般而言，国际上对于中小企业的界定可以分为定性界定和定量界定。如表5-4所列的是主要工业国家在定性界定和定量界定的基础上对中小企业的划分标准③。

表5-4　　　　世界主要工业国家中小企业的划分标准

美国	雇员不超过500人
英国	定性界定：市场份额较小；所有者亲自管理；企业独立经营
英国	定量界定：小制造业：从业人员在200人以下
	小建筑、矿业：从业人员在25人以下
	小零售业：年销售收入在18.5万英镑以下
	小批发业：年销售收入在73万英镑以下
欧盟	雇员人数在250人以下且年产值不超过4000万欧元，或者资产年度负债总额不超过2700万欧元，且不被一个或几个大企业持有25%以上的股权

---

① 过剩需求，指需求量超过了卖方所能供给或所愿供给的水平。过剩需求会造成资源的浪费和环境的破坏。例如：我国一些著名的风景区和名胜古迹由于人们长期的大量需求，已造成了不同程度的破坏。

② 有害需求，指市场对某些有害物品或服务的需求。例如：食品和化妆品中包含了过量的某种对人体有害的物质；不安全的电器；假药以及有害公众利益的赌具、毒品、黄色书刊和音像等。

③ 赵冉冉：《中小企业国际营销策略分析》，硕士学位论文，中国海洋大学，2011年，第9页。

续表

日本	制造业：从业人员在 300 人以下或资本额 3 亿日元以下
	批发业：从业人员在 100 人以下或资本额 1 亿日元以下
	零售业：从业人员在 50 人以下或资本额 5000 万日元以下
	服务业：从业人员在 100 人以下或资本额 5000 万日元以下

资料来源：百度百科名片，"中小企业"，http://baike.baidu.com/view/58855.htm。

而我国将中小企业划分为中型、小型、微型三种类型，针对农业、工业、建筑业、批发业、零售业等16个行业在营业收入及雇员人数上给出了具体规定（具体规定见表5-4）。

结合对营销管理和中小企业的研究，可以总结出中小企业营销管理有如下特点：

（1）中小企业更容易建立、发展、完善与目标顾客的交换关系的营销方案；

（2）中小企业对营销方案可以进行更为全面的分析、设计、实施与控制；

（3）中小企业能够更直接地实现经营目标。西北地区深居中国西北部内陆，具有面积广大、矿产资源丰富、国际边境线漫长、有利于边境贸易等特点，其中小企业的营销管理会更加灵活，紧随市场变动。

（二）中小企业营销管理的主要方法

中小企业要想得到长远的发展，有效且合理的营销管理是必不可少的。而搞好营销管理工作，更是应该建立一套完善的销售管理体系。结果管理方法、销售计划管理方法以及客户管理方法在销售管理体系中起着重要作用。

1. 结果管理方法

在企业管理当中结果管理包括两个方面。一是业绩评价，二是市场信息研究。业绩评价包括：销售量和回款情况、销售报告系统执行情况、销售费用控制情况、服从管理情况、市场策划情况、进步情况。信息研究包括：本公司表现、竞争对手信息，如质量信息、价格信息、品种信息、市场趋势、客户信息等。

2. 销售计划管理方法

其核心内容是销售目标在各个具有重要意义方面的合理分解。这些方面包括品种、区域、客户、业务员、结算方式、销售方式和时间进度，分解过程既是落实过程也是说服过程，同时通过分解也可以检验目标的合理性与挑战性，发现问题可以及时调整。合理的、实事求是的销售计划，在实施过程中既能够反映市场危机，也能够反映市场机会，同时也是严格管理，确保销售工作效率、工作力度的关键。

3. 客户管理方法

在企业管理当中客户销售管理的核心任务是热情管理和市场风险管理，调动客户热情和积极性的关键在于利润和前景；市场风险管理的关键是客户的信用、能力和市场价格控制。《老板》杂志表示管理手段和方法主要有：客户资料卡、客户策略卡、客户月评卡等。

三 外向型中小企业营销管理的理论依据

虽然跨国企业是对外贸易的主要参与者，但却不仅仅是实力雄厚的大型跨国公司的涉足领域，众多的中小企业也参与其中。随着我国"一带一路"倡议的提出，近年来，国家政府积极帮助中小企业成为出口企业，为国内中小企业与国外潜在经销商搭建合作平台，中小企业在各国的出口方面日益增强。而外向型中小企业营销管理的理论依据就显得尤为重要。[1]

（一）早期理论

早期理论主要以传统的大型跨国公司理论为基础，伴随发展中国家的中小型跨国公司的发展而产生。主要有以下三种理论的提出：一是路易斯·韦尔斯（Louis Wells）提出的小规模技术理论，其认为发展中国家跨国公司有三个方面的比较优势，即具有为小市场需求服务的小规模生产技术优势、价格低的优势和民族化产品优势。因此对于那些技术未达到先进水平、经营范围狭窄和生产规模较小的企业，仍有很强的经济动力来参与国际竞争。小规模技术理论是研究发展中国家及中小企业进行国际化的代表性理论之一。二是桑加亚·拉奥（Sanjaya Lall）提出的技术地方化理论，其认为来自发展中国家的跨国公司的技术特征表现为劳动密集型、小规模和标准化，并且通过对发达国家已有技术的改造和创新为企业带来竞争优势，证明了落后国家中小企业以比较优势参与国际营销的可能性。三是小岛清（Kiyoshi Kojima）以日本的对外投资为考察对象提出的比较优势理论，指一国应从已经或即将处于比较优势的产业开始对外直接投资，并依次进行，保障本国具有比较优势

---

[1] 赵冉冉：《中小企业国际营销策略分析》，硕士学位论文，中国海洋大学，2011年。

的行业通过扩大出口来占领国外市场。

（二）渐进式国际化理论

20世纪80年代中后期，由于国际经营环境产生了很大变化，中小企业国际化的发展尤为迅猛，随着对外直接投资的增长，企业的国际化程度得到迅速提高，相关理论也取得重大进展，这一时期，有以下三种主要理论的提出：一是阶段性理论，这一理论起源于1977年乌普沙拉（Uppsala）大学根据约翰逊（Johanson）和瓦恩（Vahln）的研究而提出，其认为企业随着经验的增加和出口风险的降低，逐渐开展国际经营，企业在国际化的进程中由于不断学习和利用国外市场的相关知识，而使企业进入"心理距离"越来越大的新市场。根据国际化程度由低到高将国际化过程分为四个阶段：被动出口、主动出口、建立海外子公司和形成全球性组织机构。阶段性理论不断发展，1993年米勒斯（Millers）提出国际化的十个阶段模型及班伯格（Bamberger）与埃弗斯（Evers）提出的五阶段模型。二是企业家理论。90年代，企业家的重要性得到学者的广泛关注，他们认为，只有资源和环境的机会是不够的，管理层的企业家精神可以支持和促进企业的国际化战略。斯万特·安德森（Svante Andersson）在2000年提出，企业家有三种类型：技术企业家、营销企业家和结构企业家，并且其认为由于中小企业受到规模和资源的限制，营销企业家和技术企业家在国际化中的作用更加明显。三是企业国际化的资源基础理论。这一理论早在1959年就被提出，认为内部资源和外部资源的互相作用决定了企业的扩张。在这一理论基础上，有学者认为，中小企业进入海外市场的能力与其积累的有形和无形资源有直接联系。

（三）快速国际化理论

20世纪90年代中期以后，国际上出现中小企业，它们由成立初期就开展国际化活动和营销，这类企业通常被称为天生的国际企业。有学者将它们定义为：从成立之初就从国际市场的销售中寻求相当部分收入的企业。这类企业一开始就有很强的国际视野，国际化的方式不同于已有的国际化阶段模型理论。通过对这些中小型天生国际企业的研究发现，这些企业一般要么忽视本国市场，以海外领先国家为目标市场，要么同时进入国内市场和国际市场，这主要一是由于全球贸易壁垒的降低，市场的趋同及交通、通信技术发展的客观条件，二是由于市场的全球化，使小企业面临大型跨国企业的全球性竞争，不得不专门为一些较狭窄的全球利基市场提供产品，并且须同时在多国寻找市场用来弥补成本的需要。

快速国际化理论目前还是一个新兴的研究领域，实证研究成果较少，很难得出普遍性的结论，还有许多问题需要进一步研究。例如，什么样的资源和优势可以促进中小企业的快速国际化，怎样的战略实施有利于中小企业的国际市场营销，中小企业如何突破自身规模限制，如何获得国际市场知识都需要我们对不同国家和地区，不同行业的中小企业开展多层次的实证研究，推进对中小企业快速国际化现象的理解和解释。

第二节 西北地区外向型中小企业营销管理现状与问题

营销管理对西北地区外向型中小企业经营管理很重要，但在管理过程中总会有很多问题出现，因此如何解决西北地区外向型中小企业营销管理问题就显得尤为关键。本节将在描述西北地区外向型中小企业营销管理现状的基础上，深入分析探讨西北地区外向型中小企业营销管理过程中存在的问题。

一 西北地区外向型中小企业营销管理现状

中小企业在我国的国民经济中具有重要的作用。统计资料表明，我国中小企业已超过800万家，全国工商注册企业中，中小企业占了99%，具体中小企业数见表5-5。2009年以后我国对外贸易稳定增长，由于受国际金融危机影响，2009年贸易增长速度有所回落，之后在包括"一带一路"建设的影响下，贸易增长率保持稳定态势，如图5-1所示。而外向型中小企业更是成为我国国民经济发展的重要组成部分，对我国经济发展、技术创新、社会就业以及社会和谐等方面起到了必不可少的促进作用。2018年，我国对"一带一路"国家的出口有望继续保持较快增长，如图5-2所示。

表5-5　　　　近年来我国中小企业规模统计表

年　度	2011	2012	2013	2014	2015
中小企业数（万户）	1253	1366	1528	1819	2168

资料来源：中商情报网（http://www.askci.com/news/finance/20160706/09414738378.shtml）。

图 5-1　中国和中亚国家对外贸易增长率

资料来源：国家统计局网（http://www.stats.gov.cn/）。

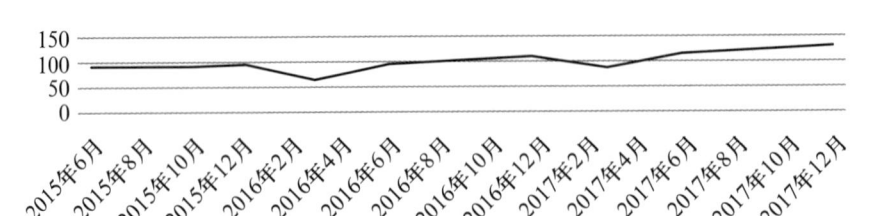

图 5-2　一带一路贸易额指数

资料来源：国家统计局网（http://www.stats.gov.cn/）。

在 2017 年第一个季度，宁夏回族自治区银川市对"一带一路"国家出口 16.73 亿元，同比增长 141.50%[①]；陕西省 2017 年 1—5 月与"一带一路"沿线国家实现进出口总额 105.9 亿元，同比增长 7.3%[②]；新疆维吾尔自治区 2017 年 1—5 月全区完成进出口额 547.1 亿元，同比增长 49%（全国同期增长 19.8%）[③]；甘肃省 2018 年 1 月份对"一带一路"沿线国家进出口值达到 11.5 亿元，增长 21.6%，明显好于同期全省 11.2% 的整体进出口增速[④]；青海省 2015 年 1—9 月，全省进出口总值 91.15 亿元，比上年同期增长 42.6%[⑤]。西北五省整体的进出口总值实现成倍增长。

虽然我国市场经济不断发展和完善，但目前相当一部分西北地区外向型中小企业，由于管理水平不高，导致营销业绩不理想。可以说，西北地区外向型中小企业受到不少阻力，在某种程度上营销工作成为在西北地区的外向型中小企业的发展瓶颈。特别是长期以来受传统管理思想的影响，西北地区外向型中小企业过于抵制营销管理，使得营销理念的引入受到阻碍，这不仅制约了营销的良好结果，也影响着外向型中小企业的良好发展。因此，西北

---

① 资料来源：宁夏新闻网（http://www.nxnews.net/）。
② 资料来源：陕西省商务厅（http://www.sxdofcom.gov.cn/）。
③ 资料来源：新疆维吾尔自治区商务厅（http://www.xjftec.gov.cn/index.html）。
④ 资料来源：甘肃省商务厅（http://www.gsdofcom.gov.cn/）。
⑤ 资料来源：青海省商务厅（http://www.qhcom.gov.cn/）。

地区外向型中小企业应该循序渐进地构建营销型的外向型中小企业，不仅要为外向型中小企业的营销管理做好人才储备，还应该营造良好的企业文化氛围，耐住性子从最基础的做起，为西北地区外向型中小企业的营销管理提供组织保障。

西北地区外向型中小企业营销管理体系以集权式管理为主。就西北地区外向型中小型企业而言，集权式管理是指采用恩威并重及家长示范的方式对企业进行管理。企业的经营决策在该管理模式下主要表现为管理者一权独大，员工主要起到提供相关资料的作用，具体决策最终由管理者做出，员工所要做的就是绝对服从。在客户较为单一的创业初期，企业采用这种管理模式会呈现较高的管理效率，因为企业可以形成强大的领导核心及较强的执行能力，同时还可以对瞬息万变的市场变化进行感知并快速做出反应，这可以推动企业的快速发展[①]。

在"一带一路"背景下，外向型中小企业在国际市场贸易当中具有很大的优势和劣势。以宁夏回族自治区为例，它是内陆省区，但是并不保守和封闭，在向外开放中，宁夏具有自己的优势和特色。近些年，不断扩大对外开放，着力打造丝绸之路经济带战略支点，主动融入国家"一带一路"建设，开放宁夏建设取得新的成效、呈现新的态势，对外交流合作越来越广泛，搭建了中阿博览会平台。宁夏的优势恰恰是在穆斯林用品和清真食品领域，抓住做穆斯林用品对外出口的标准，将中阿贸易发展起来，银川与中东阿拉伯地区有着密切的宗教文化渊源，与此同时宁夏具备了竞争力的优势。然而宁夏各类企业效仿创新和竞争意识不强烈，在完全竞争与垄断竞争中不断徘徊，要想把握市场竞争的主动权，需要坚持不断地进行企业营销创新。另外细分化市场特征日益凸显出来，对于中小企业的市场定位提出更强的挑战。

总之，要努力建立体系及平台，使营销理念深入西北地区的外向型中小企业中，促进其稳步发展，从而更好地服务社会。西北地区外向型中小企业的特点是规模小、对市场反应灵活，并且有决策速度快、应变能力强、能够很好地适应市场的优势。因此，西北地区外向型中小企业只要充分利用这些优势，进行科学的营销管理，企业的好业绩是不难获得的。

---

① 高国盛：《论中小企业营销管理体系构建》，《合作经济与科技》2015年第8期，第146页。

二 西北地区外向型中小企业营销管理问题分析

西北地区位于中国大陆内陆，一直处于人口稀少、经济发展动力不足以及经济发展起步比较晚的状态。"一带一路"倡议提出来后，西北地区外向型中小企业逐渐发展起来，解决其营销管理的问题已经成为近几年的重点。

（一）一般问题分析[①]

西北地区外向型中小企业在迅猛发展的同时，其营销管理或多或少存在一些问题。这些营销管理问题是大多数外向型中小企业的普遍问题，影响着西北地区外向型中小企业的长远发展。

1. 营销观念较为落后[②]

随着市场经济的迅速发展，西北地区买方市场已经形成。买主之间竞争激烈和销售困难成为常态，"定制营销""以销定产""顾客至上"已是现代企业耳熟能详的营销口号。但是，在西北地区某些外向型中小企业中，传统营销观念至今仍占主导地位。企业不是按照市场需求组织生产，而是不经市场调研预测便急于投产，或依照过去的老经验安排产品组合，产品生产出来之后才想到产品的销路，但是已经很迟了。市场营销观念在营销实践中要经历生产观念、产品观念、推销观念、市场营销观念和社会营销观念五个发展阶段。绝大多数的外向型中小企业经营管理者的管理理论和营销战略更多的是来源于他们的实践探索，许多成功外向型中小企业管理者的营销观念是很陈旧落后的，尚未树立市场营销和社会营销的科学营销观念。比如西北地区青海省地处青藏高原，地广人稀，由于特殊的地理环境等诸多因素的影响，社会经济发展相对滞后，营销观念也较为落后。

2. 营销人才较为缺乏

人才是一个企业最核心的资源。现代意义上的企业竞争，归根结底就是企业间人才的竞争。谁拥有了人才资源，谁就取得了竞争的优势，将在未来竞争中取胜。西北地区外向型中小企业大多都资源、财力有限，很难为企业所需人才提供有竞争力的薪酬以及福利与发展机会，因此，很难吸引到优秀的人才。西北地区外向型中小企业营销人才缺乏已是不争的事实。究其原因，

[①] 郭国庆：《中小企业营销管理的问题与对策》，《企业经济》2010年第10期，第5页。
[②] 李文潇、王婷婷：《中小企业营销管理》，《中外企业家》2013年第10期，第121页。

是西北地区外向型中小企业没有形成科学有效的人才引进、培育和使用机制，尚未形成"人尽其才，才尽其用，用当其时，人才辈出"的良好氛围。西北地区五省的外向型中小企业，都存在经营规模偏小、企业综合实力不强的问题。通常的中小外贸企业为5—10人。因为企业规模小，很难留住人才，企业发展后劲不足，更别提企业品牌的建设，经营管理模式简单缺乏系统性和可持续性，在面对国际市场的变化时，抵御风险的能力很弱。以甘肃省为例，如表5-6所示，甘肃省文盲比例高于北京市，虽然小学、初中及高中的受教育比例大，但是受大学的教育比例远低于北京。

表5-6 教育水平的地区分布

地区	文盲	小学	初中	高中	大学本科
北京	1.56%	0.59%	0.97%	1.62%	7.01%
甘肃	8.70%	2.47%	1.51%	1.96%	1.58%

资料来源：由《中国统计年鉴（2016年）》的数据计算得出。

3. 营销战略缺乏理性

随机应变能力较强的外向型中小企业在西北地区尽管生存下来了，但由于缺乏理性的营销战略指导，企业难以发展壮大。有的企业不具备实施差异化战略的资源条件，想当然地进行多元化、差异化发展；有些企业过分固守原有的战略，面对有利的市场机会，认为自身已具备了相当的实力，不思创新，缺乏理性，几十年一贯地实行"聚焦战略"；有些企业即使选定了需求多样性的高端客户，仍简单地实施低成本领先战略。总之，不少外向型中小企业在实践中存在着类似营销战略缺乏理性的现象。例如，新疆外向型中小企业大多是依靠新疆特有的地缘优势，依托周边国家来开展对外贸易业务，边境小额贸易占新疆进出口贸易的很大份额。边境小额贸易，因其采购数量少，单笔贸易金额少，因此新疆中小外贸企业只根据客户的要求开展业务，企业缺少稳固的产品市场，也因为业务的随意性导致新疆外向型中小企业在贸易流程、贸易方式、企业的管理方面显得有些混乱，而没有章法。这种以眼前利益为主，缺乏企业发展的中长期规划和目标，导致了在国际市场发生变化的时候，很多新疆外向型中小企业出现了生存困境，可持续发展遇到障碍。

4. 营销创新动力有限

在我国西北地区市场上存在的外向型中小企业，大多是从事简单的劳动密集型的加工制造企业，技术、资本含量极低，位于价值微笑曲线的最低端。比如青海省目前的外贸对经济增长的贡献主要依赖于数量扩张，实际经济效果并不大，出口产品仍然以劳动密集型、资源密集型和低附加值产品为主，因此，只能赚取极其微薄的加工费用。因为这种生产模式，对资本技术要求较低，进入门槛不高，从而使大量的企业涌入市场，结果造成市场上产品供过于求、同质化严重的现象。为了维持生存、打败竞争对手，西北地区外向型中小企业开始了激烈的价格战，进一步削减了企业微薄的利润，使多数企业面临生存困境。在这种情况下，即使企业想进行创新，也心有余而力不足，继续维持简单加工制造地位的现状，继续进行低层次的价格战，形成恶性循环。

5. 营销手段有待改进

西北地区一些外向型中小企业虽已学会用先进的营销方式来武装自己，比如网络营销是以互联网为基本手段营造网上经营环境的各种活动，具有成本低、速度快、更改灵活，网络营销制作周期短等特征。但是，可能存在市场需求趋势把握欠准、市场开拓力度不大、信息反馈机制不灵等问题。许多企业的管理者把营销等同于推销，营销手段落后。不少中小企业还不知道借助现代化手段，例如相关科研单位、互联网、专业信息机构等渠道获取所需信息，而仅仅依靠本企业自有力量或落伍的经验及手段。因而，企业缺乏现代意识和创新意识，所采取的营销组合策略老套落伍，很难树立良好的市场形象。

6. 营销组织建设落后

西北地区外向型中小企业数量较多、涉及行业面较广，但普遍存在企业之间横向合作不足、实力不强、经验不足以及规模小等问题，以致在企业发展过程中，大多数完全依赖自己的资源，建立相应的营销组织，在与大企业竞争中，往往身单力薄，处于不利的地位。企业的组织结构类型多为地理型组织、产品型组织或市场型组织，而矩阵式营销组织却较为少见。此外，在营销组织建设方面，各自为政，缺乏合作共享机制，也越来越制约西北地区外向型中小企业营销竞争力的提升。

（二）典型问题分析

与经济发达的东部地区外向型中小企业相比，西北地区外向型中小企业有两个典型的营销管理问题：忽视品牌建设和缺乏网络营销的发展。

1. 忽视品牌建设[①]

西北地区不少外向型中小企业在营销实践中，通常只关注企业产品本身的销售，而对于事关企业长远发展的品牌建设不足够重视，资源投入不足，缺乏长远的规划，对企业长远发展十分不利。当企业规模发展到一定程度后，经常会遇到发展瓶颈——产品牌子不响，利润回报低，价值无法提高，企业也很难做大做强。例如陕西省外向型中小企业缺乏国际品牌，使得陕西省的二、三线城市经济发展缺乏动力、活力，而发展缓慢的城市也进一步加剧了人才流失问题。

纵观历史中的大型企业，西北地区外向型中小企业实施品牌营销是十分必要的。

（1）竞争的需要。企业的竞争，不该停留在价格战上，而需要拿起品牌的武器，在品牌的层面上进行竞争。对于竞争者而言，品牌是一种制约。

（2）国际营销的需要。市场这块蛋糕，只有做大，大家才有好处。在未来的市场竞争中，只有拥有自己的品牌，才有竞争的基础和可能性。对于品牌产品而言，不仅会因为价格适当而获得更多的盈利空间，也更容易打开国际市场，在国外市场建立知名度与忠实度。

（3）企业自身发展的需要。中小企业的目标不是仅仅为了获取短期的微利，而是渴望在未来成为一个大企业，有利润、市场地位与稳定的销售。在这种目标的导向下，品牌建设是其自身发展的需要，不能以企业生存为理由而忽视。

（4）迎合消费者的需要。当今的时代已走入了品牌力时代，越来越多的消费者已开始深化品牌认识，并倾向于购买有品牌的产品，因为对消费者来说，品牌好处很多：第一，品牌能节省消费者的购买心力；第二，品牌能降低购买风险；第三，品牌能反映消费者的生活理念。

2. 缺乏网络营销的发展

虽然我国的外向型中小企业网络营销工作正蓬勃发展，但西北地区外向型中小企业对网络营销这种新兴的、独特的营销方式的具体方法与策略仍然缺乏深入的研究，许多企业停留在初期阶段，仍依赖着传统的、实体

---

① 李文潇、王婷婷：《中小企业营销管理》，《中外企业家》2013年第10期，第121页。

化的市场营销策略,整体的营销水平有待提高,而开展网络营销工作始终受到制约①。

西北地区过半的外向型中小企业针对 IT 方面的投入力度严重不足,投资的方式也并不合理。大部分外向型中小企业在作业的投入方面与大企业相比是难以企及的。根据资料显示,大企业在网络营销工作上的年均开支在 1990 年年底到 2000 年年底,从大致占到整个企业总开支的 12% 上升到了 49%;而绝大多数的中小型企业网络营销工作的开支甚至不足其经营总收入的 10%②。

此外,管理体制不合理是西北地区外向型中小企业进行网络营销工作的一个障碍。很多中小型企业对网络营销工作缺乏应有的认识,因而也就没有设置合理的管理体制。在这种状况下,甚至会出现网络营销没有直属的责任部门。信息中心、营销部门、技术部门等部门之间出现了真空地带。管理体制与组织结构未能及时合理化,依然采用落后的管理模式与管理手段,直接导致信息系统难以发挥作用③。

第三节　西北地区外向型中小企业营销管理的创新策略

西北地区外向型中小企业的营销管理根据在营销管理过程中存在的问题,提出并解决西北地区外向型中小企业营销管理的转变,从对观念的转变到营销管理策略的转变进行建议,为西北地区外向型中小企业营销管理的健康长远发展提供帮助。

一　西北地区外向型中小企业营销管理的观念转变

要解决西北地区外向型中小企业的营销管理问题,必须先从观念上进行转变。树立健康的营销管理观念有利于西北地区外向型中小企业的经营管理,使西北地区外向型中小企业在当下的市场环境中蓬勃发展。

---

① 陶薇:《中小企业网络营销现状、存在的问题及对策分析》,《中国商贸》2012 年第 34 期,第 122 页。
② 焦国强:《我国中小企业网络营销的策略研究》,硕士学位论文,西南大学,2009 年。
③ 吕斐斐:《中小型企业网络营销发展策略研究》,《中国市场》2011 年第 32 期,第 88 页。

（一）保守到先进的营销管理观念转变

现如今的市场营销当中，营销理念同企业文化之间相互联系，但是当下的中小企业存在的普遍问题就是营销理念同企业的营销管理之间存在一定的脱节。在当下的市场竞争中，与计划经济时代相比，生产经营都已经发生了翻天覆地的变化，但是仍然存在传统经营模式理念的影响，当今西北地区外向型中小企业在市场营销过程当中，需要充分考虑市场之间的关系和供求关系，如果将生产经营的重点仍然放在传统需求上，不能够以与时俱进的理念看待问题，必然会导致企业的发展同现代营销理念相悖，从而直接影响到西北地区外向型中小企业市场营销管理工作的开展。不能够根据售前售后的反馈作为立足来进行精准的市场定位，不能够从服务和管理的角度出发来调整西北地区外向型中小企业市场营销管理和战略方针，长此以往发展下去势必会导致企业在战略经营当中陷入被动的境地。

随着科技的发展，企业的营销理念也需要与时俱进。企业如果想在激烈的竞争中脱颖而出，就必须树立先进的营销理念来吸引消费者的注意。具体表现在以下几点：首先，品牌营销。人们生活水平的提高，使得消费者更加注重高层次个性化消费，注重心理和精神上的满足以及自我价值的体现。企业应致力于打造国际知名名牌，加强品牌营销理念的培养。其次，发展绿色营销。这一理念是指在企业的营销过程中以保护环境为宗旨，植入环保和社会意识。这就要求企业销售的产品在生产过程、消费过程以及最终的回收废弃过程中不会产生环境污染，实现可持续发展理念。再次，服务营销。这一理念是通过提供良好的服务满足顾客的需求为中心来吸引、维护和发展顾客的。最后，发展文化营销。这一理念是重视产品的文化内涵。通过赋予企业和产品更多的文化内涵，来促进营销过程的进行。以新疆金怡进出口有限责任公司为例，在面对新的市场竞争时，公司对企业结构进行了重新划分，对企业的管理理念和服务理念也做出了很大调整，强化外贸代理业务的服务意识。

（二）从忽略到重视营销管理人才的观念转变

在西北地区外向型中小企业经营当中，现代企业人才的质量、结构、数量在很大程度上决定着企业的成败，因此必须建立长效的人才管理机制。由于西北地区外向型中小企业的发展空间的局限性，使高素质人才的管理压力巨大，骨干性人才严重流失，比如陕西省作为教育大省，在人才对外输出与对内引进两方面仍然存在较大差距,而人才的流失就像一个恶性循环,导致了一系列后续的城市发展问题。因此,对于西北地区外向型中小企业来说,需要迫切地激活企业的人力资源,更需要建立切实有效的人才激励机制。由此来大大提升市场营销人才参与的积极性,从而更好地维护中小企业营销团队的稳定性。企业建立的人才激励机制要能把员工个人的发展与企业的发展紧密地联系在一起,以此充分激发员工的创造性、员工的潜能和积极性,确保西北地区外向型中小企业市场营销团队的科学性以及稳定性,从而更好地服务于企业的发展。

(三)从缺乏到注重科学实践性的观念转变

营销策略的选择同样影响着西北地区外向型中小企业的市场营销管理工作,当下大多数的西北地区外向型中小企业在营销方式上采用的手段十分守旧,仍然将重点放在价格和广告上,而且在促销策略的选择上也同传统的促销方式没有明显的区别,不能够与时俱进地考虑到文化和市场之间的联系,从而导致在市场竞争当中,对于品牌体系的构建不能够全面推广,这样便会导致在后期无论是网络营销还是品牌推广和附加文化等先进的市场营销冲击当中受到冲击,从而不能够有效地应对市场竞争[①]。

在市场营销管理当中,要对各项业务进行准确的定位分析,这样才能够保证营销管理工作落在实处。营销业务的运作既是营销人员各种专业知识的体现,又有处理各种经济问题的艺术,是一项系统复杂的经济工程。因此,在市场营销中,每笔营销业务都潜伏着意想不到的风险,要减少损失以及避免风险,必须从每笔业务着手,认真操作好每笔业务的多个环节。这样,不仅能够加强对于市场营销的管理,也能够最大限度地规避企业的经营风险。首先,要严把经济合同以及相关协议,这是保证业务正常运作、履行双方承诺的依据,也是处理可能出现纠纷的法律依据;其次,要做好对客户的考察摸底,这是发生业务与否的先决条件。例如,新疆金怡出口方面,在中亚市场建立了联络点,进行深入的市场调查,了解市场情况,在制定企业经营决策时,充分考虑到目标市场的变化和产品定位;再次,要把握好客户情况的变化,这是经办人员必须随时掌握的重要一环;最后,要严把营销合同、协

---

① 朱令娴:《关于中小企业市场营销管理发展的战略思考》,《中国市场》2016年第44期,第37页。

议的审批,这是层层把关、减少呆死账的关键。

二 西北地区外向型中小企业营销管理的策略转变

西北地区外向型中小企业营销管理的转变面临的问题很多。因此,要解决西北地区外向型中小企业营销管理的问题,不是仅仅从观念上转变就可以了,更应该付诸实践,从策略上进一步进行转变。

(一) 从被动到主动的营销管理策略转变

在信息时代,西北地区外向型中小企业所面对的消费者与传统消费者有着本质的区别,传统的消费者大都处于被动地接受商品地位,而现在的消费者他们要求自己在市场中处于主动地位,以满足消费者个性化的需求为目的,要求供应商提供给他们个性化的商品,要求企业按照他们自己的意愿来设计、生产产品。比如新疆金怡进出口有限责任公司,无论是管理层还是普通员工都要以客户的需求为中心来开展业务,积极开拓市场;时常问候客户,以期及时掌握客户的真实需求。由于网络使得消费者既能接收信息,也能发出信息,形成生产者与消费者之间充分的双向信息交流,从而使生产者可以根据消费的个性需求去生产产品。所谓渠道也就是顾客购买的方式,伴随着生活节奏的加快,消费者外出购物时间变少,急迫要求快捷方便的购物方式和服务。互联网直接与消费者建立联系,将商品直接展示在顾客面前,回答顾客疑问,并接受顾客订单。这种直接互动与超越时空的网络购物,无疑是营销渠道上的新宠[1]。

(二) 从传统到现代的营销管理策略转变

网络在信息时代为企业与顾客提供了一个全新的沟通方式。网络促销不仅显示产品的顾客服务内容、品质、特点以及性能,更重要的是能针对个别需求做出一对一的促销服务。这种方式有利于加强企业与消费者的深入沟通。传统的营销手段主要是在媒体上进行大量的广告宣传,或配上上门推销等手段,并依赖很多分销渠道,来吸引消费者的注意。从企业成本的角度出发以及从消费者满意度出发,这些方式都存在很多的缺陷,而且营销成本很高。而将经销代理、广告促销、市场调查、人员营销等传统营销手法与网络营销结合,可以形成最低成本,获得最大市场销售量的新兴营销模式。陕西省作为中西部地区的农业大省,其商品结构较为单一,一直

---

[1] 谢雯娟:《新疆中小外贸企业经营策略研究》,硕士学位论文,新疆大学,2015年。

以来以农副产品为主,其出口商品也一直以农副产品为主,比如苹果、酥梨、猕猴桃、红枣这"四大宝",陕西省外向型中小企业可以结合信息时代的特点,对其进行营销管理。

(三) 从单一到多元的营销管理策略转变

对于现代的西北地区外向型中小企业,其市场营销工作的开展应充分重视产品策略,尤其是产品的多元化,这是市场结构决定的,只有有效实施产品多元化营销策略,才能促使企业在激烈的市场竞争中立足、发展。多元的营销管理策略,指的是企业同时经营两种及以上的、具备不同基本经济用途的产品或服务的一种策略。因此,产品多元化营销策略就是指企业针对各种不同的产品开展长期市场营销发展而做出的总体规划。与企业专业化经营相比较而言,产品多元化营销策略主要是指企业产品的多元化、多样化,需要企业在维持和提升现有产品市场份额的情况下进行产品创新,从而实现多元化的市场营销策略模式。因而企业生产的新产品跨越多种行业,且产品是系列化的,注重的是产品的多样性,目的在于通过新产品去占领不同的市场,而不是仅仅根据产品差异性去细分市场。

西北地区外向型中小企业产品多元化营销策略有独特的优势,主要体现在两个方面:一方面,企业通过产品多元化营销策略可以降低专业化生产及经营所受到的来自外部市场经济萧条的消极影响。通过产品多元化营销策略,企业生产的新产品涉及各种不同的行业,其市场变化也是不同的,一些行业亏损或是获利,通过多元化产品营销策略就能帮助企业积极分散市场风险,避免企业遭受过大的损失,对企业的健康发展而言意义重大。另一方面,产品多元化营销策略能促进企业把内部优势充分发挥出来,通过整合企业现有的人力、资本、技术等资源来提高其核心竞争能力。产品多元化营销策略在于企业对内部资本进行有效的整合、配置、利用,通过开发新产品,占领新市场实现最大化的收益。新疆金怡进出口公司需要将传统模式的进口代理业务和出口销售业务,同时向多元营销管理转变。进口代理方面,要经常与客户沟通,了解客户的需求,利用自己的国外供应商资源,为客户寻求到物美价廉的产品,在交货期、付款方式等方面为客户提供更多便利的服务[①]。

---

① 谢雯娟:《新疆中小外贸企业经营策略研究》,硕士学位论文,新疆大学,2015 年。

三 "一带一路"倡议下新型营销管理策略分析

2013年9月和10月,中国国家主席习近平分别提出建设"新丝绸之路经济带"和"21世纪海上丝绸之路"的合作倡议。西北地区作为丝绸之路经济带的主要地区,需要充分发挥其地理区位、历史文化、资源能源和产业基础等优势,努力将西北地区建设成向西开放的战略平台、经贸物流的区域中心以及产业合作的示范基地。推进"一带一路"建设,实施主体是企业,更是外向型中小企业。因此,西北地区外向型中小企业营销管理策略的创新是十分必要的。

(一) 网络营销管理策略[①]

随着社会进步与文化发展,人们的价值观越来越呈现多元化的趋势。信息技术加速了现代科技与文化的传播,使人们的需求也更趋向多元化。而西北地区外向型中小企业面向的市场主要以中亚国家为主。2018年全球数字报告指出,在中亚约有3600万人使用互联网,约占5个国家总人口的68%。如图5-3所示是中亚国家互联网的使用情况,良好的互联网使用情况为网络营销管理策略的实施提供了良好的环境。

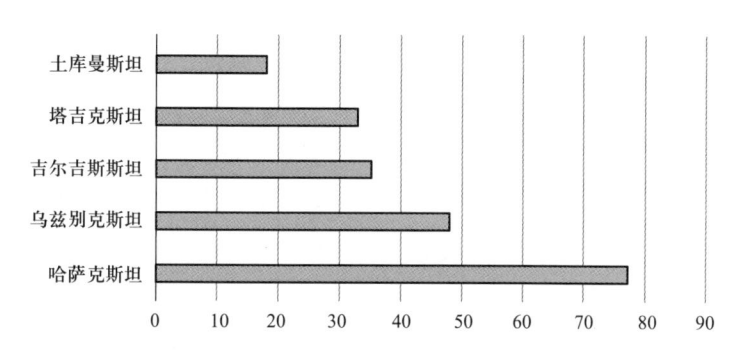

图5-3 2018年1月中亚地区互联网的使用率
资料来源:2018年全球数字报告。

1. 自建网站

西北地区外向型中小企业的网站是展现自我优势和产品特色的重要窗口,网站的好坏直接决定了国外客户对企业的第一印象,因此企业需要做好

[①] 唐滢:《网络营销在我国外向型中小企业中的应用研究》,《经贸实践》2015年第11期,第310页。

网站推广工作。良好的网站还能起到宣传公司战略和网络营销的目的。同时为了发掘更多潜在客户、贴近老客户，企业可以考虑建设多种语言的版面，及时同步更新，满足国际企业对网站的个性化和创新性需求。在建立好自己的网站后，可借助传统媒体发布专门的网站推广广告，保证网站内容及时更新，保持网站服务器正常工作。为了确保同客户信息沟通的及时和畅通、提高顾客和经销商对企业的满意度，企业需要提升自身网络营销服务的质量和效率，这就要求企业做到采取如网上问卷等措施调查客户真实需求、培养专业的服务人才，有条件的企业还可建立售后退换货机制。

2. 人才培养

面对西北地区网络营销技术含量不足的现象，外向型中小企业需要加强培养具备国际网络营销管理能力的人才，使自身在网络营销领域更加职业化。定期组织专业讲座和指示培训课程提升原有的营销人员知识结构使其具有内生的网络营销能力，要系统学习、掌握网络营销的理论与企业网络营销的规划和具体实施。积极鼓励专业人员修读相关课程并在年终考评方面给予相应的优惠政策。运用各种手段和途径培养企业员工的业务素质和能力，比如开设网络营销课程、启动网络营销工程师培训等。

3. 物流完善

西北地区外向型中小企业在国际物流配送上，需要大量的资金并投入足够的运输设备和人力。目前西北地区外向型中小企业缺乏能够提供低成本、高效率的物流配送体系，许多中小企业在接到订单后很难高效快速地把产品送到客户手中，因此我们需要利用高科技手段引进国际先进的设备设施，建立高效且现代化的国际物流配送系统。此外为了进一步促进外向型中小企业的发展，缩减配送成本，确保产品安全，政府部门可以构建物流配送系统、物流作业系统、物流信息系统协调统一的多层次物流配送体系，做到产品出库到消费者签收整个过程全程网络监控，并协调各个物流系统的统筹发展。

4. 统一管理

建立权威的机构来评价、规范从事网络交易的外向型中小企业行为，加快地方性配套网络规范的出台。一方面政府加大扶持和引导力度，打造一个对外网上交易和对外营销平台，为西北地区外向型中小企业的宣传做进一步延伸和拓展，以增加企业贸易机会、扩大商品出口。另一方面政府需要扶持社会信用体系建设、完善信用监控体系、构建个人信用机制，根据当前电子商务交易现状，制定出相关的信用法律规范或安全网络规章制度，规范国际网络交易的标准，为西北地区外向型中小企业提供了良好的经营环境。

（二）品牌营销管理策略[①]

随着"一带一路"倡议的提出，西北地区外向型中小企业如雨后春笋般地迅猛发展，而我国中小企业的整体平均寿命仅 2.5 年。为提高西北地区外向型中小企业竞争力，促进企业发展，实施品牌营销管理策略是提高西北地区外向型中小企业竞争力的有效路径。

1.外向型中小企业品牌命名策略

品牌名称是品牌显著特征的浓缩，是企业的无形资产。对于中小企业而言，拥有一个恰当的名字，都将极大地提升品牌的价值空间，甚至在一定程度上，引领未来的消费理念。中小企业在品牌命名时要注意以下几点：

（1）品牌名称的保护性要好。首先，中小企业在其品牌命名时，应采用注册商品名来给产品命名。再好的名称，如果不注册，得不到法律的保护，就不是真正属于自己的品牌。"南极人"品牌就是由于缺乏保护，而被数十个厂家共用，一个厂家所投放的广告费为大家做了公共费用，非常可惜。其次，要提高注册和保护品牌名称的技巧。品牌名称注册要注意三个问题：一是注册品牌名要有全球视野，防止自己的品牌在国外被抢注。据统计，近年来企业商标被抢注现象不断加剧，国内很多的知名商标在国外被抢注。王致和集团起诉德国欧凯公司侵犯"王致和"商标侵权一案，就是明显一例。二是听觉独占。要把发音相近的名称一并注册。如红豆、宏豆等。三是感受独占。要把含义相近的名称一并注册。例如，娃哈哈集团就注册了"哇哈哈""哈哈哇""哇哈哇"等与注册商品名相近似的品牌名，全面保护了其品牌不受侵犯。一个好的品牌名称是品牌被消费者认知、接受、满意乃至忠诚的前提。品牌命名者应从市场的实际出发,加强品牌命名的传播力，增进品牌名称的亲和力，提高品牌名称的保护意识和能力，从而创造出独具特色和有吸引力的品牌名称。

（2）品牌命名要有利于传播，能让消费者很容易地记得住、想得起。首先，品牌命名要浓缩产品信息。有一些品牌，从名称一眼就可以看出它是什么类型的产品，有利于快速传播品牌信息。因此，在设计品牌名称时，要与

---

① 段志锋：《中小企业实施品牌营销策略的研究》，硕士学位论文，北京交通大学，2009 年。

产品特点结合起来，尽可能多地将有利于企业、产品的信息浓缩其中。例如，品牌名称"宝马"用于轿车，准确地展现了产品的属性，形象地表达了消费体验与价值。其次，品牌命名要新颖独特。新颖独特的品牌命名容易引起消费者的注意。注意引起兴趣，而对品牌的兴趣会让消费者记住该品牌名称。与众不同、新颖独特的命名容易引起消费者的注意，达到品牌名迅速传播的目的。但应该注意的是，品牌命名求新求异无可厚非，但其创意必须符合当今社会的审美情趣和价值观念。再次，要简单易记。成千上万的品牌中，要想让消费者记住某种品牌，只有简单易记，才能高效地发挥它的识别功能和传播功能。最后，品牌命名要朗朗上口。成功的品牌名称本身就是最简洁、最直接的广告语。要富有音乐般的节奏感和韵律美，避免出现难发音或绕口的字词。如"步步高""娃哈哈"等。

（3）品牌命名要具有浓郁的亲和力。首先，品牌命名要寓意吉祥，情深意浓。正如人的名字普遍带有某种寓意一样，品牌名称也要赋予美好的寓意，使品牌形象更为丰满，增添其情感附加值，诱导消费者的购买欲望和动机。如"红豆"衬衫的命名就寓意深远，让人联想起王维的名作《相思》。因此，以"红豆"命名的衬衫一问世，就受到不同层次、不同年龄消费者的青睐。老年人把红豆衬衣视为吉祥物，年轻情侣将其作为寓情之物相互馈赠，海外华人看到"红豆"衬衫，不禁"触物生情"，倍感亲切。由于"红豆"浓郁的人情味，就使其在市场上畅销不衰。其次，品牌名称要能启发正面联想。要让消费者从品牌名称中得到有关产品的正面联想和想象，进而产生对品牌的正面态度或喜好。例如，"舒肤佳"作为香皂的名称具有很强的亲和力。"舒"和"佳"给消费者带来舒适、美好的联想——舒服皮肤、感觉最佳，从而激发了消费者购买产品的欲望。相反，如果匹配命名不当，容易引起消费者的负面联想。

2. 中小企业品牌延伸策略

中国企业和日本企业一样，大多采用统一品牌战略，以一个品牌覆盖企业的全部产品，而较少采用品牌延伸战略。品牌延伸战略包括副品牌战略和多品牌战略。副品牌战略是介于一牌多品和一牌一品之间的品牌战略。它是利用消费者对现有成功品牌的信赖和忠诚，推动副品牌产品的销售。从海尔的实践看，副品牌战略确实对统一品牌战略进行了有效补充。它把电视机叫"探路者"、美容加湿器叫"小梦露"、0.5公斤的小洗衣机叫"即时洗"，消费者对其一目了然。对同一商品，也可用副品牌将规格、品位、档次、功能等区分开来，如海尔冰箱选用"帅王子""小小王子""小王子"等。这样也避免产生类似"长虹就是彩电""小天鹅就是洗衣机""海尔就是冰箱"的思维定式。选择副品牌战略，能有效引导消费者突破原有消费定式，接受和认可新产品，并将对主品牌的信赖、忠诚迅速转移到新产品上来。

3. 中小企业品牌推广策略

（1）强调文化因素。品牌推广重在减少品牌与消费者之间的距离，争取在较短的时间内最大限度地获得好感和认同，文化的因素在品牌和消费者之间就可以起一个衔接的作用，用得好将对销售产生很强的推动力。

（2）集中战略，目标唯一。对于广大的中小型企业来说资源是有限的，如果不是集中目标，全盘采用各种传播形式将使企业不能集中资源于主要方面，无法形成竞争优势。

（3）强化对媒体的分析。中小型企业在品牌推广过程中，由于一般是地域品牌的原因，必须考虑媒体的受众与目标顾客的吻合程度，不要去看绝对收视率或发行量，应看有效的覆盖率。

（4）与消费者的互动力求简单。与消费者互动是品牌推广活动的重点，中小型企业的品牌推广主要是为了吸引消费者的参与或者回应，成功的推广活动一定是消费者参与最广的形式，而要吸引大量消费者的参与，就必须简化一切程序，使消费者不多费精力；而对于执行来说，只有程序简单才便于控制，其可操作性才强，运作才能到位，效果也就能得到保证。

（5）长效与短效的结合。中小型企业品牌推广的主要目的是促进品牌价值的尽快实现，是一种短期即时效益的实现，但是在开展品牌推广时，一定要将品牌长远利益的实现考虑在短期的推广活动中，即要考虑到品牌形象的树立和品牌忠诚度的建立，使品牌价值在每个环节和过程中得到不断积累。

4. 中小企业局部品牌策略

中小企业规模小，提供产品和服务的能力有限，因此一般情况下不做全国性的品牌。较少地投入专门品牌推广费用，而是通过直接与客户接触、口碑传播、地方新闻和广告等方式建立局部品牌，对中小企业来说是可行的，效果也非常明显。特别是对处于创业阶段的中小企业来说，建立局部品牌，是度过创业最初的生存期的一个较好的选择。建立局部品牌，就是根据企业目标客户的特点进行针对性极强的品牌推广，在目标客户那里是"知名品牌"，而在其他人或其他公司那里，并没有什么名气，甚至可能不为人所知。

5. 中小企业网络品牌策略

利用互联网推进中小企业品牌营销最有效的策略是打造网络品牌并且建设企业品牌的网站，以此来提升品牌的价值，达到品牌营销的目的。

网站是一个企业利用互联网联结顾客，获取市场信息的不可缺少的工具之一。企业网站的主要功能就是吸引人流，同时利用一切手段来实现品牌营销。它可以传递信息，形成能体验和感知的联想，从而与其他品牌内容达成平衡。创建中小企业品牌的网站必须遵守以下原则：

（1）成为忠诚顾客的家。品牌拥护者的重要性远远超过销售量，忠诚顾客对品牌的忠诚将影响企业的员工和合作伙伴。忠诚顾客因为自己与产品或品牌的联系，可以成为品牌的推广大使，网站应该成为品牌忠诚用户的家。

（2）整合其他媒体，保持全线（在线和离线）的品牌推广策略，将宣传推广变成全方位的行动。整合其他传统媒介，协调所有品牌信息，进行品牌宣传推广，对推进品牌营销非常有效。

（3）网站必须满足品牌定位。网站的设计应该满足品牌形象定位和所锁定的消费群体。在网站建设前，要充分了解目标人群的性别、教育程度、年龄、个人爱好，了解到网站的目标访问者喜欢哪种形象的网站。网站提供的信息和支持的活动应该满足目标消费群的心理。

（4）创造良好的个人体验。为了使人们的体验更积极，网站在建设时应做到简单快捷，便于操作；具有被访问的价值；网站设计应具有个性化、实时性和互动性；能快速更新网站内容等。利用互联网打造网络品牌推进中小企业品牌营销。网络品牌是消费者与企业在互联网上的相互接入点。打造网络品牌是指创造品牌在互联网上的知名度，推广品牌的名字和标识，传达这个品牌信息，将人流吸引到网站上，在访问者中树立一个品牌的形象，建立一个网上购物的群体，通过互联网来增加销售，同时树立起品牌威望，使人们提及这个品牌时就会联想到愉快的网上购物经历。随着越来越多的人将互联网作为获取信息的主要途径，网络品牌得到了发展的强大动力，网络品牌也将和传统品牌一样传达着品牌承诺。而网络品牌与传统品牌的有机结合，则形成了"钻石型品牌"——极富价值的整体品牌。基于互联网的品牌营销，对于中小企业来说是为了建设"钻石型品牌"，从而促进中小企业整体品牌营销战略的实施。

第四节　案例分析——关于新疆果品市场[①]

一　新疆果品市场营销管理现状及存在问题

从新疆果品市场的产品、产品定价、分销渠道和产品促销（4P）现状及其存在的问题进行分析，对新疆外向型中小企业营销管理进行具体剖析，使理论与实践相结合。

（一）产品现状

关于产品现状分析，从果品质量安全方面、果品包装方面、果品加工方面、果品品牌方面以及果品的标准体系方面进行系统分析，如表5-7所示：

表5-7　　　　　　　　产品现状具体内容

类别	具体内容
果品包装方面	市面上销售的新疆果品，多数果品处于自然分级、自然产销状态，商品率低，销售公司包装水平低下，大多是普通的瓦楞纸箱，规格大。
果品质量安全方面	（1）产品没有统一的质量、卫生标准、市场准入性差，市场竞争力低； （2）果农素质低，栽培技术落后，导致果实外观质量差，还经常由于用药不当导致果实农药残留超标； （3）干果产品工业化程度非常低。
果品品牌方面	只片面重视把一个产品从商标注册成为品牌，而忽视了对品牌的经营，并使之发展成为名牌精品。新疆缺乏具有知名度的品牌，虽然新疆有特色的林果产品很多，但申请原产地保护和特色之乡的果品不是很多，形不成优势，缺乏市场竞争力。
果品加工方面	（1）精、深加工程度不高，加工链短，产品的增值幅度低，附加值低，高附加值的终端产品少，技术含量高的精神加工产品比较少。 （2）新疆的果品加工产品品种单调、档次低、以初加工产品和半成品为主，大部分是进一步精深加工的初级工业原料。
果品的标准体系方面	在新疆，标准化生产刚刚起步，到目前，喀什、巴州、伊犁、昌吉、哈密、精河、吐鲁番等地州制定并实施了标准化生产技术规程和体系等，对林果发展的各个环节进行规范，完善了多个特色林果无公害产品认证，对提高基地建设水平，进而为品牌战略的实施、提高产品营销能力有极大的支持作用。

资料来源：杨丹：《新疆果品市场营销策略研究》，硕士学位论文，新疆大学，2010年。

---

① 杨丹：《新疆果品市场营销策略研究》，硕士学位论文，新疆大学，2010年。

新疆大部分果品是由农民自制（估计占70%—80%）[①]、手工生产、自行进入市场销售，小部分产品由中小企业生产，这使得新疆特色果品的优势大打折扣，严重影响了新疆果品的竞争力和发展后劲；在包装过程中，水果大多是纸箱整箱包装，同进口果品的礼品式、托盘式等多样化小规格包装相比，还存在很大的差距；目前新疆上规模的现代化水果加工生产线较少，果品加工业的整体技术装备水平与兄弟省区相比，有很大的差距，大部分仍为家庭作坊的加工厂，加工技术滞后；而果品品牌经营才刚刚起步，能带动一个产业发展的林果品牌还很少，比如"吐鲁番葡萄干""吐鲁番葡萄""莎车巴旦木""哈密大枣""库尔勒香梨"等；果品质量标准的制订对果品的质量控制、延长贮藏期限和促进销售具有重要作用。

（二）产品定价现状

首先，果品价格差异和波动性大。由于果品生产的季节性强，就存在着销售的淡旺季较明显的差别，因而定价的季节性差别较大。同时，同一林果产品由于购销地区、购销季节、购销环节以及产品质量不同，因而价格也存在着差异。市场营销者没有贯彻优质优价、劣质低价的原则，区域差别定价和质量差别定价的意识较差。其次，成本导向定价方式占主导，其他定价方式运用较少。新疆果品由于生产成本相对较低，易于衡量收益，也就成为果品定价中首先考虑的能体现竞争优势的因素，因而销售价格策略多采用低价市场渗透策略，将价格折扣策略、政府的农产品价格政策、声望心理因素、市场反应等作为定价主要参考因素的价格策略和定价技巧运用较少。

（三）分销渠道现状

分销渠道是让产品以正确的数量、正确的时间和正确的地点运送。它是联结生产者和消费者或用户的桥梁和纽带。而新疆果品在分销渠道方面存在一些问题，如表5-8所示：

[①] 阿不都热扎克·铁木耳、刘仲康、董兆武：《2007—2008年新疆经济社会形势分析与预测》，新疆人民出版社2007年版，第201页。

表 5-8　　　　　　　　　　分销渠道现状具体内容

类别	具体内容
果品零售方式较单一	果品的零售多是以自然形态为主，一般保持其收获时的状态，相应的分级、包装和深加工等处理措施较少。
农民个体是流通中的主体	这种营销主体的特点主要有：成本高、风险大、数量小，受其自身素质与不对称的市场信息的影响，市场谈判能力较差。
信息网络不健全	信息服务手段落后，网上交易业务尚未普及，果品销售渠道不畅。
运输网络系统落后	（1）海关、商检手段烦琐、时间长的问题仍然存在，果品出口也不畅通，存在通关难的问题； （2）新疆特有的地理环境使得新疆果品销售受到运力的限制。

资料来源：杨丹：《新疆果品市场营销策略研究》，硕士学位论文，新疆大学，2010 年。

新疆面积占全国陆地面积的 1/6，从南疆到乌鲁木齐的运输距离长达 1000 公里左右，如果果品要出口，运距长成了新疆果品销售的不利因素，客观上增加了新疆果品物流成本，导致产地价和售价差价较大，部分消费者认为价格过高。特色果品尤其是优质产品的市场流通受阻，不能及时运送畅销产品出疆，运输问题已成为严重制约新疆林果产业化发展一大"瓶颈"。目前，新疆果品网络没有发挥出应有的优势，新疆的一些网络营销服务公司以及果品企业开展了网络营销，但是网络的建设不健全、内容重复、网站建设简单、有效信息很少、缺乏高质量数字化的信息资源及时效性差。导致信息流通不畅，加剧了信息的不完全与不对称程度，增加了中间商的交易成本，阻碍了新疆各批发市场之间的联系，削弱了其在国际农产品市场体系中的竞争力。以农民个体为流通中的主体风险大、成本高。农贸市场、街头摊点和超市目前是消费者购买果品的主要场所，果品零售方式还比较单一。

（四）产品促销现状

果农缺乏果品促销的观念，还停留在"果熟才找出路"的无序竞争阶段，造成"内销不旺，外销不畅"。果品生产经营者缺乏果品促销的观念，还是以过去生产或产品为主的传统落后观念。地区性名特优果品具有市场竞争优势，但缺乏名牌保护意识，也缺乏品牌果品促销的观念；目前新疆只有几家企业在内地部分城市进行了产品销售,但是促销手段也较为单一,仅表现为传统的传媒手段,宣传力度小。未能充分利用各种方式进行多方位促销,特别是未能在大中城市醒目的地方(例如,高速路、码头等)设立长期性大型广告牌,更没有进入电视台黄金时间做商业广告;缺乏品牌经营意识是新疆果品企业存在的又一问题,许多外向型中小企业经营的核心仍是产品,却不看重品牌的作用和价值,一些品牌还缺乏品牌核心价值的培育,逐渐演变成了一些小而杂的品牌,毫无竞争力可言。

二 新疆果品市场营销管理对策及建议

对新疆果品市场营销管理现状及存在的问题提出相应的营销管理对策和建议,将对西北地区外向型中小企业营销管理实践提供借鉴和指导。

(一)产品策略

从果品市场上来看,无公害、优质、绿色果品已成为新时期消费的潮流。美化果品的包装,能够使人们触觉到名、优、特、高、新的果品档次。果品生产过程中更是要选择绿色资源并且大力实施品牌营销,强化品牌意识。

1. 大力发展新疆果品品牌营销

企业应该大力实施品牌营销,强化品牌意识。品牌就是竞争力,品牌就是效益。当前发达国家的果品是一流的产品、品牌、价格,而新疆的果品都是一流的产品、三流的品牌、三流的价格。因此企业应该积极争取产品的国内国际质量标准认证,多注册商标,并且大力推行干鲜果品的统一收购、标准、包装以及品牌,努力提升在国内外的影响力,以品牌提升质量,以质量开拓市场。在创造品牌之后,要积极地进行经营,加大品牌宣传力度,使品牌成为名牌。品牌传播是品牌建设的一个重要环节,通过品牌传播,可以说使品牌为广大消费者和社会公众所认知,使品牌获得优势。通过各种形式加大宣传,树立公众形象,比如通过大众传媒、积极参加一年一度的乌洽会,举办各种果品展示会等。

2. 实施绿色产品策略

在果品生产过程中选择绿色资源,采用新技术和新型设备,提高资源利用率。同时果品包装、品牌也应符合环保要求。无污染、易回收是果品包装材料的主要原则。在选择包装策略时,应该减少包装材料,选择可降解或可回收利用的材料进行包装。在产品设计和果品命名时,要以保护环境和资源为核心理念。

3. 实行等级包装策略，提高商品化处理水平

在现代市场营销中，包装的作用已远远超越了作为容器保护商品的范围，而成为一种市场竞争手段。目前，新疆果品包装总体水平还相当滞后，不少果品仍在"赤膊上阵"。因此，新疆果品企业首先必须意识到包装的重要性，企业要改变对果品不包装或简单包装的传统观念，树立包装营销理念。目前，我国居民人均收入水平不断提高，行业间、职业间的收入差距不断扩大。这一收入特点反映在果品消费上就呈现出消费者果品消费总量不断增长，但消费的层次分化愈加明显的现象。果实采收后等级包装，也是商品化处理的重要环节。企业收购果品后，可以在等级包装上狠下功夫，来实现产品升值。发达国家对即将上市的水果要进行精选、分级、打蜡、防腐保鲜、精细包装等商品化处理，延长贮藏时间以提高产品的附加值。

4. 优化果品质量

当今社会生活压力越来越大，人们更加注重身体健康、关注食品安全，因此对优质、绿色果品的消费需求日益高涨。绿色、优质的果品由于其安全性高，价格与一般果品相比平均高出20%—30%，有的甚至高达50%以上。因此，新疆果品企业应该围绕着提高果品的质量档次，来进行果品的生产、加工和贮藏。建立健全全方位的质量管理体系，对果品从原料到加工储存实行全过程的质量监控，在加工过程中，严格按照HACCP管理体系和客户要求组织生产，硬件建设水平应完全满足ISO 9000体系认证。

（二）定价策略

一般而言，农产品价格 P =f（市场需求、成本费用、竞争情况）。粮食、蔬菜等生活必需品需求弹性较小，农产品价格变化对需求影响较小；果品、水产品等农产品需求弹性较大，价格变化会影响到农产品的需求量和收入。在当前果品消费市场，销售渠道还不健全，产品品牌效应还未形成时，要注重调研和预测，正确实施价格策略。大致可以分为以下的定价策略。

1. 差别定价策略

一般来讲，新疆果品定价格时最好采用随行就市的定价方式，避免同其他产区展开激烈的竞争。但为了适应果品在形态、质量、包装等方面的差异，企业应该对不同的产品、不同顾客、不同市场条件实行差别定价。在差别定价中，企业以两种或两种以上的价格销售一种产品，在果品销售

实务中，差别定价有以下几种：（1）绿色价格策略。利用人们求新、崇尚自然的心理，在消费者的心目当中绿色果品应该具有更高的营养价值，并且愿意为此支付较高的价格。绿色果品在环保方面增加了投入，因而价格往往高于一般果品。（2）销售时间差别定价。企业对不同季节、产量、时期的果品制定不同的价格。（3）产品差别定价。企业可以根据不同系列、包装、用途的果品分别制定不同的价格。对奢侈品且种植量大的特色果品应重点树立品牌产品价廉物美的形象，用"薄利多销"手段增加收益，而不能盲目追求高价位，以期用低价位开拓市场；反之，对种植规模小、种植环境要求高，特色鲜明的林果产品，则可以采用高价撇脂策略。（4）顾客差别定价。是指按顾客的差异对同种产品实行差别定价的方法。面对高收入人群的高档果品价格就高些，对低收入人群的一半果品价格就可以低一些。

2. 折扣定价策略

折扣定价策略是在交易过程中，把一部分价格让利于购买者以促进销售的价格策略。主要类型包括以下几种：（1）季节折扣。是企业在需求淡季向消费者提供的一种价格折扣。（2）功能折扣。也叫贸易折扣，它是指企业向某些批发商或零售商提供的一种额外折扣的行为。如果品销售企业对品牌代理、销售代理等提供的折扣。（3）数量折扣。按购买果品数量的多少，分别给予不同的折扣，购买数量愈多，折扣愈大，鼓励顾客购买更多的产品。（4）现金折扣。对现款交易或按期付款的顾客给予价格折扣。

3. 分区定价策略

所谓分区定价，就是把市场（或某些地区）分为若干地区，对不同地区的顾客制定不同的价格。我国地域幅员辽阔，各地经济发展极不平衡，距离新疆远的、经济发达的价格区，一般价格定得较高；距离新疆近的、经济落后的价格区，一般价格定得较低。

（三）分销策略

分销策略是营销策略中最具挑战性的策略。因为在现代市场经济体系中，大部分生产者不直接向最终消费者出售产品，而是通过一定的分销渠道，借助中间商实现对最终消费者的销售。

1. 直接分销渠道

直接分销渠道的基本形式是生产者—用户。新鲜水果易腐烂，为了避免重复处理增加腐烂的风险，或者目标市场距离新疆很远，这时就要采取直接销售的方式；这样不仅可以更好地了解消费者的需求、购买特点及其变化，有利于产需双方沟通；还可以提高销售活动的效率，降低果品在流通过程中的损耗而节约成本。

2. 间接分销渠道

间接分销渠道的典型形式是，生产者—中间商—消费者。中间商可以调节生产与消费在品种、数量、时间与空间等方面的矛盾。以这种方式进行销售的果品生产者不必花费大量时间、精力去搞销售，还有助于果品的广泛分销。

3. 新疆果品网络营销

网络营销具备传统营销所不具备的优势，比如个性化的服务、增值服务、24小时全天候的服务、跨区域的服务等。互联网的互动即时交流，可以进行远程信息传播，面广量大，其营销内容图文并茂，翔实生动，可以全方位地展示品牌果品的形象，提高知名度，为潜在购买者提供了许多方便。果品企业要真正地把网络营销作为一个有效的营销渠道和方式来应用，大力推介新疆特色水果，把新疆的优质果品信息提供给国内外消费者。果品网络营销可以通过下列方法来实现：发布供求信息、网络广告、网上营销推广、网上拍卖、网络社区营销、在线服务、搜索引擎营销、网上商店营销、E-mail营销等。

4. 创新渠道，连锁经营

在传统果品分销渠道的基础上，进行渠道的创新，可以提高新疆果品销售能力。新疆绝大多数农村还存在着多级批发的现象，加上运输费用，消费者面对的就是高价果品，从而得不到真正的实惠。新疆果品企业在实施连锁经营的过程中要坚持连锁经营的基本规范：实施统一采购、配送、标识、经营方针和销售价格等措施。

5. 发展绿色渠道策略

绿色分销渠道的决策是成功实施果品绿色营销的关键，既影响绿色果品的定位，又影响到绿色营销的成本。因此在选择绿色渠道时，一是开展绿色果品配送业务。在大、中型居民小区内设立绿色果品固定或流动销售点。二是设立绿色果品专卖店，或在超市设立专柜，以绿色自然的特色装饰吸引消费者的目光。三是选择具有良好信誉、关注环保的大中间商，推动绿色果品的销售。

(四) 促销策略

1. 开展绿色促销策略

绿色促销核心是通过充分地传递信息，来树立果品和果品企业的绿色形象，使之与消费者的绿色消费意识相适应。果品企业或营销者可以利用各种传媒宣传自己的绿色营销宗旨，并积极参与各种与环保有关的活动，以实际行动来提升企业在公众心目中的地位。果品企业或营销者还应大力宣传绿色消费的新时尚，鼓励人们使用绿色果品，提高公众的绿色环保意识，引导绿色的消费需求。

2. 文化促销策略

文化促销是指企业在营销活动中，将产品与其产地的文化结合，并且采取一系列的文化使用和沟通策略，以实现企业经营目标的一种促销方式。现在的消费者特别是年轻消费群体，喜欢与众不同，喜欢求新、求异、求奇，极力寻找机会表现自我，他们往往把果品是否具备特色（独特品种、口味）作为购买的一个重要标准。为此，果品生产者、经营者必须充分利用各自独特的地域、人文等特色来宣传果品，突出新疆特色来扩大销售量。同样，我区具有地域特色的果品众多：吐鲁番的葡萄、莎车的巴旦木、库尔勒的香梨、阿克苏的核桃、伊犁的苹果等。这些果品都是在特定的地理位置、水土、气候和栽培技术等条件下生产出来的，具有特殊口味和质量，在果品市场上具有唯一性。因此，生产者、经营者应将这种独一无二的优势与新疆的文化特色相结合，利用文化搭台、果品唱戏的形式促进果品销售。

3. 广告策略

在现代社会中，广告无时无刻不影响着人们，改变人们的消费方式和观念。任何企业都不应该忽视广告强大的宣传效果和作用。新疆果品企业应该加大宣传力度，在国内的新闻媒体以及国外媒体进行宣传。一是到国内大中城市举办新疆果品展销会、品尝会、推介会等，这样不仅有利于企业了解市场、掌握市场信息，不断拓宽营销空间，也能让消费者更加了解新疆果品的特色。二是在各种果品即将上市的前期，就在报纸杂志、广播和电视台等媒体上做果品销售广告，提高新疆果品的知名度。

4. 知识促销策略

知识促销是在促销过程中加入知识元素，以知识和信息资源的宣传为主要形式，依靠知识的运用，培育和创造新市场。知识促销可以帮助消费者增加有关商品的知识，利用社会效益来拉动市场，从而可以建立良好的企业形象，占据较大市场份额，实现企业经济增长目的。

第六章

西北地区外向型中小企业技术管理升级战略

现代技术对经济和社会的影响越来越广泛和深刻。社会和经济的发展越来越依赖技术，技术日益成为企业竞争优势的关键因素。因此，有效的管理技术已经成为企业获得领导力的基础。然而，及时有效地完成技术管理的任务是很难的。特别是针对西北地区为数众多的中小企业，由于小企业产品竞争对手较多，企业产品多处于竞争激烈的低端市场，同时由于中小企业在国民经济中的重要地位，就不得不对中小企业的技术管理状况进行分析，以不断提高中小企业持续稳定发展的能力，从而促进经济更快发展[1]。

第一节 中小企业技术管理概述

一般来说，企业规模越大，综合实力越强，企业的技术管理能力越高。相反，企业规模越小，综合实力越弱，企业的技术管理能力越低，对于中小企业的发展阶段，更是有生存期、发育期、成熟期三个阶段的具体划分。生存期中小企业的主要特点为企业规模很小，综合实力较弱；市场范围狭小，产品销售不稳定；发育期中小企业的主要特点为企业由单厂向多厂发展，综合实力增强很快；形成的主导产品逐渐在市场上畅销；管理正走向正轨，开始形成一定的技术创新能力；成熟期中小企业的主要特点是：企业正朝着集团化方向发展，企业发展速度明显放缓，综合实力较强；企业管理开始规范

---

[1] 于居林：《中小企业技术管理现状分析与改善对策》，《管理观察》2014 年第 79 期，第 19 页。

化，企业管理水平提高；技术和设备水平相对先进，自主开发的产品比例相对较高；投资进一步增加，企业具有一定的技术创新能力。由此可见，在不同阶段的中小企业成长过程中，技术管理和创新都是同时升级的。可以想象，技术管理对于企业的发展是必不可少的[①]。

一 中小企业技术管理的重要作用

技术管理涵盖广泛功能范围内的丰富的技术活动，包括基础研究、应用研究、开发、设计、施工、生产或运营、测试、维护和技术转让。从这个意义上说，技术管理的概念范围是比较大的。它不仅包括研发，还包括管理产品技术、加工技术和信息技术。对于中小企业来说，大多数企业没有独立的研发能力，也没有引进技术和生产线，或者模仿别的公司的产品。它们可能是其他企业的生产工厂，但无论如何，作为制造企业，生产技术总是不可或缺的。

（一）技术管理是中小企业发展中不可或缺的重要课题

总的来说，我国企业的规模普遍较小，大多数制造企业可分为中小型企业，与国际水平相比，它们技术相对落后，缺乏核心技术，管理粗放，缺乏标准化。改革开放后，随着体制创新、技术引进和经济环境的改善，许多企业获得了发展机会。随着国内劳动力成本的降低，一些产品也可以在国际市场上占有一席之地。一些企业通过学习国外先进的管理方法，改进了管理体系，通过了 ISO 9000 系列认证。随着国际经济一体化的加快和国际经济增长的放缓，中国拥有了相对较好的投资环境，外国制造业继续涌入中国，中国加入世贸组织后，政策保护将逐渐消失，更低的劳动力成本将不复存在，对人才的竞争将会加剧。因而加强技术管理，提高企业资源的利用效率将是一个重要课题。此外，随着新技术特别是信息技术的迅速发展，市场变得更加难以预测。快速反应和灵活的制造系统已经逐渐取代了传统的生产模式，技术管理也将面临新的变化。事实上，这不仅是国内企业的一个课题，而且也是依靠较低劳动力成本获得竞争优势的外资和合资企业的一个课题。21 世纪是知识经济时代，在知识经济时代，经济增长方式正在发生变化，知识资源

[①] 史东雨：《中小企业技术管理创新》，《中小企业管理与科技（下旬刊）》2019 年第 1 期，第 13 页。

的应用和管理将日益显示其重要性，知识管理对于企业技术能力的发展也越来越重要。

（二）技术管理帮助中小企业提高市场竞争力

技术对于公司的盈利和发展来说是一种关键且十分重要的资源，同时对于国家的经济状况和国际竞争力也极其重要。有效的技术管理涉及工程、科学和管理学科，从而导致技术能力的规划、开发和实施，这直接影响企业战略和运营目标的规划、实现。随着新技术的不断出现，信息网络的快速发展，生产方式的加速变化，产品的生命周期越来越短，技术管理显示出越来越多的复杂性，传统和经典的管理理论难以应对如此复杂的情况，我们需要新的管理理念。近年来，许多国家的许多政府、学术界和工业界都认识到了这种需求，技术管理革新正在兴起。通过调查和研究现实世界中的最佳实践和实验活动，并基于先进的管理理念，技术管理运动正朝着有效管理未来技术的方向发展。对于相对落后的中小企业来说，如果想在未来的经济舞台上占有一席之地，就应该积极关注技术管理的发展，并使用新的管理方法和理念来改变原有技术管理的不合理方面。

（三）技术管理是帮助中小企业构建生产技术核心优势的利剑

生产制造是企业的重要武器，优秀的生产和制造系统往往集合了先进的技术和密集的知识，使产品具有竞争力。然而，在装配公司，生产运营被视为潜在的竞争领域。其中，最初是由日本在汽车、家用电器和半导体领域的卓越生产能力发起的"绝对质量"运动，在过去十年中，它对所有工业部门的操作程序都给予了极大关注。近年来，随着对技术能力关注的自然扩展，美国制造商再次发现了基于"核心"能力竞争的重要性。核心能力通常需要很长时间来建立，因为在短时间内不容易被模仿、转化和改变；这种能力可以为竞争对手提供战略优势。一些公司通过发展生产能力获得了竞争优势，在日本和中国台湾经济繁荣的过程中，许多企业在生产技术上确立了自己的优势，迅速消化、吸收和应用了新技术，大大提高了生产效率和产品质量。

（四）技术管理有助于形成研发优势

国内制造技术的落后不仅是因为缺乏人才，也是因为缺乏一套科学技术管理体系和方法。随着信息网络的发展，近年来中国教育的发展培养了大量的技术和管理人才。只要国内制造业建立并实施合理的技术管理体系，就有可能建立生产技术与研发优势，否则外国制造业将在大规模进入中国大陆后对国内制造业造成威胁。对于制造业来说，生产技术也是竞争力的重要组成部分，直接影响成本和产品质量。

目前，中国正面临着新的正常经济背景，在这种背景下，第二产业在中国经济结构中仍然占有非常重要的地位。对于第二产业来说，促进技术管理最终可以促进该产业的全面发展。从目前我国中小企业的技术管理水平来看，商业模式的创新已经成为社会的主流，大多数中小企业不愿意主动提高技术管理水平，主要原因是提升技术管理水平需要大量成本，同时，它们在短期内无法有效获得足够的利润，但是单纯的商业模式创新对于产业结构的转型具有非常不利的影响，因此，在现阶段，政府必须采取各种政策措施来限制商业模式创新，促进模式创新向技术的逐步转移。例如，为了使企业更加重视技术管理，政府可以为企业的技术管理提供必要的财政支持。[1]

二 中小企业技术管理的一般理论框架

技术管理活动对企业创新绩效的积极影响已得到普遍认可，最新研究更加关注其动态过程。传统企业资源理论认为，企业技术管理的绩效取决于内部和外部创新资源的丰富程度。随着创新资源异质性和技术管理概念的兴起，相关研究开始转向企业能力的概念来描述技术能力。人们认为，企业创新资源存量和创新绩效将受到技术能力的影响，其中技术知识是关键因素，获取和整合的能力尤为重要。[2] 随着现代信息技术的快速发展，封闭的技术管理逐渐被开放的技术管理模式所取代，交互式技术研发网络已经成为主流。根据企业创新网络理论，创新技术的产生是网络上每个节点成员之间有效协作的结果。创新网络的结构完整性和相关性将促进企业创新活动的有效发展。这里从技术识别能力、技术迁移能力和技术处理能力三个维度，研究了技术管理能力的结构特征、动态演化过程及其对技术创新绩效的影响，如图6-1所示。

---

[1] 郑小为：《促进中小企业创新的政策扶持策略研究》，《武汉商学院学报》2017年第4期，第32页。

[2] 汤临佳：《科技型中小企业技术管理能力的动态演化研究》，《科研管理》2016年第3期，第21页。

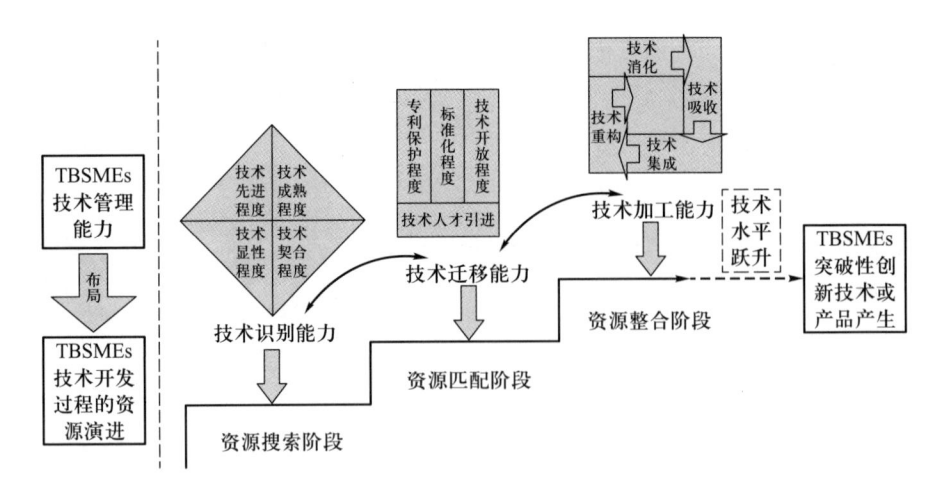

图 6-1　TBSMEs 技术管理能力理论评价的框架模型

资料来源：汤临佳等：《科技型中小企业技术管理能力的动态演化研究》，《科研管理》2016年第3期。

（一）技术识别能力

技术资源搜索阶段处于 TBSMEs 技术开发的前端，主要任务是确定技术项目的发展前景。TBSMEs 技术创新的深度在很大程度上取决于初始阶段前端信息处理的质量，技术识别是理解和识别技术知识的属性。传统理论认为，技术引进的先进程度将有助于技术创新绩效的提高。因此，过去国家政策取向和企业技术战略都倾向于采用国际先进技术。一些学者坚持认为，中小企业应该考虑更多地引进成熟技术，以抵御先进技术带来的高技术风险，因为引进成熟技术将大大减少中小企业在技术改造后期的投资。当然，技术创新的实践表明，先进技术的可获得性和引进后的整合程度将会不尽如人意，而成熟的技术战略将会很容易导致企业错过技术创新带来的快速增长路径。最新的理论研究已经开始关注外部技术和内部技术水平之间的兼容性问题，外部技术与企业自身技术存量的"匹配"越高，越有利于企业利用和转化进口技术的效率。

此外，一些研究还考虑了行业性质、技术复杂性、技术搜索范围和其他因素。例如，加工和制造行业对技术的总体要求较低，而新兴技术行业对技术进步和技术操作复杂性的要求明显较高。为了获得这些先进技术，企业需要扩大技术搜索的宽度和广度，搜索宽度是指企业创新活动所依赖的外部创新资源或知识搜索渠道的数量，搜索深度是指不同外部知识源和知识搜索渠道的利用程度。企业还应全面评估所获得的外部技术是否符合企业的技术战略，同时保证技术识别阶段为后期技术加工工作及其消化吸收效率。

（二）技术迁移能力

根据创新网络理论，在外部技术资源搜索完成后，TBSMEs 主要关注如何实现外部技术知识向内部组织转移的过程。技术迁移能力直接决定了 TBSMEs 的效率和外部技术知识的获取，包括技术不确定性、成本回报、研发风险和其他因素。人们普遍认为，外部技术知识的获取范围越广，企业获得技术的成功率越高，因此 TBSMEs 更倾向于以更高的开放性获得技术。此外，标准化程度较高的技术知识具有更强的操作规范和更强的系统性，这更有助于中小型企业吸收和掌握外部技术的核心知识。另外，从技术知识的可获得性来看，技术专利保护的程度将成为技术进口企业获取技术知识的障碍。因此，选择专利保护薄弱的外部技术成为 TBSMEs 需要考虑的重要因素之一，这不仅可以避免专利纠纷，还可以有效降低获取技术知识的成本。当然，一些竞争性技术知识包含更多的隐性知识，具有高度个性化和组织依赖性的特点。因此，在技术知识转移过程中，以技术人才为载体的大量技术知识转移可以缩短企业对外部技术的适应周期，提高引进技术的利用效率。

（三）技术加工能力

TBSMEs 有效获取技术信息和知识后，将进一步整合技术资源，最终实现技术突破。TBSMEs 对进口技术核心知识的掌握和理解是企业利用该技术开发突破性创新产品的基础。技术的消化吸收程度决定了这项技术的升级程度。TBSMEs 的突破性技术创新是将技术认知从结构型理解转变为"功能型理解"，将隐性知识编入外部技术，形成可以清晰表达的正式和规范的显性知识，这个过程也是企业对进口技术的消化过程。在引进模仿和消化吸收两个步骤完成后，企业可以进行技术的深加工。

一些学者还指出，在高度动荡的竞争环境中，技术集成程度对产品创新起着关键作用。基于知识创造的集成创新理论认为技术过程是知识和技术的集成组合，其中组织集成和战略集成是企业提高技术集成能力的关键。此外，TBSMEs 的突破性技术创新活动还包括对技术知识的重构过程，知识演进和技术能力提升的质变结果等环节，这些导致的结果是结构性的创新系统演进。技术重构是一种创造型的融合过程，企业获得的外部技术知识有序地嵌入企业的原始知识库中，通过注入"创新因素"形成新的核心技术。突破性的创新往往源于这一过程。核心技术通过一系列实验积累了关于核心组件和系统的经验知识，最终形成企业拥有的核心专利技术。

第二节 西北地区外向型中小企业技术管理现状与影响因素

尽管西北地区位于内陆地区，其社会和经济条件不如东南沿海地区，但是随着我国沿海、沿河、沿江、沿边、沿交通干线和内陆城市全方位开放格局的形成，亚洲和欧洲第二大陆桥的贯通和运营，以及中国对外开放政策从区域优惠向产业优惠的转变；随着东南沿海发达地区产业结构的升级换代和劳动力成本的上升；随着国家越来越重视西部地区的经济发展，西北地区丰富的矿产资源和农副土特产，独特的旅游资源和举世闻名的古代丝绸之路，以及各级领导人的高度重视和群众脱贫致富的迫切愿望，可以肯定，西北地区外向型企业的发展前景必然是光明的，技术管理作为提升企业生产水平的重要手段显得格外重要[1]。

一 西北地区外向型中小企业技术管理基本情况

中国西北地域辽阔，自然资源丰富，但其工业基础薄弱，资本短缺，技术落后，离现代化还有很长的路要走。现代化的关键是工业，我们必须依靠企业的发展来发展工业经济，实现工业化。然而，在中国西北地区，只有少数大型企业能够在国民经济中发挥重要作用，因此，加快西北工业化进程的任务落在许多中小企业的肩上[2]。落后地区可以利用其后发优势，采取非常规发展战略，以实现经济和社会的快速发展。中小企业由于其机制灵活、规模适宜、管理成本低和约束条件少，不仅能够适应知识经济时代快速变化的要求，而且能够适应西北地区的社会经济环境。在中国西北地区，中小企业占该地区工业企业的90%以上，员工人数和产值超过80%，利税总额超过60%，中小企业已经成为西北地区经济发展中最具活力的组织单元。然而，随着我国经济发展进程的不断深入，西北地区中小企业的发展受到了国内外市场的双重竞争压力。因此，必须从实际出发，结合自身优势，大胆进行改

---

[1] 张哲：《西北地区发展外向型乡镇企业的思考》，《新疆农垦经济》1996年第2期，第20页。
[2] 揭筱纹：《论西部地区中小企业发展与政策支持》，《社会科学研究》2001年第5期，第41页。

革创新，才能保证企业在激烈的市场竞争中获胜。

（一）技术管理水平不一

中小企业在西北地区作为数量占比较大的企业类型，技术管理的应用一直不普遍，随着时代的发展，虽然西北地区的技术管理状况有所改善，但由于产业和企业规模的限制，西北地区中小企业的技术管理依旧存在许多问题。技术管理是一个行业性很强的概念，不同行业的技术管理水平不一样。一些高科技产业对技术管理和技术创新水平提出了更高的要求，然而，对于一些服务行业和一些劳动密集型传统行业，技术管理水平较低，但这并不意味着它们不需要或不存在技术管理。

（二）技术创新意识不强

西北地区许多中小企业都没有认识到产品开发与技术开发是技术创新工作，它们日常做的只是利用别人现有的技术，复制市场上已有的产品，根本不愿意在技术上投入资金，其产品性能，产品质量、生产成本、生产效率无法超越市场上现有的水平，无法取得竞争优势。

很多中小企业工程技术部门做得较好的只是样品制作工作。因为许多中小企业的工程技术部门的产生就是源于样品制作的需要，其他的许多应该由工程技术部门完成的工作：譬如生产流程、生产工艺的开发以及各种生产活动中所必需的资料和数据的提供，则常常是被忽视的。计划部门、生产部门和质量部门得不到工程技术部门的支持，每个部门都在完成工程技术部门应该做的大量工作，可以说，工程技术部门的薄弱是企业内部管理混乱的根本原因，因为生产企业的许多基础工作都依赖工程技术部门提供数据和标准。[1]

二 西北地区外向型中小企业技术管理存在的问题

对于中国西北的外向型中小企业来说，大多数企业既没有独立的研发能力，也没有引进技术和生产线，或者模仿其他公司的产品。一般都是作为其他企业的生产工厂而存在，但无论如何，作为制造企业，生产技术总是不可或缺的，因此一个企业对技术管理的程度直接影响着这个企业的发展前景，目前，西北地区外向型中小企业的技术管理还存在着种种不足。

---

[1]《中小企业的技术管理现状》，《中山商报》2010年10月14日，第1874期A15版。

（一）技术标准的差异导致技术管理水平不一

技术标准提供的知识存量可以指导中小企业选择适合自己研发的技术，并引入相应的专利和版权，从而促进新技术取代旧技术，为中小企业的技术创新提供更高的技术平台。同时，技术标准产生的根本动力是市场的功能需求，它把市场需求公开化、统一化，中小企业可以直接向技术标准体系寻求技术开发的方向和路径（安佰生，2004），使自己的技术创新活动与市场需求相一致，创新产品才能够更好地适应市场的需要。西北地区的中小企业由于存在技术标准上的差异从而导致其技术创新活动也变得方向模糊，容易偏离原先设想的发展轨道[1]。

（二）缺乏中长期战略以及政府、金融机构的有力支持

西北地区的中小企业在做出技术管理决策时，更倾向于从直觉出发，而不是依靠深入细致的战略思考。它们缺乏信息收集，在了解和理解消费者的社会趋势、技术和行业趋势方面不如东南沿海的商业领袖[2]。与此同时，资金短缺是西北地区中小企业面临的一个普遍问题。在这种情况下，企业经营者经常使用有限的资金来扩大企业规模，而用于技术管理的资金，特别是用于产品创新和工艺创新的资金很少或没有，这使得改进技术管理和开发新产品变得困难，新产品开发只能停留在"纸上谈兵"的阶段，最终导致企业技术管理能力不足[3]。

（三）技术创新的绩效有待提高

中国制造业长期以来依赖于高投资、高消费、缺乏核心技术和不平衡的区域发展，在未来，制造业必须在创新驱动、集约高效增长的基础上全面实施转型升级计划，促进自主创新，提高整体可持续发展能力。波士顿咨询公司（BCG）公布的"2018年全球最具创新性的50家公司"名单，如表6-1所示，前三强是美国的苹果、谷歌和微软，苹果从2005年开始就一直排在该排行榜榜首。中国的阿里巴巴、腾讯和华为三家企业上榜，阿里巴巴和腾讯均为首次入榜。虽然中国有了三家企业入榜，但相比欧美企业数量依旧较少，原因在于中国的

---

[1] 毕克新：《技术标准对我国中小企业技术创新的影响及对策研究》，《管理世界》2007年第12期，第164页。

[2] 唐光华：《外向型中小企业的困境与对策》，《当代经济》2013年第23期，第67页。

[3] 王长海：《中小企业可持续发展的技术创新与制度保障》，《改革与战略》2010年第1期，第32页。

表 6-1　　　　　　　　全球最具创新力企业 50 强

No.	COMPANY	No.	COMPANY
1	Apple	26	JPMorgan Chase
2	Google	27	Bayer
3	Microsoft[1]	28	Dow Chemical
4	Amazon	29	AT & T
5	Samsung[2]	30	Allianz
6	Tesla	31	Intel
7	Facebook	32	Ntt Docomo
8	IBM	33	Daimler[3]
9	Uber	34	AXA
10	Alibaba	35	Adidas
11	Airbnb	36	BMW
12	Spacex	37	Nissan
13	Netflix	38	Pfizer
14	Tencent	39	Time Warner
15	Hewlett–Packard	40	Renault
16	Cisco Systems	41	3M
17	Toyota	42	SAP
18	General Electric	43	DuPont
19	Orange	44	Inter Continental Hotels Group
20	Marriott	45	Disney
21	Siemens	46	Huawei
22	Unilever	47	Procter & Gamble
23	BASF	48	Verizon
24	Expedia	49	Philips
25	Johnson & Johnson	50	Nestle

Source: 2017 BCG golbal innovation survey.
[1] Includes Nokia.
[2] Includes all Samsung business groups (electronics and heavy industry).
[3] Includes Meredes–Benz.

资料来源：http://www.sohu.com/a/227005751_100133603。

专利质量和影响力不足。观察三家上榜的中国企业，阿里巴巴起家于浙江杭州，腾讯和华为均起家于广东深圳，这些地区都是技术创新的繁荣地区。由于缺乏资金、融资困难和高研发成本，西北地区的中小企业只能依靠产品模仿或停留在成型产品的生产和销售上，"山寨"已经成为代名词。技术创新资源的技术、人才和信息的劣势使中小企业在市场竞争中处于劣势地位。除了一些新的中小高科技企业，大多数中小企业在技术、人才、信息等方面都处于非常不利的境地。由于发展能力有限，大多数中小企业不得不借助外国技术，通过技术转让获得技术成果，但即使如此，由于相当多的中小企业缺乏基本技术人员，它们在技术转让方面面临更多困难[①]。例如，在第112届广交会设计创新国际研讨会上，当法国 Miro 公司的总裁在台上发表演讲并播放一些优秀的设计图片时，台下拍摄声音不绝于耳。此外，尽管国内的许多公司也有研发部门，但所谓的研发部门基本上是"引进"或者稍微修改，或者直接复制山寨。只知其然而不知其所以然，与终端市场距离遥远[②]。

（四）产品同质性严重，市场竞争激烈

人们普遍认为，技术开发资金销售额占1%的企业难以生存，2%可以维持，5%可以具有竞争力。然而，中国西北地区的许多中小企业根本没有发展资金或发展资金通常不到销售额的1%。由于自身资本和技术水平的限制，弱势中小企业只能选择进入低门槛行业，其产品主要集中在中低端行业，产品的同质性是显而易见的，它们属于竞争性行业，因此它们之间的竞争非常激烈[③]。企业管理的重点仅仅是产品的质量、价格、渠道和广告，而不能根据市场条件和消费者的需求开发新产品。因此，企业产品单一、陈旧、缺乏市场竞争力，最终陷入恶性竞争的"价格战"。

三 西北地区外向型中小企业技术管理的影响因素分析

对于中小企业来说，技术管理是必不可少的。在提升技术管理水平之前，我们必须了解影响企业技术管理的因素，以便更好地为企业制定管理战略和夯实基础。一般来说，影响因素主要分为资金，人才，文化氛围，制度，创新意识和外部因素等方面。[④]

（一）研发资金投入偏少，融资难度大

中小企业发展的最重要方面是资金的合理配置。在中国西北的许多外向型中小企业中，资金严重短缺、融资渠道不完善、政府支持系统不健全和企业技术资本投资不明确都严重影响了企业研发与投入。中国西北地区外向型中小企业的支出远远低于大中型企业，在技术创新资金投入方面处于劣势，虽然政

---

① 王长海：《中小企业可持续发展的技术创新与制度保障》，《改革与战略》2010年第1期，第32页。

② 唐光华：《外向型中小企业的困境与对策》，《当代经济》2013年第23期，第67页。

③ 同上。

④ 陈玮：《扬州市中小企业技术创新的影响因素研究》，硕士学位论文，扬州大学，第17页

府投资逐年增加，但企业科技活动资金总额所占比例很小，对中小企业的投资更少。目前，中小企业的主要融资渠道是银行贷款，银行意识到中小企业将面临高风险和企业信贷，因此，银行在评估中小企业贷款项目时更加谨慎，银行的贷款审批、放款批次更加严格。因此，"贷款困难"已经成为中小企业融资困难的突出表现，这极大地制约了中小企业的发展[①]。创新投入是中小企业创新的资源基础。高科技、高素质人才、先进设备、充足的研发资金等都是技术创新道路上不可缺少的因素，没有投入，就没有产出，技术创新也是如此。企业应该知道如何在具有一定创新意识的前提下规划创新投资，这不仅是为了确保对技术创新有所投入，也是为了确保对技术创新的投资是合理和有效的。

（二）研发人员缺乏，人才流失问题严重

人才问题是制约企业技术创新的重要因素之一。特别是在具有一般经济效益的中小企业中，普通技术人员较多，但高级研发人员相对短缺。人才培养需要一个长期的过程，在中小企业发展的初期，工资低、高端设备短缺，研发不足。资金相对较差的工作环境和不完善的激励机制严重制约了中小企业的人才竞争，一些优秀的研究人员不愿意留在中小企业，因为他们担心企业的发展和自己的未来，导致创新研发严重短缺。许多中小企业不但不能引进人才，反而人才流失非常大，而且大部分流失人才是企业的专业技术骨干，这导致技术研发能力差和技术成果产业化薄弱。

（三）企业文化与组织制度制约技术创新

长期以来，我国中小企业对技术创新在企业发展中的重要作用缺乏科学认识。它们认为企业的生存是关键，它们的工作重点应该是市场开发，而不是创新。随着企业的发展，企业发现在市场竞争中需要形成创新文化和创新体系，尤其是在企业发展的上升阶段。中小企业的预运营模式是"小企业家庭型"或"亲友企业型"的非理性管理方式。企业发展到一定水平后，企业管理和市场适应性需要大大提高。然而，技术落后、产品单一、设备老化等问题已经成为阻碍企业发展的核心问题。由于缺乏创新，大多数中小企业开始走下坡路，甚至多年亏损。面对困难，许多中小企业想要改变、发展和创新，却有心无力。

---

① 李涛、齐航：《中小企业技术创新面临的问题、制约因素与对策》，《中小企业管理与科技》2017年第4期，第61页。

（四）体制环境不完善，外部支撑不足

技术创新的制度环境是指政府通过一系列法律、法规及其实施来有效保护技术创新者的合法权益，促进技术创新的全过程，维护市场经济运行中的公平原则，从而创造有利于促进技术创新的环境。现有制度没有为企业的技术创新活动提供良好的制度环境，在一定程度上阻碍了中小企业技术创新的发展。技术创新是一种需要整合企业和外部环境来建设和发展的行为，它不仅需要优化内部资源和创新投资，还需要政府政策和制度的支持、技术创新和科学研究的协调发展。但是目前，企业的外部创新支持力度远远不够，创新协作网络还没有真正形成。

（五）技术管理创新意识不强

创新意识，是一个企业进行创新的先决条件。如果企业根本就没有或缺乏技术创新的意识，那么创新也就变成了空谈。只有企业从领导层到基层员工都有一个积极的创新意识，明白创新对于一个企业生存的重要性，把技术创新列入日程，这样企业才具备技术创新的精神基础。一个创新意识越强的企业，它在技术创新上的投入也就会越大，所获得的投入产出可能也会相应地有所增加。在这一点上，西北地区中小企业在技术管理创新意识方面还需要加强[1]。

（六）技术管理创新机制不完备

技术管理创新投入，是技术管理可以顺利完成的保证。投入产出直接反映了企业的技术创新成果，主要分为有形产出和无形产出。以前的投入产出直接影响企业继续技术创新的积极性，因此投入产出也间接影响技术创新。技术管理是一个相当复杂的过程，在技术管理创新中，它涉及市场调查、产品开发、新产品销售等许多相关部门。因此，为了确保技术创新的顺利完成，这些部门有必要相互协调和合作，企业需要建立健全技术创新管理体系，运用科学的管理模式、激励机制等，以最大限度地提高技术投入产出，确保高质量、高效率地完成技术创新。一旦技术管理创新机制缺乏，必然导致该企业技术管理受阻。

（七）外部因素

外部因素主要包括政府对创新政策的支持、技术创新在整个行业环境中的重要性等。因为外部因素不由企业决定，所以企业必须适应外部因素，让这些因素成为自身技术创新的驱动力，而不是阻力。

---

[1] 陈玮：《扬州市中小企业技术创新的影响因素研究》，硕士学位论文，扬州大学，2013年。

通过以上对影响西北地区外向型中小企业技术管理因素的分析,我们实际上就获得了大量改进我国西北地区外向型中小企业技术管理的改进方向,比如创新意识、创新投入、研发能力、创新管理对于技术管理以及创新绩效存在着影响,针对这种影响的存在,要提高中小企业的技术管理能力,也需要从这几个方面出发,以实现西北地区外向型中小企业技术管理能力的提升。

第三节 西北地区外向型中小企业技术管理升级:技术创新管理

西北地区的外向型中小企业技术创新面临着创新人才短缺、创新方法落后、创新动力机制不完善、创新风险分担机制不健全,知识产权保护环境不佳等问题。研发资金投入偏少、研发人员缺乏、外部环境支撑不足等成为制约中小企业技术创新的主要因素。可以通过政府、企业、社会三方面构建中小企业技术创新体系,全面提升中小企业技术创新能力。

一 西北地区外向型中小企业技术创新管理的必要性

据数据显示,"二战"后,美国中小企业的技术创新占美国技术创新的一半,占美国主要创新的95%以上。英国小企业协会的一项调查显示,中小型科技企业的人均创新成果是大型企业的2.5倍。这表明中小企业的技术创新是国家创新的主要力量,在整个创新体系中发挥着非常重要的作用。然而,我国中小企业的技术创新在整个技术创新体系中处于次要地位,技术创新水平仍然远远落后于发达国家。因此,提升我国中小企业技术创新能力已成为亟待解决的重要问题[1]。

(一)技术创新是中小企业获得竞争优势的决定因素

随着社会经济和科学技术的快速发展,市场竞争日益激烈。中小企业要想在市场竞争中占据一席之地,就必须调整发展战略,从市场环境的变化中不断进行技术创新。只有这样,它们才能不断推出新产品,不断提高产品的技术含量和附加值,从而提高产品和服务的市场竞争力和市场份额,取得良

---

[1] 李涛、齐航:《中小企业技术创新面临的问题、制约因素与对策》,《中小企业管理与科技》2017年第4期,第61页。

好的经济效益或社会效益。因此,中小企业必须不断增加对技术创新的投资,以增强其技术创新能力并获得竞争优势[①]。

(二)技术创新是提高中小企业经济效益的重要途径

效率最大化是企业追求的目标之一,技术创新是实现这一目标的有效途径。首先,通过技术创新,企业可以不断引进新产品,从而扩大销售和市场份额;其次,企业可以通过改进生产技术和减少产品支撑来获得产品价格优势;最后,由于节约了一些资源,企业可以优化内部资源的配置,使企业能够产生更好的整体效益。中小企业技术创新的成功取决于创新行为能否使企业获得明显的收益。虽然这种收入可能是现实的、即时的、潜在的和长期的,但最终目标是提高企业的经济效率。

(三)技术创新是中小企业实现持续发展的源泉

中小企业的可持续发展不仅应该能够在特定条件下实现发展,而且应该能够在不断变化的条件下实现发展,而且这也是一项长期发展。因此,中小企业必须能够适应外部环境和市场需求的变化,及时调整自己的行为,跟上时代的潮流。为此,我们必须把持续的技术创新作为持续发展的途径。许多成功的企业就是依靠持续的技术创新,从小到大发展起来的。

(四)技术创新是中小企业实现稳定发展的保障

随着技术创新的管理,中小企业有了技术管理发展的总体轮廓,这为各种短期和中期技术创新活动提供了长期、统一的主题和指导。这将有助于企业抓住机会,以持续的技术创新意识发现新产品、新工艺和新市场。通过制订技术创新计划,中小企业对企业的外部环境和内部条件有了更全面、更深入的了解,明确了企业在市场中的地位和技术创新的目标,使企业充分准备好面对快速变化的技术发展趋势,而不会被一时得失所迷惑。在环境突然变化的情况下,企业也可以采取应急策略,以免困惑和无助。

(五)技术创新是中小企业实现资源合理调动的利剑

正确的技术创新方案可以使中小企业最合理地利用其拥有的各种资源,并实现更好的协调和综合效果,即所谓的"1+1>2"。技术管理是一项涉及技术、资本、人力等的活动。因此,它发挥技术创新的作用,充分调动人力、财力

[①] 王长海:《中小企业可持续发展的技术创新与制度保障》,《改革与战略》2010年第1期,第32页。

和物力资源，通过分析外部环境，选择正确的技术创新目标和战略模式，制定科学的实施流程，实现材料的最佳利用。

（六）技术创新是中小企业实现自我壮大的良方

历史上，一旦技术创新出现，它将在社会中发挥巨大的示范作用。那些没有获得潜在超常利润的企业将渴望分享利润，从而形成巨大的模仿浪潮。许多模仿使得有限先锋创新在大范围内扩散，技术扩散导致的投资高潮也将导致过度投资和经济停滞。只有进行新一轮的技术创新，经济才能全面复苏和繁荣。这样，经济出现了循环，其中技术创新是主要因素之一。通过制定战略，企业能够把握技术创新的趋势，顺应其发展，不仅能够生存，而且能够获得非凡的利润和成长。

（七）技术创新可以帮助中小企业凝聚员工思想

技术创新的存在可以不同程度地参与技术创新的酝酿、决策和实施，从而统一员工的思维，增强凝聚力，并有助于形成科学认识和正确行为。它可以调动员工的积极性、主动性和创造性，培养全体员工创新的企业文化。

因此，如何加强中小企业的技术创新，提高中小企业的技术创新成功率，促进中小企业健康成长是企业技术管理成功的关键因素，也是企业长期运营和成长的前提。

二 西北地区外向型中小企业技术创新现状与问题

技术创新是"企业家抓住市场潜在的利润机会，重组生产条件和因素，应用创新知识和新技术，提高产品质量，开发和生产新产品，提供新服务，占领市场，实现市场价值"，目的是获得商业利益。技术创新是一种以市场为导向、以技术为基础、以商业化为目标的新的经济活动。西北地区外向型中小企业技术创新管理的现状是技术创新严重不足。这一缺陷反映在技术创新的各个阶段。这是因为这些企业有六大技术创新问题。这六个问题是：技术创新观念落后，缺乏技术创新组织，技术创新机制不完善，缺乏技术创新信息，缺乏技术创新人才，技术创新设备落后。下面针对西北五省的外向型中小企业技术创新作具体介绍：

（一）西北五省外向型中小企业技术创新现状

1. 陕西

陕西的技术创新系统是一个由企业、大学、研究所、政府、中介机构和其他创新行为者组成的网络系统。它基于"利益共享、风险共担和优势互补"的原则。陕西技术创新体系建设 20 年来，企业作为创新主体的地位有所提高，产学研合作组织也有了很大发展。例如，在 2005 年国家科学技术进步奖中，52.3% 的获奖项目是由企业独立承担或参与完成，36.4% 的获奖项目是产学研合作项目。从组织创新与合作模式的角度来看，陕西的技术创新体系建设也取得了一些成绩，如从以前的低水平技术转移、联合攻关，到目前的高水平人才培养基地、技术研发基地的联合建设等。从创新能力的角度来看，陕西高新区的自主创新能力、中介服务能力和产业辐射能力位居 53 个国家高新区的前列。从创新绩效来看，陕西的技术创新体系在该地区的商业化、产业化、国际化和高技术成果效益方面取得了一定的成果[①]。

陕西技术创新体系的建设和发展主要依靠全省科技资源优势。然而，陕西之所以拥有丰富的科技资源和创新技术，主要是国家根据总体战略布局长期支持和培育的结果。因此，陕西技术创新系统的典型特征是"嵌入"而不是"扎根"发展。在良好的科技教育资源和创新环境的支持下，陕西技术创新体系的发展优势主要体现在以下几个方面：

（1）有扎实的科研和教育基础。陕西省有 78 所高校，其中 50 所具备研究生教育资格；其中 3 所已经进入国家 985 项目，8 所已经进入国家 211 项目，在西北地区排名第一。陕西省有许多科研机构和优秀的科研设备，包括 97 个省部级独立科研机构、12 个国家重点实验室、72 个国家部门专业实验室和国防重点实验室。陕西省有 142 个专业学科，几乎涵盖所有学科。其中，有 65 个国家重点学科和 100 多个优势学科，其中 17 个在中国是独一无二的。

（2）对科技人力资源的需求是丰富的。全省科技专业人员 110 万人，其中从事科技活动的有 20.69 万人，两院院士 51 人，国家级有突出贡献的中青年专家 68 名，享受国务院补贴的有 1639 人。

（3）国防科技和军事工业实力雄厚。陕西国防科技和军工涵盖四个环节：科研、设计、实验和生产。其中，国防科技界有 1.58 万名高级技术人员、15 名院士、27 名国家专家、208 名省部级专家和 48 名"三五人才"。

（4）拥有良好的高科技产业平台。全省有 4 个国家高新技术产业开发区、

---

① 施宏伟：《基于产学研合作的陕西技术创新体系重构研究》，《陕西新型城镇化与可持续发展研究 2013 年优秀论文集》，2013 年 12 月，第 214 页。

4个国家大学科技园、6个国家和省级高新区创业服务中心和12个科技企业孵化器。这些高科技发展平台的投融资体系、中介服务体系和产业支撑体系已经形成。

经过多年的培育和建设,陕西的技术创新体系不断发展和完善,在航天技术、核技术、武器制造技术、机电工程等领域,特别是在生物技术、空间技术、新能源开发、环境保护和节能领域取得了突破和强大实力。

2. 甘肃省

截至2009年年底,甘肃省有8.8万多家中小企业,员工超过165万人。全省规模以上中小工业企业增加值510.3亿元,是2001年的4.2倍,主营业务收入132.7亿元,比2001年净增1000多亿元。2009年,规模以上中小工业企业的利税达到178亿元,比2001年净增144亿元,增长近五倍。特别是对我省大多数市县来说,中小企业的发展已经成为地方财政收入的主要来源。在外贸出口方面,甘肃省中小企业也成了先锋。2009年,省级以上中小企业出口交货值达到15.98亿元,一批实力雄厚的中小企业走出了省级大门,成为实施"走出去"战略的重要力量。甘肃省70010多个工作岗位由中小企业提供,超过50%的农民工被接纳[①]。

经过近30年的发展,甘肃省中小企业规模不断扩大,技术水平不断提高,产业布局日趋合理。它们在甘肃的经济发展中起着决定性的作用。将生产、教育和研究相结合的面向企业的技术创新体系已经初步形成,主要表现在以下几个方面:(1)研发投入增加,新产品开发取得显著成效。(2)各类研发中心建设不断完善,创新能力显著提升。(3)"产学研"联合不断向纵深层次发展。(4)围绕工业发展的关键技术、共性技术,实施了一批重大技术创新项目和技术中心创新团队建设项目。(5)一批促进企业技术创新的政策措施相继出台。(6)中小企业服务体系建设初见成效。

3. 新疆维吾尔自治区

技术创新是从产生新想法到研究、试生产、生产和制造产品到首次推广和销售的过程。每一个企业生存和发展的最基本的方法是使用技术,任何企业都是多种技术的有机结合系统。在当前新的国内外经济形势下,新疆中小

---

① 朱宇泽:《公共政策视野下的甘肃中小企业技术创新对策研究》,硕士学位论文,兰州大学,2011年。

企业加大了对技术创新的投入，以增强其核心竞争力和发展能力，应对激烈的市场竞争[1]。

虽然新疆中小企业的发展速度有所提高，但与中国其他省份相比，尤其是东部沿海地区和中部地区，中小企业的技术创新能力仍然很低。（1）从自然环境的角度来看，新疆位于中国西北部，占全国领土面积的1/6。它拥有丰富的矿产资源，但整个地区166.4万平方公里的面积中有25%是沙漠。除了新疆恶劣的自然气候和严重的耕地荒漠化，人们已经最大限度地开发自然资源，使得能够可持续发展的资源越来越少，提供给企业的技术创新资源也就越少，因而新疆的中小企业正处于技术创新资源稀缺的边缘。（2）从经济环境来看，随着一系列支持西部开发的国家政策的出台，越来越多的投资者选择投资新疆的工厂建设，但新疆的中小企业大多位于工业、农业、基础设施等行业。将这些产业与高技术产业中企业的技术创新周期进行比较，资本从投入到产出需要更多的时间，因此很难为技术创新创造良好的氛围。（3）从社会角度来看，新疆的地域文化融合了许多少数民族文化的精华。中小企业的相当一部分雇员是少数民族。由于文化差异，许多人只是追求企业的经济利益而忽视了推动企业经济效益发展的决定性因素——技术创新能力。甚至有些员工认为提高企业的技术创新能力是企业高层领导的事情，与基层员工无关，这无疑是企业技术创新的另一个障碍。（4）从政策角度来看，新疆的中小企业和中国其他省份的中小企业一样，面临着各种经济政策执行不力的局面，包括融资政策、人才引进政策、税收政策、金融支持政策等。所有政策都是提升中小企业技术创新能力的内生动力。

4. 青海省

据统计，青海省各类中小企业24228家，其中规模以上中小企业391家（中型企业46家），规模以下企业23837家；中小企业总产值达到124.1亿元，过去三年中平均增长16%，工业增加值38.47亿元，占全省43.1%的比重；员工达到196.3万人，占企业员工的72%。总体而言，近年来，青海省中小企业呈现出良好的发展势头，但在技术创新方面仍存在一些突出问题和困难，面临严峻挑战[2]。

---

[1] 蔡钰卿：《新疆中小企业技术创新能力研究》，《商》2015年第2期，第18页。
[2] 姚红义：《青海中小企业技术创新实证分析》，《青海社会科学》2006年第5期，第50页。

（1）技术创新总体能力水平不高。青海省作为一个欠发达省份，在知识创造、知识流动、技术创新能力和创新环境方面都很差。选择相对具有可比性的西北五省进行比较，如表6-2所示。

表6-2　　　　　创新能力构成总表（2000—2003年）　　　　（单位：分）

省份	知识创造能力	知识流动能力	企业技术创新能力	技术创新环境	技术创新的经济效益	综合得分
陕西	24.63	15.39	26.91	33.39	28.07	26.83
甘肃	16.08	17.28	19.40	17.76	24.63	19.24
青海	7.00	10.54	14.58	16.47	24.43	15.01
宁夏	10.14	21.67	17.28	18.74	21.75	17.48
新疆	12.40	17.70	13.64	24.50	30.70	19.38
平均	14.05	16.52	18.36	22.17	25.92	19.59

资料来源：中国科学技术部网站。

根据表6-2中的统计，青海的知识创造能力仅得分7.00，在五个省份中排名最后；知识流动能力得分为10.54，排名倒数第二；企业技术创新能力得分为14.58，处于中等水平；技术创新环境相对较差，得分仅16.47，排名最后；技术创新的经济效益得分为24.43，排名倒数第二，由此可以看出，青海省企业技术创新总体水平较差。不难想象，技术创新能力处于劣势的中小企业的情况会更糟。

（2）研发投入严重不足，持续创新能力不强。研发投入是保持企业创新和持续创新的根本保证，而目前青海省大多数中小企业普遍存在创新能力弱的问题。单从研究与开发能力上，大多数企业研发经费严重不足，研发人员短缺，研发机构和科技投入机制不完善这些因素导致中小企业难以保持持续的技术创新能力，如表6-3所示。

表6-3　西北五省区中小企业（2000—2003年）F&D经费比较　（单位：亿元）

地区	2000年	2001年	2002年	2003年
陕西	10.73	19.38	22.13	27.69
甘肃	1.63	1.78	2.15	2.32

续表

青海	0.29	0.27	0.42	0.45
宁夏	0.24	0.29	0.37	0.43
新疆	0.53	0.53	0.55	0.58

资料来源：中国科学技术部网站。

从表6-3中的数据比较可以看出：2000年青海省中小企业用于F&D的经费仅为0.29亿元，直到2002年中小企业用于F&D的经费才有了比较大的增长，达到了0.42亿元，2003年达到0.45亿元。但在同期，陕西、甘肃两省用于中小企业的F&D经费达到了比较大的规模，从F&D经费占GDP的比重来看，2000年，青海省中小企业F&D经费占GDP的比重为0.0910%，2003年为0.1%，而同期陕西省中小企业F&D经费占GDP的比重已达到1.35%。

（3）技术创新主体的错位。从创新理论的角度来看，技术创新活动属于企业的商业活动。在传统的计划体制下，政府在整个经济生活中扮演着极其重要的角色。技术创新的主体基本上已经让位于政府，导致了青海省长期存在的技术创新主体"错位"现象。经济学家熊彼特认为，创新应该是企业家的行为，企业家是技术创新活动的组织者和执行者。强调生产技术和生产方式在经济发展中的重要作用，企业是社会生产和经济发展的细胞，是技术创新能够发生和实现的地方。因此，技术创新的主体是青海省的企业，这些企业还没有形成以企业为主体的创新环境，企业还没有成为技术创新的主体，而且大多数技术研究和开发都是这样，活动集中在科研机构和大学，而不是企业。

5. 宁夏回族自治区

宁夏地处中国西部内陆，地域狭窄，经济总量低，企业技术创新环境相对较差。"十五"以来，宁夏不断加大对创新型宁夏发展战略的投入和支持力度，鼓励企业创新，取得了显著成效。企业技术创新体系的基本框架已经形成，建设已经初具规模。首先，建立了一批国家级和自治区级企业技术开发中心。国家认可的企业技术中心从三个增加到五个，自治区认可的企业技术中心从八个增加到20个。这促使整个区域的企业建立了106个技术开发机构，初步形成了以企业为主体的技术创新基地，整个区域的企业技术创新体系建设取得了快速进展。其次，企业技术创新的信息环境和应用水平不断提高。自2000年企业互联网项目启动以来，已有200多家企业在整个地区建立了网站。

宁夏小巨人机床有限公司和汇川服装有限公司是宁夏制造业信息化的示范企业。信息技术系统的应用在中国处于领先水平，这促使了该地区近100家大中型企业的优化和升级。最后，民营企业的技术创新实力明显增强，从过去主要从事技术咨询、技术中介、技术培训到自主技术研究、新产品开发、技术承包和技术、工贸一体化管理。到2008年，全区共有民营高科技企业400家，年技术、工贸总收入超过10亿元，利税超过2亿元，总资产34.2亿元，员工近1万人，中级以上科技人员3000余人[①]。

但受区域经济社会发展水平低、R&D经费投入规模小、创新人才匮乏、企业高校产学研合作水平低等因素制约，宁夏企业技术创新能力整体较弱，仍处于发展的初级阶段。根据《2005年中国区域创新能力报告》，宁夏企业的技术创新能力在全国排名第26位，技术支持能力明显不足，与东部地区相去甚远。宁夏重点骨干企业R&D经费占销售收入超过全区平均水平的只有少数几家企业，多数企业没有达到全区平均水平；同时，创新人才匮乏，创新能力偏低。2006年，宁夏每万人口中拥有学科带头人0.41人，各类专家0.90人，高级职称人才占总人口比例0.20%，60%的人才集中在机关、高校等事业单位，特别是企业与地方高校的合作不够广泛，两者运行独立，地方高校作为宁夏创新体系的主要力量未得到充分利用。2006年以来，宁夏高校转化科研成果仅32项，参与企业重大技术改造140人次，为企业培训相关技术人员不足2000人次。

（二）西北五省外向型中小企业技术创新问题

1. 技术创新观念落后

西北地区外向型中小企业的技术创新理念仍然是"产品设计和产品开发"。相反，企业家应该抓住市场潜在的利润机会，重组生产条件和因素，应用创新知识和新技术，提高产品质量，开发和生产新产品，提供新服务，占领市场，实现市场价值。专用设备技术创新全过程管理是对技术创新全过程的管理，任何阶段或环节管理的失败都可能导致项目的失败。

企业技术创新的落后观念表现在许多方面：例如，技术创新者认为他们只是设计产品、管理生产和协调相关事务的人，而不是发现市场机会并促进

[①] 孔斌：《西部地区企业技术创新体系建设中地方高校作用的初步研究——以宁夏为例》，《科技管理研究》2010年第6期，第94页。

企业抓住和实现这些机会的人，包括企业领导人；产品的售后服务被认为是"烧钱"，而不是企业的增值服务。技术创新观念落后是企业缺乏技术创新的重要原因。

2. 没有技术创新组织

技术创新组织是企业实施技术创新管理的框架，是企业实施技术创新管理的组织保障。企业的技术创新信息在这个框架内流通。企业可以依靠技术创新组织来管理技术创新的全过程，而不仅仅是功能技术管理、生产管理、质量管理和设备管理。没有技术创新组织，技术创新的管理也是零散的。第一，没有技术创新管理岗位，当然也没有技术创新领导，这导致了企业技术创新工作的混乱；第二，没有收集和整理技术创新信息，其流向不明确；第三，企业没有技术创新文化，企业也没有技术创新的共同价值，这影响了企业技术创新的积极性、主动性。没有技术创新组织，企业就无法有效地管理企业的技术创新工作。

3. 技术创新机制不健全

"物竞天择，适者生存"是物种的进化机制，"看不见的手控制着社会资源的分配"是市场经济的运行机制。企业必须有技术创新机制来进行技术创新。没有技术创新机制的支持，企业的技术创新就是无源之水，无本之木。企业不可能长期、持续、有效地开展技术创新工作。什么是机制？机制是自然和社会现象内部组织和运作的变化规律，是两个以上变量相互作用的结果。企业技术创新机制的目的是促进企业的技术创新，鼓励员工继续技术创新，通过技术创新改善企业的产品和服务，提高企业的综合竞争力。企业技术创新机制主要包括技术创新文化和技术创新体系。

大多数中小企业也进行技术创新。技术创新工作随着项目（业务）承担的状况而变化。技术创新工作通常由"空降部队"完成。这些新招募的技术创新人才（伞兵）给企业技术创新带来新的血液。但是由于公司没有技术创新机制，这些新来者通常会停留很短时间。企业的项目结束了，他们的任务完成了，工程交钥匙了，他们也离开了。企业的技术创新工作就像一条季节性河流，断断续续，不能长时间持续有效地开展。关键原因是中小型专用设备制造企业没有建立和完善技术创新机制，没有形成技术创新体系和技术创新文化，这是企业技术创新问题的根本原因。西北地区外向型中小企业没有技术创新体系，也没有形成技术创新文化。因此，企业的技术创新没有组织领导，没有决策依据，也没有适当的资源配置，这不可避免地导致连续技术创新的缺乏。

4. 缺乏技术创新信息

西北外向型中小企业的有些管理者并不太关心这些问题。他们只关心企业当前的利润和竞争，他们还没有走出价格战的怪圈。当然，商业领袖不在乎技术创新，他们几乎不知道什么是技术创新信息，为什么他们需要它，以及如何获得它。技术创新信息是帮助企业抓住市场潜在的利润机会，重组生产条件和因素信息，应用创新知识和新技术，提高产品质量，开发和生产新产品等的信息。这些信息是关于市场（客户）的信息，关于生产技术和产品质量的信息，信息一部分来自企业外部，另一部分来自企业内部。技术创新信息是关于市场和产品的技术质量的信息。技术创新信息有两个要点，一个是收集信息，另一个是发送到合适的人手中。

市场（客户）信息是中小企业的核心信息，是关于提供什么产品/服务的信息。生产技术和产品质量是派生信息，但也是非常重要的信息。企业的核心市场信息是什么？企业如何获取衍生产品的生产技术和质量信息？这两方面的信息是"车之双轮，鸟之两翼"，它们都是企业不可或缺的信息。技术创新依赖于技术创新信息，少数进行技术创新的企业知道技术创新信息的价值，它们需要这些技术创新信息，并经常研究如何获取这些信息。这些中小型企业可以走出红海，在蓝海航行。没有技术创新信息，企业就不知道客户需要什么，也不知道它们现在需要生产什么。那么组织生产的基础仅仅是历史信息（过去生产和销售的产品信息）。它只能生产一般不能达到对方要求的、60—70年代的卖不出去的老产品，不能生产市场需要的产品。大多数中小企业无法设计和制造客户所需的特殊设备。

此外，大多数中小企业的技术创新工作随着项目（业务）承接状况而变化，技术创新工作通常由"空降部队"完成，项目完成后，他们也离开了。在企业有时间收集和处理之前，决定产品成本和进度以及产品生产技术和质量的关键和重要信息会随着他们的离开而消失。缺乏关于技术创新的信息是设计和制造经常无法满足客户所需的关键原因之一，包括未能及时交付。

5. 缺乏技术创新人才

俗话说，"事在人为"，没有合适的人，就不可能做正确的事情。技术创新人才是那些发现市场机会并推动企业抓住和实现这些机会的人，包括企业领导人，而不仅仅是那些设计产品、管理生产和协调相关事务的人。许多企业持有"铁打的营盘，流水的兵"的观点，认为人才优化可以在流动中实现。当大多数企业收到新项目并需要技术创新人才时，它们会通过人才市场获得这些人才，项目完成后，这些人才也离开了公司。中小企业的关键技术创新人才大多不是由企业培养的，企业也没有技术创新人才。

缺乏技术创新人才，尤其是关键技术创新人才（高层次人才、技术带头人、发现市场机会的人才、发现企业核心竞争优势的人才等）。企业的技术创新工作不能持续有效地进行，企业不能对技术原理、关键结构和关键功能部件进行深入研究，也不能设计和制造市场所需的特殊设备，缺乏关键技术创新人才是大多数中小型企业无法生产市场所需专用设备的重要原因。

6. 技术创新装备落后

大多数中小企业的技术创新能力薄弱，不仅缺乏关键技术创新人才，而且缺乏技术创新设备和技术创新管理。"工欲善其事，必先利其器"，没有设备、方法和管理，你就不能做好工作。技术创新设备主要包括四类：设计装备、试验装备和试制装备与检测设备。设计设备是计算机辅助设计设备，许多企业甚至没有为大多数工程师和技术人员配备 CAD 设计工具（中国约 30% 的中小企业配备了 CAD），只有少数领导者配备了计算机，这也是新产品设计发展缓慢和技术创新不足的原因之一。试验装备就是对产品（设备）的技术原理、技术方案进行测试的设备。大多数企业甚至没有测试设备的实验室，更不用说试验设备了。当然，没有试验设备，就没有办法测试技术方案和原理，这样的情况下企业可以设计和生产他们的产品就已经很不容易了。试制设备是制造"多品种、小批量"产品的关键设备，是先进的数字设备，许多企业无法装备，这些关键部件基本上都是通过生产合作完成的，协作单位是否能按质按量如期完成，也是需要询问的。检测设备是检验仪器，大多数中小型专用设备制造企业只有"游标卡尺"，连千分尺都很少，检测加工的零件（包括生产协作的零件）手段欠缺。技术创新的装备落后，是"故障率高，维修频繁"的原因之一。

第四节　西北地区外向型中小企业技术创新管理战略选择

目前，世界上大多数企业都把制定和实施技术管理战略作为首要课题。据统计，许多大公司的经理不仅每年花 40%—48% 的时间研究企业的技术管理战略,而且高科技中小企业也在一个接一个地制定自己的技术管理战略。西北地区外向型中小企业,尤其是制造类企业,为了能在如今日益激烈的产品竞争市场大环境下崭露头角,必须破釜沉舟,学习国内外先进的技术创新管理战略,以提升企业技术管理的水平。

一 西北地区外向型中小企业技术创新管理类型

到目前为止,技术创新管理战略的类型还没有统一的分类标准。根据迈克尔·波特的竞争优势理论,他将技术创新战略分为成本领先战略、技术领先战略和齐聚战略。从具体应用的角度来看,英国学者弗里曼根据创新的机会和程度将技术创新管理战略分为进攻型战略、防御型战略和模仿型战略。英国教科书中根据安索夫对经营战略的分类,将技术创新管理战略分为市场领先战略、追随者领先战略、应用工程战略和模仿战略。此外,现有中小企业的技术创新战略类型根据两种不同的战略目标分为两类:一类是追求技术目标的技术创新战略;另一类是追求经济目标的技术创新战略[①]。其中,技术目标的技术创新战略包括领先战略、跟随战略、模仿战略、引进先进技术的拿来主义战略和引进—消化—吸收再创新战略。经济目标的技术创新战略包括"集中一点"战略、特色经营战略、联盟战略和切入战略。

实践中使用的战略也有一些特点:1.它通常是一种多目标战略,既有经济目标,也有技术目标。此外,在经济目标中,不仅要获得市场份额,而且又不能减少利润,不要增加成本,还要提高质量;在技术目标上,同一个企业应该有许多技术来源,可以采取模仿战略,但不能放弃领先战略,因为只有多目标战略才能适应形势发展的需要。2.技术创新战略是动态的,表现为抓住机遇。与大企业相比,中小企业具有灵活操作和专业知识的优势。因此,如果技术创新战略不能随着技术发展而及时调整,优势将会耗尽。这一变化比大企业的变化更宝贵。3.该战略是一个系统的战略,包括产品创新、流程创新、市场创新和服务创新,企业应该学会以多种方式应用技术。根据熊彼特和后来的经济学家的研究,技术创新应该包括许多方面,因此,也有狭义的纯技术创新战略和广义的全面和系统的技术创新战略,如技术、产品、市场和服务,下面对这些战略按照追求技术目标和经济目标进行详细的划分与阐述。

---

① 刘文勇:《高科技中小企业技术创新战略的选择》,硕士学位论文,黑龙江大学,2001年。

（一）追求经济目标

1. 特色经营战略

特色经营战略是根据高科技中小企业经营范围狭小，比较容易接近顾客而制定的一种经营战略。在高科技中小企业的起步阶段，立足市场是一个紧迫的问题，与其盲目发动大规模出击不如采取以点带面的方法。此外，人们的消费观念已经改变，开始追求个性，与此同时，高科技产品为每一个不同的人提供不同服务的理念已经逐渐被认可。因此，从点做起可避免失误，利用顾客对品牌的忠诚度以及随之而来的对价格敏感度下降来避免竞争。总的来说，在传统产业中，这一战略无法与不断增长的市场份额保持平衡。一般来说，组织不同的活动总是昂贵的，例如广泛的研究、产品设计、高质量的材料或周密的服务等，实现产品差异化意味着以高成本为代价。即使整个行业的客户都了解公司产品的独特优势，但这并不意味着所有客户都愿意或能够支付公司需要的更高价格。但是在高科技行业，产品本身的个性化需求非常强烈，中小企业本身也没有大规模的流水作业，在生产中，可以通过加强与客户的信息交流来充分实现按需生产，克服传统工业的缺点。此外，除了区分产品本身，特色管理战略还有另一个含义：营销战略理念的特色，在维修、顾客服务以及分销商、零售商培训等方面，从利润中拿出一部分通过有形的营销工作让利给客户，从而实现独特性，确立长期的主导地位，逐步扩大市场份额。

2. 切入战略

该战略的重点是填补市场空白，扩大产品的市场份额，提高消费者的品牌意识。这是根据高科技中小企业的特点制定的一项商业战略，具有灵活性和适应市场的能力。切入点的特点如下：第一，产品生命周期短，只能在一段时间内生产。大型企业反映出无法跟上技术变化的产品领域。第二，由于许多高科技产品具有强烈的个性化需求，属于多品种、小批量生产产品，大企业通常追求规模经济，不愿意进入这类领域。第三，大企业认为高科技产品的技术和市场风险相对较高，市场前景不明朗，不愿在这一领域投资。在传统经济与新经济融合之初，高科技中小企业就走在传统企业的前面，它们更具有扁平的组织结构、优秀的人才激励机制、直接点击市场的营销方式、不断创新的全员企业文化等特征。高科技中小企业凭借其快速灵活的优势和创业热情，大胆尝试，在市场上寻找空白点。创业之初，它们不怕失败，因为没有果断的决策，今天的大多数高科技企业都不会快速成长。因此，小型高科技企业可以避免与大型企业竞争的不利环境，弥补市场需求不足，扩大市场份额。

3. 联盟战略

选择这一战略的高科技中小企业可以通过与其他企业合作以获得互补优势并利用其合作伙伴的分销渠道，轻松地将其产品扩展到合作伙伴的市场。它分为高科技中小企业与大企业之间的协作战略和中小企业之间的联合竞争战略。在协作战略中，一方面，为了获得规模经济，大型企业必须摆脱"大而全"的生产体系的桎梏，诉诸社会分工与合作；另一方面，传统产业和代表新兴产业的大量高科技中小企业的结合创造了新的营销渠道，如网上购物交易、网上咨询、市场研究等，它客观上加强了大型企业对高科技中小企业的依赖，为高科技中小企业的生存和发展提供了广阔的空间。然而，采用这一战略的高科技中小企业的利润不稳定，这取决于它们在合作中的相对地位。为了实现长期发展，高科技中小企业必须注意与大企业合作的两个问题：一是平等的协调条件；二是加强技术积累，培养创新能力。联合竞争战略是由于资金短缺、生产技术水平有限以及单一高科技中小企业难以形成规模效益，因此，在平等互利的基础上，它们结成联合。它们取长补短，共同开发市场，有效利用有限的资金和技术优势，优势互补，克服单一企业技术创新无法克服的困难和风险。

4. "集中一点"战略

这种战略可以实现"小而专、小而精"，在狭小的市场中实现产品的低成本，提高企业的效率。一般来说，高科技中小企业规模小，资源有限，它们通常无法管理各种产品来分散风险，然而，它们可以集中力量，通过选择能够让企业发挥自身优势的细分市场来进行专业运营。但是一旦市场变化和需求减少，这种战略的采用往往过分依赖于适合某些产品或技术的特定细分市场，因此，为了最大限度地降低风险，采用这一战略的高科技中小企业应不断提高技术创新能力，并在明确界定的小目标市场站稳脚跟。

(二) 追求经济目标

1. 引入再创新战略

该战略可以实现二次创新并改进现有产品。日本的许多高科技企业就是这方面的典范。高科技中小企业可以通过引进技术并最终提高创新能力来实现产品的再创新，高科技中小企业引进技术的最终技术目标是改进技术和创造技术，利用先进技术生产现有产品是改进现有产品的前提。从掌握现有高科技产品的生产技术到改进产品，这种转变的核心在于培养技术创新能力，这种能力来自吸收先进技术、消化和理解，以及外部技术内部化的过程。与其他战略相比，这对于大多数处于"青少年时期"的高科技企业来说意义重大，这是一个与世界前沿创新成果相联系并在未来超越它们的最佳战略。战后，许多日本企业以这种方式取得了成功，比如索尼，它被称为"创新之神"，其本质是在学习了当时的先进产品之后的第二次创新。

2. 模仿战略

企业模仿能够带来预期经济效益的技术，因为它们通常是成熟的技术，所以它们非常可行，风险也较小。高科技中小企业既可以模仿上市已久的技术，也可以模仿问世不久的技术；既可以模仿国外有、国内没有的，也可以模仿国内已有的；模仿的技术水平可以是领先的，也可以是先进的，但必须是有明确市场前景的，它可以通过获得专利许可来模仿他人的发展成果，并将其转化为企业的商业利润。当企业缺乏技术专家、实验设备和独立的研发机构时，企业应该采用这种战略方法。但在选择这一战略时，企业应该有一个良好的信息系统，能够快速及时地掌握其他企业和研究机构的研发趋势和成果，使企业有能力进入市场竞争。这种战略的缺点是模仿，这可能导致利润较少，而企业的技术水平总是落后于技术输出企业。

3. 追随战略

这一战略的目标不是首先研究和开发新产品，而是在成功的新产品出现在市场上时，立即模仿或改进技术领先者的技术，并迅速占领市场。该策略的优点如下：（1）它避免了应用研究和可能的基础研究所需的大量投资。（2）策略是改造新产品并将其推向市场，它克服了新产品最初可能存在的缺陷，使企业能够在以后赶上。因为新产品上市时并不完美，所以一些顾客经常不满意，如果追随者能克服这些缺点，他们就能使产品更优越、更可靠、更有竞争力。因此，追随战略尽管在科技领域没有重大发明创造，但遵循这一战略对企业的发展非常有利。高科技企业选择这一战略必须具备一定的条件，如高水平的技术情报专家、高效的消化、吸收和创新能力，以及高度灵活的研发组织。当然，该战略也有缺点，即企业受到新产品技术专利保护和有限的市场发展限制的影响。

二 西北地区外向型中小企业技术创新管理战略实施方式

中小企业技术创新管理战略根据不同的标准有不同的划分,在前面已经进行了详尽的叙述,然而面对复杂的企业环境,这些战略不一定都适用,也不一定要单独使用,在一个企业中,往往需要运用一定标准综合应用这些战略,方能帮助企业提高技术创新管理能力。

(一) 战略目标的选择

基于先前的理论和实践理解,以及对中国中小企业技术创新环境和核心竞争力的分析,下面介绍技术创新管理战略的实施。首先,中小企业选择何种战略模式进行技术创新活动取决于它们需要实现何种战略目标。其次,在选择模型之前,我们应该先选择目标,从战略目标的角度来看,技术创新的战略目标分为经济目标和技术目标,每个都包括子目标,如表6-4所示:

表 6-4　　　　　　　　　　战略目标组合

经济目标	A 市场占有率
	B 降低成本,扩大利润
	C 加强产品性能提高售价、扩大利润
技术目标	D 产品生产方法的根本改进
	E 现有产品的渐进创新
	F 采用别人开发的技术
	G 对率先创新者的模仿

这些技术创新战略目标并非全部适宜于我国西北地区外向型中小企业,需要恰当地选择。

其中,针对西北地区外向型中小企业技术管理的特点,应选择的战略子目标为:A 提高市场占有率;B 降低成本、扩大利润;E 现有产品的渐进创新;F 采用别人开发的技术;G 对率先创新者的模仿。理由如下:

选择 A 的原因:这是为了占据尽可能多的市场份额,从服务、情感、转换成本等方面形成忠诚的客户,并在中国加入 WTO 后抵制外国高科技企业。此外,除了该行业的快速增长之外,空白市场的占有相当于有机会在这个市场上超越竞争对手。

选择 B 的理由:为了增加利润,企业可以降低成本或改善业绩,提高价格。这两种方法在理论上都是可行的。然而，从性能价格比的角度来看，国内高科技产品的性能与国外的差距已经扩大。就成本而言，我们拥有相对低廉的优势，如劳动力和部分物质资源。与其从性能的提高中获利，不如在价格成本上做文章，这也可以提高性价比，满足消费者的需求，然后获利。此外，从目前的宏观经济形势来看，买方市场下消费者需求不足，购买力无法吸收大部分高性能、高价格的产品，因此企业的产品必然滞销。例如，从手机生产的角度来看，如果国内手机制造商坚持开发比三大国外品牌功能更强的型号，由于技术积累的限制，他们可能总是落后于国外那些功能不断扩大的产品。从成本角度来看，在相对确定的功能条件下，通过技术研究和开发成本的降低，同样可以实现性能价格比的扩大。

选择 E 的原因：现有产品的逐步创新可以基于实际情况和科技实力。中国的高科技中小企业引进与现有产品相关的先进技术，尽可能优化现有资源的配置，避免过时的技术、技术依赖和高成本投资，以及淘汰旧的工艺设备、工人再培训成本和生产方法的根本改进带来的技术失败风险。此外，由于我们的高科技企业高度依赖外国，受到外国供应商的限制。如果我们能对现有产品进行逐步创新，我们就能在当前的国情下实现自力更生。但其中，我们应该注意了解世界先进技术发展的信息，以免"夜郎自大"，要把引进技术作为手段，其目的是消化吸收为己用。

选择 F 的原因：长期以来，政府对技术创新的投资不能满足高科技企业的需求，对于高风险、低信誉的高科技中小企业，商业银行的信贷杯水车薪。此外，中国的高技术产业整体上缺乏人才，其专有核心技术也很少。加入 WTO 之后，面对国外有竞争力的高科技企业，中国中小企业将面临技术落后的现实和淘汰的结果。因此，中国中小企业必须使用有限的资金来获得必胜的技术，缩短与世界水平的差距。那么，直接运用他人已经开发出来的技术进行企业生产活动，可以实现零研发费用，节省资金，并且通常采用成熟的技术来避免技术失败的风险。

选择 G 的原因：通过模仿先驱创新者，我们可以避免以前研发失败带来的风险，节省时间，这是我们急需提升技术水平的高科技中小企业的捷径。当先驱创新者的产品出现在市场上并且未来预测良好时，我们的高科技中小企业通过破解技术密码或购买专利来模仿他们的技术生产类似的产品，并参与未来的利润，在技术水平上取得了同样的发展，以免落后。

第六章 西北地区外向型中小企业技术管理升级战略

（二）战略模式的选择

我国西北地区外向型中小企业在确定了战略目标后，便可依据战略目标来选择相应的战略模式。如表 6-5 所示：

表 6-5　　　　　　　　　　　目标—模式的选择

经济目标	扩大市场占有率	特色经营战略
		切入战略
		联盟战略
	降低成本，提高利润	"集中一点"战略
技术目标	现有产品渐进创新	引进再创新战略
	采用别人开发的技术	模仿战略
	对率先创新者的模仿	追随战略

（三）"动态组合"战略模式的探索

前面战略模式的选择是相对静态的，若从动态来看，中小企业每发展一步都将面临环境的变化和自身能力的改变。以中小企业的成长演进阶段为时间线索来对其进行动态化分析得出：我国西北地区外向型中小企业宜于选择一种"动态组合"发展的技术创新战略。当前应选择的战略模式，如图 6-2 所示：

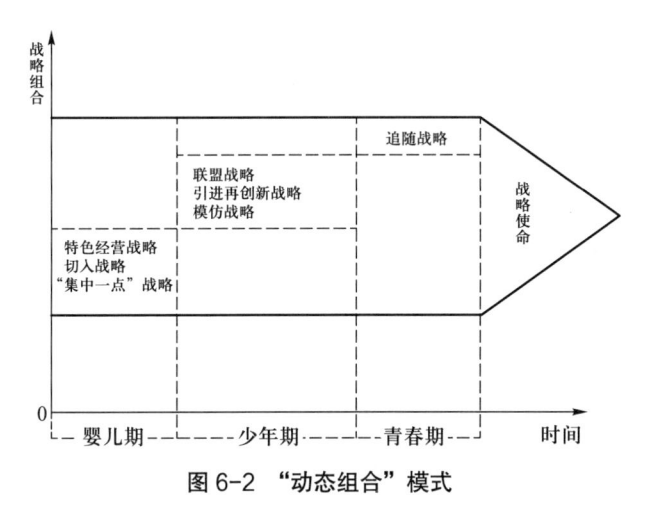

图 6-2　"动态组合"模式

图 6-2 中，横轴代表时间，按高科技企业由成立到壮大划分为三个时期即婴儿期、少年期、青春期。纵轴代表可选的战略组合，包括五种战略模式，

它们最终将服从于战略使命的要求。

  所谓"动态组合"发展战略，是指中小企业寻求战略帮助的目的是希望企业能够保持长期发展，最终成为大型企业。然而，由于企业发展的不同阶段，需要实现的技术创新战略目标不同，企业应该在可行的替代战略的不同阶段选择不同的战略。在创业的"婴儿期"，即创业的初始阶段，市场需求是最初的驱动力，企业的技术创新能力非常薄弱。此时，企业通常更加关注与其生存相关的经济目标。只要它们能够识别技术创新成果的市场价值，并在技术创新的某一点上取得突破，企业就可能成功。因此，处于起步阶段的高科技企业往往会选择切入战略、"集中一点"战略、特色经营战略等。随着企业成长进入"少年时期"，高科技企业面临着许多创新资源，如未充分利用的技术、人力资本和信息，开始寻求外部支持。与此同时，它们也开始加强创新能力的培养和技术创新的成本控制，降低技术创新的风险，提高技术创新的效率。现阶段，高科技企业既注重经济目标也注重技术目标，一般注重于选择模仿战略，引进再创新战略，联盟战略等。此外，随着企业进入"青春期"，技术创新能力不断提高，企业需要投入大量研发资金，与此同时，技术创新的风险也在增加，企业更加关注技术目标，从生存导向的问题转为发展导向的问题。为了健康持续发展，它们应该鼓励技术创新的热情，但也要防止盲目创新。企业宜于选择追随战略，这不仅可以捕捉先进的技术，还可以最大限度地降低风险。这里设想的中小企业从"出生"到"成熟"的"三步战略"是根据企业在不同阶段特别关注的不同战略目标以及对中国中小企业战略环境和核心竞争力的分析结果而设计的。

第七章

西北地区外向型中小企业
跨文化管理战略

随着"一带一路"建设工作的逐步推进,跨文化管理在西北地区的企业管理中所占据的地位日益突出。长期以来,由于西北地区地理环境较为偏远且其经济相对落后,跨文化管理在西北地区外向型中小企业战略的实施中并未达到预期的理想状态。因此,西北地区外向型中小企业若想在"一带一路"建设中实现进一步的发展,就必须重视企业的跨文化管理,使跨文化管理成为企业战略管理中必不可少的一部分。

第一节 跨文化管理与文化适应

由于生产力的快速发展,世界经济一体化的进程也相继加快,市场不再是某个国家的内部市场,顾客也不再是某个国家的内部消费者,所有的一切都是世界的,是没有国界的。企业只有在世界市场上取得成功,才能算得上是真正的成功。走向全球,谋求更大的发展和最大的发挥潜能才是企业的根本。在这样的背景下,西北地区外向型中小企业如果不能抓住全球机遇,更强更具竞争力的全球竞争者就会将它们挤出跑道,甚至最终可能会丧失其国内市场。因此,在迈向全球的战略进程中,跨文化管理就成为西北地区外向型中小企业必须重视和解决的管理问题之一。

一 跨文化管理的概念

跨文化管理又称为"交叉文化管理(Cross Cultural Management)",它是指通过克服不同异质文化之间的差异,在此基础之上重新塑造企业的独特文化，最终打造卓有绩效的管理行为。也就是说，在全球化经营中，对子公司所在国的文化采取包容的管理方法，在跨文化条件下克服任何异质文化的冲突，并据以创造出企业独特的文化，从而形成卓有成效的管理过程。其目的在于在不同形态的文化氛围中设计出切实可行的组织结构和管理机制，在管理过程中寻找超越文化冲突的企业目标，以维系具有不同文化背景的员工共同的行为准则，从而最大限度地控制和利用企业的潜力与价值。并且跨文化管理不仅包括跨越国界的文化管理也包括跨越民族界限的文化管理。消除文化的差异是跨文化管理着力解决的核心问题。而文化差异则可能来自沟通与语言的理解不同、宗教信仰与风俗习惯迥异、刚性的企业文化隔阂等诸多因素。

而关于跨文化管理的研究，最早可以追溯到 1961 年，Klukhohm 和 Strodtbeck 对不同文化和种族社区进行了大规模的研究。他们认为人类所面临的有关对人性的看法、对自身与外界自然环境的看法、对自身与他人关系的看法、活动导向、空间观念以及时间观念这六大问题将不同的文化进行了区分。20 世纪 70 年代后期，霍夫斯泰德总结出了文化的四维度分析方法，分别是权力距离、不确定性规避、个人主义和集体主义、男性化主义和女性化主义。继霍夫斯泰德之后冯斯·川普涅尔和查尔斯·汉普顿特纳提出国家与民族文化在以下 7 个维度中存在差异，分别是普遍或特殊主义、个体或集体主义、中性或情绪化、关系特定或散漫、注重个人成就或社会等级、长期或短期导向以及人与自然的关系。虽然在此之后还提出了很多有关跨文化管理的理论，但是目前学术界公认的具有里程碑影响力的理论还是霍夫斯泰德的文化四维度分析法。

二 跨文化管理的动因

文化简单来说就是地区人类的生活要素形态的统称，即衣、冠、文、物、食、住、行等，是一个非常广泛和最具人文意味的概念，如果要给文化下一个准确或精确的定义，那可以说的确是一件非常困难的事情。目前对于文化的相关解释，主要认为是人类社会与历史的积淀物，它是由人类长期创造形成的产物，文化既是一种社会现象，又是一种历史现象。确切地说，是能够被传承的国家或民族的历史、地理、风土人情、传统习俗、生活方式、文学艺术、行为规范、思维方式、价值观念等。文化是凝结在物质之中又游离于物质之外的，所以不同的文化具有不同的价值观念、伦理道德、风俗习惯、思维方式和行为方式，正因为这些，从而增加了管理的复杂性，可能进一步引发文化冲突，而文化冲突若是没有得到妥善的处理则会引发企业风险，具体逻辑如图 7-1 所示：

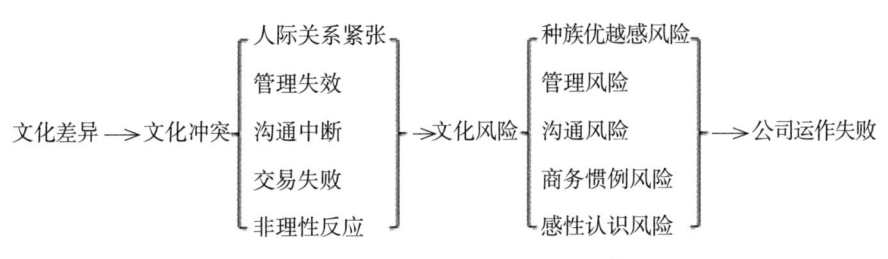

文化差异 → 文化冲突 {人际关系紧张, 管理失效, 沟通中断, 交易失败, 非理性反应} → 文化风险 {种族优越感风险, 管理风险, 沟通风险, 商务惯例风险, 感性认识风险} → 公司运作失败

图 7-1　文化差异导致文化风险[①]

（一）动因一：文化差异引发文化冲突

每一个国家民族都有其特有的文化，这种特有文化在各个国家民族间形成了文化差异，正因文化差异的存在，所以增加了文化管理的复杂性，若没有很好地处理，就很可能产生相应的文化冲突。文化冲突就是指不同形态的文化或其文化因素之间相互对立、相互排斥的过程，在跨国经营中，即表现为在新的不同的文化中由于必须学习和对付一系列新的文化暗示和期望，同时又发现自己文化中的那一套不适用或行不通时所经受的总体创伤，因此文化冲突亦称为"文化震荡"[②]。跨国公司如果不能很好地化解相应的文化冲突，就会很容易导致人际关系变得紧张、管理相应地失效、沟通中断，更有甚者还可能导致交易失败，或者是一些非理性的反应，从而威胁公司运作的效率和效果。

由此我们可以看出文化差异对管理的影响其实是非常重要的，在 20 世纪 70 年代左右，荷兰学者霍夫斯泰德指出四个不同的"价值观念"维度（这四个维度主要是通过调查人们对管理方式和工作天南地北的偏好得出来的），这四个方面反映了文化之间差异的原因，也是产生文化风险的根源。四个维度如表 7-1 所示。

[①] 纪莉：《跨文化管理中的文化适应过程与模式研究》，硕士学位论文，大连海事大学，2005 年。

[②] 靳医兵：《企业文化差异、冲突与跨文化管理》，《经济文化》2001 年第 1 期，第 49 页。

表 7-1　　　　　　霍夫斯泰德的四个"价值观念"维度

维度	内容
第一个维度：权力距离	权力距离，指社会对权力在社会或组织中不平等分配的接受程度。高权力化程度的国家认为：不平等从根本上讲是好的。高权力化程度的国家组织采用体现强烈的等级关系的管理体制和程序，而处于较小权力距离中，等级制度不过是所任职务不同而已。
第二个维度：不确定性规避	不确定性规避指一个社会根据自身受到不确定性事件或情况威胁的程度，对规避该风险所做出的种种考虑。而在不确定性规避中，又有强弱之分。强不确定性规避，是社会在维护既定的信念和行为规范时，不能容忍持不同政见的人士和观点。弱不确定性规避的社会通常表现为敢于冒风险，鼓励创新。
第三个维度：个人主义和集体主义	个人主义指一种松懈的社会结构中，人们只关心他们自己和最亲近的亲属；与之相反的集体主义是指在一种严密的社会组织结构中，其中有内部群体和外部群体之分，人们希望内部群体关心自己，同时他们也对内部群体绝对忠诚。高个人主义国家认为个人成就就是理想，个人的身份以群体成员关系为基础。
第四个维度：男性化主义和女性化主义	男性主义代表文化支持传统男性取向的整体趋势。程度越高的男性主义就意味着一个社会的企业文化体现越多的传统男性主义价值，如强调发展和盈利。在高男性主义文化的社会，在工作上得到认可是主要的激励因素，在男性主义倾向较弱的国家中，其成就的标志是良好的人际关系和生活环境，工作给人们带来的压力较低。

公司在经营过程中进行跨文化管理时，企业会有一种文化背景切换到另一种文化背景，通常会遇到各种各样的陌生行为和方式，这种客观存在的文化差异是产生文化冲突的原因。企业在进行跨文化管理时常遇到的文化冲突主要是以下四种[①]：

[①] 刘安：《跨国公司中极易产生的四点文化冲突》，《天津商学报》2003 年第 3 期，第 21—24 页。

显性文化冲突是第一种冲突。来自双方的象征符号系统之间的冲突也就是沟通风险引起的人际关系紧张，类似这样的情况，通常就是我们平常所说的表达方式所含的意义不同而引起的冲突。这些表达方式通常通过语言、手势、表情、举止等表现出来，来自不同文化背景的人，相同的文化符号所象征的意义很有可能是不同的。在中国，一个普通的员工，一般见到职位比自己高的领导时，往往会有意无意地流露出一种谦卑的神态，甚至会有意回避。然而同样的情况在西方表现却不同。在西方一般来说对别人的热情抱以一种无表情的沉默，意味着不友好，对一个有身份的人来说，更是如此。

制度文化冲突是第二种冲突。相较于中国企业往往以经常变动的企业条文、指令、文件等作为工作人员办事的章程和决策的依据来说，西方企业一般是在法律环境比较严格和完善的条件下开展经营与管理，自然会以法律条文作为其言行举止的依据，由于双方行为的标准和依据不同，因此在这些方面产生冲突或者误会是很难避免的。

价值文化的冲突是第三种冲突。在风险观念方面，西方企业家则敢于创新和冒险，在新市场开拓、新方法运用等方面都充满了竞争和冒险精神，然而中国企业一般缺乏风险意识和冒险精神，由于双方的价值观念不同，从而引起双方冲突。在工作形式和工作的态度方面，西方企业能通过努力而得到物质方面的满足感，但是中国企业目前还不能指望通过努力工作得到物质满足和乐趣，不同的文化具有不同的价值观念、伦理道德、风俗习惯、思维方式和行为方式，造成双方工作形式和工作态度方面的表现形式不同，这些都将增加管理的复杂性，可能进一步引发文化冲突。

激励标准的不同是第四种冲突。在人员工资调整方面，外方则认为员工的工资和他们所从事的工作性质有关，只有当员工的工作内容发生变化时，才能考虑调整工资，而中方则偏重于企业人员的资历、经历和学历。在人才的选拔使用方面，外方选拔人才把能力放在第一位，而中方比较注重德才兼备，重视人的政治素质、个人历史和人际关系，在上级面前必须谦虚谨慎，同事间必须相互帮助，而有文凭有技术的干部并不一定具有组织和管理才能。在薪酬增长方面，中方往往将企业能否增长工资基数和企业经济效益挂钩，而西方一般认为，企业增长工资基数是为了适应物价指数和生活指数上涨以及通货膨胀的需要。

（二）动因二：文化冲突导致文化风险

不同的文化增加了管理的复杂性，从而带来了诸如种族优越感风险、管理风险、沟通风险和商业惯例与禁忌风险等多种文化风险[①]。文化的差异性导致了文化风险，在跨国公司中，由于存在文化的差异性，所以才会频繁出现文化方面的摩擦，从而产生文化冲突。随着文化冲突的不断衍生加剧，就会使得文化风险存在的可能性与强度愈演愈烈，越来越大。具体表现在以下几个方面：其一，种族优越感风险破坏了中外雇员人际关系的和谐；其二，管理风险导致了管理效率的下降沟通风险引发了信息不对称情况的发生；其三，商务惯例与禁忌风险则带来了交易和营销的失败。总体来说，文化风险与文化冲突二者交互作用、相互影响，促使跨国公司外部市场经营活动的风险和内部跨文化管理活动的风险越来越大，会出现跨国公司目标整合与实施的难度的加大，增加了管理运营成本，最终会使得企业实际收益与预期收益目标相背离甚至是导致企业经营活动的失败。

中国企业并购跨国企业后，首先面临的就是文化冲突和管理问题。中国企业不知道如何去驾驭或激励远在海外的被并购公司往往是因为东西方文化差异和管理风格的差异。在这方面，明基并购西门子就是一个很好的案例。西门子是一个百年历史的德国老牌企业，具有典型的德国管理风格，严谨稳重，对于市场的反应比较缓慢。而明基属于朝气蓬勃的台湾企业，尽管在1994年才作为宏基的手机业务切入手机市场，到2004年明基手机的市场占有率在全球占有率达到2%。明基CEO李耀雄心勃勃地希望通过西门子获得品牌优势和国际市场。对于明基派往德国西门子公司的中国台湾高管的管理方式，西门子公司表现出了明显的不适应和无法接受，双方的矛盾导致业务无法顺利进展，从而耽误了新产品上市等策略性活动。正是因为这两种不同的企业文化和管理风格，因此在并购之后产生了类似的矛盾。

三　西北地区外向型中小企业跨文化管理的意义

对于跨国企业来说，持久而正确的文化管理在提高企业经营业绩以及节约管理成本等方面有着巨大的功用。获取社会的认同感对于实现经营业绩的最大值是至关重要的。因此只有在面对多元文化差异性的前提下才能够出现

---

① 郑祖波：《文化差异管理》，《经济管理》2003年第11期，第35—38页。

一个最佳的契合点。在进行文化管理的过程中，跨国公司所要面对的不仅仅是单个的企业个体，还要迈向一个多元化的管理模式。我们必须选择一种既能体现母公司经营理念又能包容所在本土文化背景的开放途径，而这种途径是由文化的差异性所决定的。正因如此，跨文化管理对于跨国企业的经营有着重大的意义。

（一）西北地区外向型中小企业进行跨文化管理有利于解决文化差异、文化冲突所带来的问题

西北地区中小型企业的管理思想、经营理念、管理方法、管理制度等方面会产生不同的主要原因是西北地区外向型中小企业之间存在着文化差异，从而在公司内部会引起一定的文化冲突。所谓文化冲突是指不同形态的文化或者文化要素之间的相互对立，相互排斥的过程。而文化冲突它不仅仅是指跨国企业在他国经营时与东道国的文化观念不同而产生的冲突，也是指在一个企业内部由于员工分属不同文化背景而产生的冲突。在西北地区外向型中小型企业对文化差异、文化冲突管理不恰当则肯定会影响公司的经营管理，因此可能会造成不良后果，甚至是导致合作的失败。许多西北地区外向型中小型企业在并购后失败大都是因为没有解决好文化差异、文化冲突所带来的问题。因此西北地区外向型中小企业在进行跨文化管理时，关键是在于如何跨越文化差异、文化冲突的障碍，在两种文化的结合点上寻求和创立一种双方都能认同和接纳的、发挥两种文化优势的管理模式。

（二）西北地区外向型中小企业进行跨文化管理有利于解决跨国度、跨文化的管理移植问题

管理移植是为了取得相应的效果、获得相应的利益。所谓管理移植是指将一个国家、一种文化环境中行之有效的企业的管理思想、管理制度、管理方法和管理技术转移到另一个国家、另一种文化环境中去。由于西北地区外向型中小企业的母公司与子公司分布在不同的国家、地区，并且这些国家的经济环境、政治环境、社会环境以及文化背景等均不相同。对于所有先进的管理思想、管理理念、管理方法、管理制度、管理技术等进行移植是不太现实的。我们可以从发达国家移植管理方法入手，根据自身的具体情况、发展中国家的企业需要，进行修改和改进，使引进的管理方法与企业原有的管理方式、管理思想、管理技术等方面融为一体。因此，不同国家、不同文化背景下进行管理移植可以通过跨文化管理来实现，从而把不同文化背景下的管

理思想、管理制度、管理方法、管理技术很好地融合在一起，进而提高管理移植的效果，获取相应的收益，达到管理移植的目的。单程道管理移植和多程道管理移植是目前跨国度、跨文化管理移植的两种主要方式。多程道管理移植一方面是世界各国之间的管理移植，另一方面是一个国家同时向几个国家学习，博采众长，移植他们先进的管理方法和技术；而单程道管理移植一般是发达国家向发展中国家进行的管理移植。

（三）跨文化管理对西北地区外向型中小企业及其员工具有导向作用

西北地区外向型中小企业需要通过跨文化管理形成自己公司遵循的企业文化，从而形成员工共有的价值观念、信念、行为准则及具有相应特色的行为方式、物质表现等。西北地区外向型中小企业通过跨文化管理形成的企业宗旨、最高目标、共同愿景、价值观念等对其公司以及所有员工的价值取向和行为取向起引导作用，从而可以使西北地区外向型中小企业的价值与行为取向符合公司所确定的总目标。类似这样的导向是通过西北地区外向型中小企业共同塑造的企业文化决定的，企业文化可以引导公司员工的行为心理，使人们在潜移默化中接受共同的价值观念，自觉地把企业的目标作为自己追求的目标。

（四）跨文化管理对西北地区外向型中小企业及其员工具有约束作用

通过跨文化管理能够对西北地区外向型中小企业的企业文化和员工的思想、心理和行为起到一定的约束和规范的作用。所谓的约束通过企业中弥漫的文化氛围、群体行为准则和道德规范来进行，因此这种约束不是制度式的、外在的硬约束，而是一种内在的软约束。由此看来，只有通过跨文化管理形成共同的企业文化，才能对员工的思想、心理和行为进行有效的约束和控制。

（五）跨文化管理对西北地区外向型中小企业及其员工具有凝聚作用

西北地区外向型中小企业通过跨文化管理形成的企业文化是一种极强的凝聚力量。企业文化是一种黏合剂，通过企业文化可以把各个层次、各个方面的人都团结在本企业文化的周围，从而对企业产生一种凝聚力和向心力，使职工感到个人的工作、学习、生活等任何事情都离不开企业这个集体，与企业同甘苦、共命运，以此来让职工把个人思想和命运与企业的安危紧密联系起来。由此看来，西北地区外向型中小企业只有通过跨文化管理才能把公司有力地凝聚在一起，共同为公司的长远发展而努力。

（六）跨文化管理对西北地区外向型中小企业及其员工具有激励作用

通过跨文化管理可以使西北地区外向型中小企业的各个子公司及员工由

内而外地萌发出一种高昂的情绪和发奋进取的精神效应。对员工的这种激励不是一种外在的推动而是一种内在的引导，主要通过跨文化管理形成的共同宗旨、最高目标、共同愿景、价值观等来实现，因此它不是被动消极地满足人们对实现自我价值的心理需求，而是通过企业文化的引导从而使每个员工从内心深处产生为企业拼搏的献身精神。

四 跨文化管理中的文化适应

面对上述一系列由文化差异而可能引发的文化冲突等问题，企业所能做的，只有去适应或者是去迎合其他文化。而要做到完全去迎合，对于企业来说，所需成本相较于适应这一举措更大。在这二者中，择优选择的一般都是文化适应。

（一）文化适应的内涵

文化适应主要指文化对于环境的适应，有时也指文化的各个部分的相互适应，是反映文化特性和文化功能的基本概念。美国文化人类学家怀特认为，文化是特定的动物有机体用来调适自身与外界环境的明确而具体的机制。并且文化是人类社会特有的现象，是人类为了满足自身的需求而创造出来的物质和非物质产品的总和。文化对于环境的适应主要表现为工具和技术适应、思想观念适应、组织适应这三个方面。

1. 工具和技术适应

通过劳动去占有自然是人类为了生存所必经的道路。在人类社会的早期，人类劳动所采用的工具和技术水平是由自然条件的状况来决定的。用斧子砍树，用渔网捕鱼，用弓箭狩猎，人类为了满足生存的需要而适应自然环境创造出了斧子、渔网和弓箭等文化元素。根据地球运行的规律，人类创造出了历法，确定年、月、日、时和节气，从而满足了生产和生活需要。以自然环境为依据创造出了时空观念以及在此基础上发展起来的天文学、数学、几何学、物理学等。

2. 思想观念适应

思想观念既是物质生活条件的反映，又反作用于物质生活条件。资本主义精神只有在社会生产力发展到能够使劳动产品变成商品的时候才会产生。当资本主义制度已经确立并暴露出种种弊端时，人类为了从这种困境中解脱出来，才有可能产生出种种社会主义思想。一般来说，虽然环境变化在先，思想反映于后，但思想对于环境的适应是最敏感的。

3. 组织适应

适应社会需要而产生的社会组织是作为文化的基本要素。初民社会，出现了原始群、部落和氏族组织的主要原因是人类为了安全和觅食的需要结群生活。国家等社会组织是在私有制产生以后出现的。随着社会分工的发展和人类需求的增长，人类不得不更有效地组织起来以满足各方面的需要。自近代以来，各种为数众多的巨大的社会组织——包括政治的、军事的、经济的、文化的、宗教的、科学的、教育的、娱乐的等社会组织纷纷建立起来。每一种社会组织都是为了一个特定的目的而建立，并围绕这个目的而运行。例如，中国在20世纪60年代末期设立了地震局，80年代成立了老龄委员会，改革以后出现了许多工业和贸易公司等，无不是为了适应环境变迁的需要而作出的组织调适。

文化适应与文化进化是两个相近而又不同的概念。从长远趋势看，文化适应与文化进化是一致的，但从每个具体时期和具体地区看，两者并非完全相同。文化进化反映着人类社会由同质状态向异质状态、由简单到复杂、由低级阶段向高级阶段的发展，文化适应反映着环境的变迁，要求文化作相应的调整，这种调整可能是进步的。

（二）跨文化管理中文化适应的重要意义

跨文化管理体系的建设是现代企业文化建设管理的重要基础，使实施企业文化融合能够为企业双方经济合作奠定思想基础，只有企业双方在思想文化上达成共识，才能使企业内部员工建设形成完备的管理体系，从而保障企业的经济增长；跨国文化管理下的文化融合能够推进社会经济秩序的和谐发展，使企业竞争体制逐步完善。在经济全球化背景下，社会经济逐步趋向多元化发展，多元化发展的合作理念能够为增强企业内部资源综合应用提供基础保障。跨文化管理中企业文化融合与发展的探究为建立良好的国际竞争环境建设提供了理论支持，同时也从文化发展领域上为企业的发展奠定了思想引导。

跨文化管理中实施企业文化融合能够为企业双方经济合作奠定思想基础，跨文化管理体系的建设是现代企业文化建设管理的重要基础，只有企业双方在思想文化上达成共识，企业内部员工建设才能形成完备的管理体系，保障企业的经济增长；跨国文化管理下的文化融合能够使企业竞争体制逐步完善，也推进社会经济秩序的和谐发展。跨文化管理中企业文化融合与发展的探究从文化发展领域上为企业的发展奠定了思想引导，同时也为建立良好的国际竞争环境建设提供了理论支持。面对随时可能发生的文化冲突，西北地区外向型中小企业的首选则是文化的适应，这主要是因为以下两方面。第一方面，作为西北地区外向型中小企业，受企业经营目标的影响，在境外利用他国的资源、劳力、市场等要素，在合理成本的基础上从事经营根本目的是取得利润极大化，如果片面地以自身文化体系作为参照，与当地文化发生冲突，肯定会增加管理成本，从而影响经营绩效，甚至有可能毫无立足之地。第二方面，变革异国文化的不现实性。每一种文化继承而延续至今几乎都是经过几百年甚至数千年的发展的，因此，企业不可能像提高产品档次或者更换生产设备一样来变革异国文化，至多是给其表层造成一些冲击，从而很难动摇积淀于其中的文化底蕴。比如说，19世纪，殖民主义国家凭借坚船利炮敲开中国大门后，把刀叉餐具输入中国，妄想取代中国的"筷子文化"，结果这些餐具只能供展览，但是没有市场。又如中药在欧美市场拓展不力等，其深刻的原因都是由于文化认知上存在着不可替代的差异。

（三）跨文化管理中文化适应的影响因素

进行跨文化管理时，在文化适应方面，也是存在着诸如生活、社会、时间心理等多方面的影响因素，具体如表7-2所示。

表 7-2　　　　　　　　　　文化适应的影响因素

影响因素	内容
生活变化	跨文化接触中存在着一系列生活变化会给人带来压力
社会支持	社会支持可能是有害的，也可能是有帮助的
时间对心理适应的影响	时间对跨文化适应产生的影响还有待于进一步研究
文化距离	文化距离越大，适应就越困难
歧视与偏见	种族歧视和旅居者的心理幸福感之间有很强的负相关
评价和应对方式	现实的、与实际体验匹配的期望，能促进旅居者良好的适应
人格	人与环境存在着交互作用，在很多情况下不是人格预测跨文化适应，而是旅居者的人格与当地文化群体是否"适合"
应对资源：知识和技能	有关文化的知识和技巧可以增加对新社会环境的心理适应
人口统计学因素	青少年和老年都是跨文化适应的高危险阶段且受教育水平与适应成正比

1. 生活变化方面

在跨文化接触中存在着一系列生活变化，如饮食习惯、生活节奏、气候等，这些变化会给人带来压力。跨文化接触带来的生活变化会影响人的心理适应。Furnham 和 Bochner 指出生活变化和心理失调的平均相关在 0.35 上下波动，生活变化与身体、心智健康存在着一定的关系。

2. 社会支持方面

社会支持有很多来源，包括家庭成员、朋友和熟人。到目前为止，研究者一般都认为，社会支持是预测心理适应的显著因素。而在所有的社会支持来源中，心理学家普遍认为婚姻是社会支持的基本来源，因此婚姻关系是最受关注的社会支持的来源。例如，Adelman 认为，按照信息支持和情感支持的观点，由同胞提供的支持系统是很有用的。那些有相同旅居经历的人可以提供给旅居者信息，帮助他们应对新的环境。对旅居国外的人来说，除了家庭之外，他们的社会支持资源可以划分为同胞和当地人。Naidoo 报告说，在加拿大的亚洲移民妇女，当丈夫提供的支持比较多时，她们体验到的压力少。但是，这些社会支持也可能会阻碍旅居者对当地文化的学习。对在澳大利亚的英国移民进行研究，发现有较多同胞朋友，较少当地朋友的移民对移民生活不太满意。对在美国学习的非洲学生进行的研究也发现，那些与同胞联系比较密切，和同胞一起消磨很多时间的人适应水平比较差。由此看来，同胞提供的社会支持可能是有害的，也可能是有帮助的。

3. 时间对心理适应的影响方面

最初对时间因素进行研究的是 Lysgard，他提出居住在美国 6—18 个月的斯堪的纳维亚学生比那些居住在美国低于 6 个月或高于 18 个月的人不适应，对于上述结论他主要通过对在美国的斯堪的纳维亚人的调查研究得出，因此他认为跨文化适应是一个 U 形曲线。Oberg 根据这一模式，提出了进行跨文化接触的人存在着情感适应的 4 个阶段如表 7-3 所示。

表 7-3　　　　　　　　跨文化管理中的情感适应阶段

情感适应的阶段	内容
蜜月阶段	强调最初的陶醉、狂热
危机阶段	特征是感觉到不足、挫折和焦虑
恢复阶段	解决新环境中的危机
适应阶段	在新环境中重新适应

通过对在日本留学的中国学生进行研究，徐光兴也得到了类似的结果。不过，对U形曲线的说法也有人提出反对意见。Ward和他的同事追踪研究了一些马来西亚和新加坡学生，这些学生在来到新西兰的第一、六和十二个月的时候被访问和测试，通过访问和测试，他们发现抑郁的水平在到新西兰第一个月和一年的时候最高，但是相较于第一个月和一年的时期，在6个月的时候抑郁水平却显得比较低。由此看来，在第一个月和一年的时候，心理适应的水平是最差的。通过这个测试他们指出，生活变化的数量最高，适应资源最少等情况发生在跨文化适应的最初阶段，而这个时候心理的适应水平应该是最差的。但是就人们的直觉来说，U形曲线是非常符合的，作为旅游者，我们很多人来到一个新的环境中，感觉自己身边都是不熟悉的东西，从而会产生新奇感，在类似这样的环境中会感到挑战性。并且想要支持或反对U形曲线理论，在这个领域还缺乏有说服力的研究，因此，时间对跨文化适应产生的影响还有待于进一步研究。

4. 文化距离方面

Babiker，Cox和Miller提出文化距离的概念，认为文化距离是旅居者体验到的压力与适应问题的调节变量。他们开发了文化距离问卷，用来测量旅居者本国的文化环境同他所移居的国家的文化环境中社会和自然方面的差异。他们按照每个文化的社会文化特征，认为文化可以划分为或远或近的一个连续体。他们提出在跨文化适应时，当生活变化给人带来压力时，母文化与当地文化的差异性会起到调节作用。例如，澳大利亚和新西兰在文化上比较接近，文化距离小，澳大利亚与日本的文化距离就比较大。文化距离的假说预测当旅居者的文化与居住国的文化距离越大，他们的跨文化适应就越困难。所以，按照上述假说，澳大利亚的生意人在新西兰奥克兰工作比在中国台北工作容易适应，而且这得到了实验研究的支持。因此大家普遍达成共识的是：文化距离越大，适应就越困难。

5. 歧视与偏见方面

许多学者认为种族歧视在心理与社会的适应过程中会产生很大的影响。他们研究发现，旅居者的心理幸福感和种族歧视之间有很大的负相关。比如说对生活在加拿大的塔基人来说，他们能够知觉到的歧视与他们较差的心理适应能力联系在一起。从文化距离的角度来看中国人应该比较容易适应日本的环境，但是很多研究都发现与西方人比较，中国人在日本的适应能力比较差，其中一个最主要的原因就是在日本中国人感受到自己受到了歧视。由此看来，影响跨文化适应的一个很重要的因素就是歧视与偏见。

6. 评价和应对方式方面

在生活变化的认知评价方面，对旅居者的期望研究得比较多。期望是指旅居者在进行跨文化接触之前对跨文化接触方面的一些想象。如果期望的情况能够与实际体验的情况相匹配，就能够很好地促进旅居者与异国文化的适应进程。期望的正确性可以使人对以后的压力环境进行正确的评价，建立起信心，减轻焦虑，期望与现实体验匹配证明旅居者有足够的心理准备去处理潜在的生活压力变化。研究者关注的范畴还有面对压力的适应策略。很多研究者发现在旅居国外的人群当中，心理适应与使用幽默的策略联系在一起。Chataway 和 Berry 研究了在加拿大学习的中国学生的适应策略、满意度和体验到的心理压力之间的关系，结果揭示出在适应策略和满意度上有显著相关，当中国学生遇到问题时，能以正面想法作为应对策略的人对生活满意度比较高。

7. 人格方面

如果找到某些影响跨文化适应的人格因素，就可以运用于选拔当中，通过选拔把那些能更好地适应其他文化的人筛选出来，以减少西北地区外向型中小型企业选拔派驻海外公司的员工或者政府选派留学生的失败。正是因为这个原因，人格对跨文化适应的影响受到很多人的关注。人格对跨文化适应影响的研究主要有以下两个方面。第一个方面是控制点，所谓的控制点就是指当人们在面对问题的时候，在大多数情况下，他们认为不是外界因素影响事情的发展，而是自己可以控制事情的发展。如果人很相信外界因素会影响事情的发展，比如说运气对事情的影响，那么他就是一个外控的人。第二个方面是外向性，外向性这个方面也是研究者关注的一个人格因素。有些研究得出负面联系的结论，但是有些得出外向性与适应之间有正面的联系，还有些人得出二者无关的结论。Ward 和 Chang 提出文化适合假说来整合这些研究。他们认为，在很多情况下不是人格预测跨文化适应，而是旅居者的人格与当地文化群体是否"适合"，也就是说人与环境存在着交互作用。用于预测跨文化适应的其他人格因素有：个性的灵活性、对模糊的容忍性、坚韧、控制感、自我效能感和自我监控等。

8. 应对资源知识和技能方面

有关文化的知识和技巧可以增加对新社会环境的心理适应。很多研究发现以前有国外生活经验的留学生在以后的跨文化生活中适应得比较好,由此可以看出知识和技能一方面也是依赖于以前的经验。训练和教育是获得文化知识的另一个途径,比如说通过培训可以获得是否能熟练地使用当地语言。而关于语言能力与跨文化是适应之间的关系,有些研究者没有发现语言技能与心理适应的显著关系,一些研究认为语言的流利程度与心理幸福感、适应和一般满意度联系在一起,有些研究还发现语言技能和心理幸福感有相反的关系。比如说 Takai 发现在日本的留学生日语流畅程度与生活满意度成反比,因为具备一定语言能力的外国人对与当地人的交往有较高期望,但是这种期望又达不到,因此使语言能力高的旅居者的满意度降低。这说明当语言能力来预测跨文化适应时,存在着其他的调节变量,如认知和期望。

9. 人口统计学因素方面

研究者关注的话题还有一系列的人口统计学因素与适应之间的关系。人口统计学方面的因素包括性别、年龄、收入和教育等。一般来说,研究者们普遍认为女性移居者有比较大的心理适应问题,但是也有人报告说男性面临的适应问题相较于女性显得更多,但是实际上男性和女性都会产生适应问题,不过他们的适应体现在不同方面。Sam 对居住在挪威的青少年移民的研究发现,当这些青少年产生跨文化适应问题时,女孩体验到更多的抑郁症状,男孩报告出更多的反社会行为。但是到目前来说在年龄和适应的关系方面没有得出一致的结论,一些研究报告说认为老年人的适应问题比较少,而其他人年轻人适应比较好。但是实际上青少年和老年都是跨文化适应的高危险阶段,而老年移民学习文化是一个比较困难的事,青少年移民的压力来自于青少年认同和发展。压力和适应过程的影响因素也有教育、职业和收入等方面。受教育水平与适应成正比,因为教育与其他资源联系在一起,如与文化有关的知识和技能,社会经济财富等,因此受教育水平越高的人,适应得就越好。

第二节 "一带一路"沿线国家民族文化与西北地区民族文化的对比

要解决西北地区外向型中小企业的跨文化管理中所存在的问题,首先需要摸清西北地区外向型中小企业的跨文化管理的受众,弄清西北地区外向型中小企业在进行跨文化管理时所面临的文化差异性与文化共性,根据相关文化的差异性与共性制定针对西北地区外向型中小企业在跨文化管理方面的决策方案。据调查所知，西北地区外向型中小企业跨文化管理的受众多为"一带一路"沿线国家，因而为了解决其相关的跨文化管理的问题，首先应将二者的民族文化进行对比分析，找出文化的共性与差异性。

一 "一带一路"沿线国家民族文化的特征

在20世纪初期的时候，哈萨克人、土库曼人、乌兹别克人、吉尔吉斯人、塔吉克人、普什图人等世居民族是"一带一路"沿线国家的主要民族。随着"一带一路"沿线国家地区社会主义经济建设事业的发展，因此到了苏维埃时期，有大量俄罗斯人及其他斯拉夫人迁入，另外还有诸如鞑靼人、德意志人、朝鲜人是被政府当局以强行手段迁入中亚的。目前，"一带一路"沿线各共和国都是多民族国家。根据苏联1989年人口统计资料显示，"一带一路"沿线国家地区生活的有130多个大小民族。世居民族即各共和国的主体民族和俄罗斯人是构成"一带一路"沿线国家的主要民族成分。直至1996年，"一带一路"沿线国家民族成分具体见表7-4。

表7-4　　　　　"一带一路"沿线国家民族比例[①]

国名 排名	哈萨克斯坦 （1996年）	乌兹别克斯坦 （1994年）	吉尔吉斯斯坦 （1994年）	塔吉克斯坦 （1994年）	土库曼斯坦 （1990年）
一	哈萨克48.1%	乌兹别克73%	吉尔吉斯56.5%	塔吉克65.0%	土库曼72%
二	俄罗斯34.1%	俄罗斯8%	俄罗斯18.8%	乌兹别克26.0%	俄罗斯10%
三	乌克兰4.9%	塔吉克5%	乌兹别克12.9%	俄罗斯2.0%	乌兹别克9%
四	德意志2.4%	哈萨克4%	乌克兰2.1%	鞑靼1.4%	哈萨克3%
五	乌兹别克2.3%	卡拉卡尔帕克2%	德意志1.0%	吉尔吉斯1.3%	乌克兰1%

（一）"一带一路"沿线国家的民族文化具有复杂性

"一带一路"沿线国家的民族文化具有一定的复杂性，因为"一带一路"沿线国家的社会的发展是不同民族和多种文化长期接触、交流、冲突、融合

[①] 王术森：《"一带一路"沿线地区的主要安全问题研究》，博士学位论文，兰州大学，2018年。

和沉淀的一个复杂过程。18世纪左右,定格在"一带一路"沿线国家的主要文化和社会力量因素是突厥—伊斯兰化因素(突厥因素中不包括塔吉克)。此后,俄罗斯逐渐入主中亚,"一带一路"沿线国家社会的历史发展进程中就多了一种俄罗斯文化及其引导的社会力量因素。直至1991年苏联解体前,这种俄罗斯文化和社会力量因素一直在不断地加强和深化。显而易见,这里既有早已融合、同化了古代中亚不同民族文化的本土文化及社会力量,还有新近进入的外来文化因素及社会力量,如西方文化、伊斯兰文化和俄罗斯文化及其引导的社会力量。因而,"一带一路"沿线国家的文化在体现出本土文化力量交流、融合的同时,也有可能出现本土文化及社会力量与外来文化及社会力量之间的交流与对话,也有可能出现外来文化及社会力量之间的较量与争夺。由于多种力量间的差异与交叉,使得"一带一路"沿线国家的民族文化呈现出一定的复杂性,这种复杂性是由历史的长期作用所导致的。

(二)"一带一路"沿线国家是以伊斯兰教为主的多宗教地区

"一带一路"沿线国家是以伊斯兰教为主的多宗教地区。"一带一路"沿线各国主体民族哈萨克、土库曼、乌兹别克、吉尔吉斯、塔吉克、普什图都是信仰伊斯兰教的民族。此外,这里居住的卡拉卡尔帕克人、维吾尔人、东干人、塔塔尔人也属于穆斯林民族。这些民族群众普遍信仰伊斯兰教,至今信教人数在其人口中仍占有相当大的比重。"一带一路"沿线国家伊斯兰化差不多有千年的历史。十月革命后,苏维埃政府在实行宗教信仰自由的同时,始终把宗教认定是最保守的社会意识形态,70年来把反宗教宣传、无神论宣传作为共产主义意识形态领域中的一项重要任务。中亚地区究竟有多少教徒还是一个不清楚的问题,官方不曾进行过这样的统计,也从未公布过这类数字。一些社会学家提供了一些数字,但相去甚远(从穆斯林居民中的1/3到1/2到80%)。因为没有科学根据,很难说哪个数字更为准确。值得注意的是,苏联解体后,伊斯兰宗教思想在"一带一路"沿线国家出现"复兴",这与剧变信仰发生危机有直接联系,同时也受到来自西亚伊斯兰复兴运动的影响,比较明显的例子是,塔吉克斯坦内战就具有浓厚的宗教色彩。"一带一路"沿线国家各国政府尽管实行比较宽松的宗教政策,但至今仍坚持反对宗教干预政治的立场。"一带一路"沿线国家的穆斯林绝大多数是逊尼派,只有哈扎拉人等少部分穆斯林属什叶派。此外,在"一带一路"沿线国家的俄罗斯人等斯拉夫语族居民中有相当数量的东正教教徒,还有部分群众信仰天主教、新教和犹太教，这些教徒的数量不多。

（三）"一带一路"沿线国家穆斯林民俗文化的多元化与本土化

"一带一路"沿线国家人口分布稠密，独特的地理形势孕育了多元民俗文化风情。首先，费尔干纳地区处于中亚腹地，东西方文化在这个三角地带充分碰撞、求同存异，并最大限度地获得和谐共处的状态，形成层次式的文化圈，并不断向外扩散文化信息流。费尔干纳已成为穆斯林民俗文化传统与现代交融的核心地带。其次，"一带一路"沿线国家的内部北方地区游牧生活模式与南方地区定居式绿洲农业生活模式相互交错，在形成中亚穆斯林民俗文化多元特质的同时，彰显了各民族自身的文化特色。值得一提的是，丝绸之路开创以来形成的经帕米尔高原向西挺进的交通要道上民族间的频繁往来，使"一带一路"沿线国家的穆斯林民俗文化多民族特色愈加浓郁。最后，"一带一路"沿线国家处于多民族生活的地区里，穆斯林民俗文化内容和形式具有不可替代的整体性。"公元8世纪，伊斯兰文化和文明由那些穆斯林商人们传入，最远到达花剌子模和伏尔加河沿岸地区。"伊斯兰文化深刻地影响着"一带一路"沿线国家民族生活方式并逐渐趋向稳定状态，特定的民俗文化行为展现了明显的本土化。在此意义上，位于主导地位的伊斯兰文化涵育了"一带一路"沿线国家穆斯林民俗文化品格，形成了由各民族文化交融与汇聚所共生的穆斯林群体文化样式。

（四）"一带一路"沿线国家的民族文化具有很强的地域性

"一带一路"沿线国家地处欧亚大陆腹地，由广阔无垠的草原、沙漠和半沙漠地带构成，在地域上连成一片。由于其特殊的地理特征，决定了其文化具有很强的地域性。其文化地域性主要表现在：第一，游牧文化比较突出。在很多相关的历史书籍上能够看到对"一带一路"沿线国家游牧民族的描述，游牧文化是"一带一路"沿线国家文化的一个重要组成部分。第二，"一带一路"沿线国家文化受临近地区影响较深。东与我国新疆维吾尔自治区相邻，南与伊朗、阿富汗接壤，北与俄罗斯联邦相接，西边与俄罗斯联邦、阿塞拜疆隔里海相望。所以历史上我国及俄罗斯对"一带一路"沿线国家文化都有很重要的影响。

二　西北地区民族文化的特征

（一）西北地区民族文化具有地域性

我国西部地理复杂多样，西北地区辽阔无垠，西南地区山水切割，青藏高原严寒高海拔。西部文化在这里也表现出了鲜明的地域性。西北地区历史悠久、地域广大，它孕育的文化在质朴中藏着博大；西南地区民族众多，山川纵横，这里的文化显得细腻抒情；青藏高原起伏跌宕，庄严静穆，它的文化则处处透着神秘和诱惑。

（二）西北地区民族文化具有脆弱性

脆弱性是西北民族文化的又一个特征。地域性造成的相对封闭与分割，制约了西北地区民族文化的整体发展。地域广阔、交通不便、人口相对稀少和分散的特殊环境形成了小范围、小规模文化发展状态。另外，西北少数民族大多没有文字，文化的传承主要靠世世代代的口耳相传，缺少文字记载的稳定性，不利于对外传播和交流。

（三）西北地区民族文化具有多元性

西北民族文化不是一种完全封闭和孤立的文化，而是一个多元文化的综合体，它在本土文化的基础上，将许多外来文化的因素转化吸纳为自己的成分，从而变得生机勃勃。历史上有三条重要通道贯穿西部，将西部向东与中原地区紧密相连，向西同更加广阔的地域沟通。一条是穿越大西北并一直延伸至欧洲地中海沿岸的古丝绸之路，一条是贯通黄土高原和青藏高原的唐蕃古道，另一条是穿过西南云贵高原并经青藏高原通往尼泊尔、印度甚至更远方的茶马古道。

这三大道路除了带来了贸易和人民之间的交往，更传播了文化。中原汉文化源源不断传入西部，古欧洲地中海文化、古阿拉伯文化、古印度文化、中亚文化等也纷纷汇集在这里。佛教、伊斯兰教、基督教在西部的发展就是由此而来，其中最为独特的文化现象就是佛教在青藏高原的本土化——藏传佛教。

（四）西北地区民族文化具有民族性

西北地区在久远的历史长河中创造并形成了包括语言、宗教信仰、自然崇拜、神话传说、故事、歌谣、舞蹈、节目、服饰、建筑、手工艺、礼仪习俗以及生存理念、生活和生产方式等在内的民族文化。这些内容有的在不同民族中是相近或相似的，有些则相去甚远。即便是同一民族因为部落不同或居住地不同在许多方面也有很大差异，民族文化由此更显丰富多彩。

三 "一带一路"沿线国家民族文化与西北地区民族文化的对比与启示

（一）"一带一路"沿线国家民族文化与西北地区民族文化的共性

首先，西北地区穆斯林文化与"一带一路"沿线国家穆斯林民俗文化存在与本土文化相融合的特征，其内在机理围绕民族群体约定俗成的习得性文化而展开，为各族穆斯林生活提供了特有的文化约束力。除此之外，穆斯林民俗文化充分发挥文化交融共处的潜质，积极吸收和借鉴传统文化并为自身文化成长探寻新的立足点，其发展根基是伊斯兰文化，但在不断吸收多元文化精华过程中构成和完善自身统合型的文化体系。

其次，西北地区民族文化与"一带一路"沿线国家的民族文化均存在多元性的特征。西北民族文化不是一种完全封闭和孤立的文化，而是一个多元文化的综合体，它在本土文化的基础上，将许多外来文化的因素转化吸纳为自己的成分，从而变得生机勃勃。而"一带一路"沿线国家因其人口分布稠密，独特的地理形势孕育了多元民俗文化风情。

最后，西北地区民族文化与"一带一路"沿线国家的民族文化均具有很强的地域性。西北地区因其复杂的地理环境，使其各阶段所形成的民族文化均具有鲜明的地域性。而"一带一路"沿线国家由广阔无垠的草原、沙漠和半沙漠地带构成，在地域上连成一片。由于其特殊的地理特征，决定了其文化具有很强的地域性。

（二）"一带一路"沿线国家民族文化与西北地区民族文化差异性

西北地区的民族文化相较于"一带一路"沿线国家的民族文化更显脆弱。西北地区复杂的地理环境，造成了一定的封闭与分割，从而制约了西北地区民族文化的发展。而"一带一路"沿线国家因其所处地理位置多为平原，在文化发展方面所受的制约要低于西北地区。

西北地区宗教文化与"一带一路"沿线国家的宗教文化相比，西北地区的民族文化相对复杂一些。西北地区的宗教文化是以伊斯兰教和藏传佛教为主的多宗教文化，而"一带一路"沿线国家的民族文化则是以伊斯兰教为主的多宗教文化。相对于以一个宗教为主的"一带一路"沿线国家而言，以两个宗教齐头并进的西北地区在宗教的结构层次方面更显丰富。

总体来说，西北地区民族文化与"一带一路"沿线国家的民族文化，共性居多，差异性偏小。在外向型中小企业跨文化管理方面可以合理地利用民族文化方面的共性，尽量避免其差异性。

第三节 西北地区外向型中小企业跨文化管理现状及挑战

经济全球化为企业开拓了世界市场，不同的国家之间在社会文化、道德规范与价值观上所表现出来的差距会对西北地区外向型中小企业的管理产生重要的影响。大多数研究者认为，文化差异的存在及解决是西北地区外向型中小企业跨文化管理面临的重大问题。西北地区外向型中小企业要健康发展就必须重视彼此之间的文化差异，采取措施解决好彼此之间的文化差异问题，实现跨文化管理。

一 西北地区外向型中小企业跨文化管理现状

西北地区外向型中小企业需要面临千差万别的外部经营环境。由于西北地区外向型中小企业的子公司遍布世界各地，它们都有着不同的文化需求和欲望且员工人数众多。要理解消费者观念、价值观和社会需求的差异是在不同文化背景下的企业经营中最重要的因素。由于企业经营本身即是为了满足客户的需求，企业应该努力去理解所要开拓的市场文化规范满足客户需求。

（一）复杂的外部经营环境

由于不同的国家在公司法规与调控政策方面等均存在一定程度上的差异，因此公司法规与宏观政策在一定程度上会限制西北地区外向型中小企业的战略选择。所以企业的投资、生产、融资和营销等活动都会受到不同国家直接的社会文化、政治、经济、法律、技术等方面的差异影响。跨文化包容问题是跨国经营管理过程中的一个重要问题。由于西北地区外向型中小企业必须面对国际间的文化差异，所以跨文化包容就显得尤其重要。如果忽视这一客观因素的存在的话，肯定会给西北地区外向型中小企业的经营活动带来困难，最有甚者可能最终导致失败。西北地区外向型中小企业在跨国经营过程中寻找超越文化冲突的公司目标，用来维持不同文化背景的员工关系存在一个共同的行为准则，这个共同行为准则是西北地区外向型中小企业从事国际化经营必须要解决的问题。以上所有的这些都构成了西北地区外向型中小企业经营不同于一国经营的重大差异。选择市场领域，确认提供的产品和服务，选择进入新市场的方法和选择管理方式等是跨国经营的战略选择过程中的文化因素。因此，跨文化管理的成功与否是关系企业全球化经营成败的关键所在。由此可见，企业经营环境的跨文化差异是企业在全球化经营中所必然要遇到的一大难题。西北地区外向型中小企业在跨文化管理的过程中充满了不确定性，必须在这个充斥着差异的市场上求同存异。

（二）艰难的内部管理

跨文化管理的核心任务是解决文化冲突。文化冲突的表现形式有的来自风俗习惯，有的来自价值观念，有的来自行为举止，有的来自自然环境，其表现形式是多种多样的。这些文化差异和冲突的存在都成为企业战略决策过程中的重要障碍。西北地区外向型中小企业的管理方式必须解决的大问题是怎样来领导来自不同文化背景的员工。决定企业跨文化管理成败的重要因素是作为"软环境"的文化，因此跨国文化的差异、环境的复杂都可能导致管理的失败。跨文化冲突它既指西北地区外向型中小企业在他国经营时与东道国的文化观念不同而产生的冲突，又包含了在一个企业内部由于员工分属不同文化背景的国家而产生的冲突。因此，跨文化冲突是指不同形态的文化或者文化要素之间相互对立相互排斥的过程。这使企业内部的管理更加艰难化。

西北地区外向型中小企业在跨文化管理的过程中要运用权变的管理理念，即根据不同的国家社会文化、地域文化，管理理念也有所不同，这是经济全球化给西北地区外向型中小企业带来的新的历史使命。在协调组织方面，文化背景不同可能会形成组织协调方式选择的不同。在领导职权方面，西方管理中往往对企业部门及负责人有较为严格、明确的职责、职权、职务解析，并按照科学管理的规则，遵循一系列授权规则使企业规范运行，形成有序、配套、系统的各职级行使原则。在人力资源管理方面，东方文化体系背景中，遵循"以人为本、以德为先"的原则，而在西方文化体系中，更多主张奉行一系列严格的人事管理制度。而在员工激励方面，由于文化背景、理念的不同，激励可能会表现为各种不同方式。在东方文化体系中，以人为本的理性追求、重视情感联系的信誉氛围、崇尚礼遇礼节的风尚，可形成具有自身特点的职权分配方式，难以形成与西方模式等同的领导职权分配与运用方式。

二 西北地区外向型中小企业跨文化管理所面临的挑战

在新形势下，西北地区外向型中小企业跨国经营无疑已经成为中国经济发展的一个重要趋势。全球化实际就是把过去没有必要或没有机会彼此相互联系的人们联系到了一起，即不同的语言、文化和价值都被国际商业的基本原理融合在一起。如何正确利用这些因为文化差异带来的价值则是西北地区外向型中小企业跨文化管理中需要首要关注的问题。总体来讲，由文化差异所导致的跨文化管理问题主要表现为以下几方面：

(一) 西北地区中小型企业管理者与当地员工之间的不和谐关系

管理是"管"与"理"的有机统一。如果西北地区外向型中小企业管理者只"管"员工，而不会"理"他们，不去相信自己的工人，就会造成管理者和职工社会距离的增加并且关系会变得越来越疏远，从而会影响管理层与职工之间的沟通，甚至造成沟通中断。管理者如果不能对职工采取情绪化的或非理性的态度，正确面对这种文化冲突，职工也会采取非理性的行动，如果是这样的话，管理者与职工之间的误会就会越来越多，矛盾也会越来越深，对立与冲突就成为必然，后果不堪设想。

几年前，华立集团进军美国，收购了飞利浦在美国的研发中心，华立集团第一次直接面临了美国文化的冲击。当时最大的挑战其实在于收购后双方可能出现的文化冲突，正是这一点把一些雄心勃勃在美国收购研发机构的中国企业最终打下马来。华立集团董事长汪力成承认，最开始肯定有些抵触，但现在大部分员工还是接受了，"因为我告诉他们，这是一个中国人控股的美国公司，所有的运作都将按照美国的程序，今后我们请的也都会是美国人，而不是从中国派过来的。当我把这些运作计划告诉他们之后，他们都认为这是完全按照美国化的高科技公司的运作方式，像硅谷的很多高科技公司，但比美国公司更具优势的是我们有强大的中国市场做背景"。在华立集团收购的研发中心里，由一名美国员工负责核心技术的研发，汪力成为表示对其工作的重视，按中国人的习惯，每隔两天就给他发一封电子邮件，询问工作进展。然而没过几天，该员工就向汪力成提交了辞职报告。汪力成对此大惑不解，"我如此关心你，你为什么还提出辞职"，该员工说"你每隔两天就发邮件给我，这说明你对我不信任。如果信任我，我会按时完成任务。如有问题，我自然会向你报告"。经过再三解释，汪力成终于与这位员工消除了误会。此后，双方调整了沟通方式，汪力成不再发邮件，这位员工定期向汪力成做汇报。经过这件事，汪力成明白了，并购海外公司后，最大的挑战在于如何整合双方的文化冲突，如何来管理好这样一种跨地区、跨国、不同文化、不同民族员工的团队和企业，这是我们必须面对的一种挑战。

由于文化差异，企业内部的组织成员有着不同的价值观、信念和文化传统，由此决定了他们有着不同的需要和期望，以及与此相一致的为满足需要和期望不同的行为规范和行为表现。例如，在权力层次上，中方文化趋向于多权力层次，而西方文化趋向于较少的权力层次，讲究人与人之间的平等。威廉·大内认为，每种文化都赋予人们互不相同的特殊环境。因此，虽然同样的行为原理对于不同的文化是适用的，但由于当地情况的差别而形成的社会结构和行为模式却可能使其具有很大区别。在西方近现代科学性管理中，其方法论的一个不可或缺部分便是数量管理和数量控制，管理过程中也主要表现在外方管理体制数字化、制度化，其管理程序化和法制化。所以一旦中国外派管理者的管理行为由于与当地员工所要求的管理方式不同，则直接影响他们之间的和谐关系，这使得海外经营者在管理当地员工时，也许只能按照规章制度来控制企业的运行，一旦员工不能达到工作要求则会处于上下级关系紧张的局面。与此同时，员工会对工作的要求不能理解，变得更加消极和不思进取，结果是双方都不可能有所作为，他们之间的距离进一步拉大。经理与员工的距离拉大，自然会影响彼此间的沟通。当这个距离大到一定程度，自下而上的沟通就会中断，双方的误会也会越来越深，破坏中国跨国企业经营管理者与当地员工之间的和谐关系。

（二）管理者的决策行为受到文化差异的影响

文化差异影响管理者的决策行为，以至于影响到工作效率。文化是对个人的价值观和行为偏好具有很大影响力的因素，由于中国和西方有着很不相同的文化底蕴，这种差异必然会体现于其管理者的决策行为之中。文化对于决策行为的影响，通过一份对中美合资企业双方管理者进行的调查访问可以得到说明，该访问访谈了北京地区中美合资企业中的中方、美方高级管理者。结果显示，双方管理者对对方都持有某些偏见，这些偏见尤其体现在对对方决策风格的消极评论上，访谈的结果如下，第一，美方管理者对中方管理者决策风格的评论是不作决策。他们认为在中国，员工把经理看得很高，奉为上人，所以每件事都要由大老板来决策，其他人只是需要等待指示，一致决策。他们认为与美方管理者相比，中方的管理者更倾向于达成一致，倾向于分散决策的责任，而不是勇于承担责任。第二，中方管理者对美方管理者决策风格的评论是美方管理者过于专断，不爱听取下级意见。由于文化差异的存在，使双方管理者在涉及决策问题时，大都感到很不愉快。在美国公司，同事和同事之间、老板和下属之间以及下属和老板之间解决矛盾所使用的方式是当面对质，所有不同的意见都会在尖锐的当面对质中得到解决，对质的结果也必须是清楚明了的一方获胜，另一方败落。败落方必须承认失败，获胜方则沾沾自喜认为对方很没"面子"。而在中国的文化传统中，大家会认为解决矛盾的好的策略是，赢家给对方留有余地，使其不至于太失脸面，否则会严重影响管理者和员工之间的关系，以至于可能在以后的工作中遭到管理者的威胁和报复。如果一个不了解中国文化的老板来领导中国企业，使用美国式解决矛盾的方式，结果会是内部对质被激化，员工的很大一部分精力将会用在议论、批评并和这种外来文化作斗争的事务中来，严重影响工作效率。

文化差异使国际企业中的决策活动变得更为困难，由于文化差异，国际企业中经常出现沟通和交流的失误与误解。为使决策能体现员工们的希望和要求，作为决策的重要一环，往往在决定之前要征求和听取员工们对于决策方案的意见和建议，而文化差异使得这一点很难做到。由于中国的管理结构是金字塔形，所以中国的企业决策方式通常是自上而下，一般都是上面做好决策之后往下传达贯彻，很少有听取下面意见的习惯，下面员工只要无条件服从和执行即可。而西方社会的管理结构是扁平形，讲究信息共享，所以很多决策往往是由下至上的，有时即使不是完全从下开始，一般也都会给下面的员工反馈的机会，以便修正原先的决策，并且掌握信息最全面的人往往最有决策和发言权。所以一旦这两种决策方式在企业没有对不同的决策方式进行更好的协调，必然会无始而终。不同的文化造成了不同的决策行为和决策方式，文化差异使不同文化背景下生存的中国企业在决策活动中缺乏效率，并会日益变得困难。

第四节　西北地区外向型中小企业跨文化管理策略

分析当前西北地区外向型中小企业所存在的问题不难看出，"一带一路"沿线国家与西北地区企业之间存在的文化差异是必须重视的问题，从跨文化管理的角度考虑，可以从四个方面入手：其一是充分认识自身与"一带一路"沿线国家民族文化的差异；其二是合理运用自身与"一带一路"沿线国家民族文化的共性；其三是从文化适应性角度融合自身与"一带一路"沿线国家的民族文化；其四是从民族文化的共性与差异性入手，提高人力资源管理水平。

一　充分认识其与"一带一路"沿线国家民族文化的差异

西北地区外向型企业跨文化管理的前提首先是充分认识并了解自身民族

文化的所有特性，只有充分认识自己，才能看清自己与"一带一路"沿线国家民族文化的差异性到底在哪里。根据上文的分析可以看出，西北地区与"一带一路"沿线国家的民族文化在宗教成分上还是存在较大的差异。西北地区是以伊斯兰教和藏传佛教为主的多民族地区，而"一带一路"沿线国家则是以伊斯兰教为主的多民族地区。虽然民族文化均以伊斯兰文化为主，但仍然存在少部分的不同的民族文化。其次即使是相同的文化，在不同的地区也会存在或多或少的差异。因而，在进行跨文化管理时，则需要充分了解对方国家的民族成分及其习性与禁忌，从而避免一些因常识性文化问题而引起的不必要的问题。最后在跨文化管理方面，应多注重不同民族文化的差异，并了解不同民族成分的民族相应的文化习俗，进而避免在对外贸易时提供错误或者无用的产品等。在充分了解了民族文化差异的前提下，对于跨文化管理方面便不会出现类似因民族差异而导致的管理失误。

二 合理运用其与"一带一路"沿线国家民族文化的共性

由上文分析可知，西北地区外向型中小企业与"一带一路"沿线国家，在其民族成分上是有类似成分存在的，比如说伊斯兰教。因而在进行跨文化管理或者对外贸易方面，西北地区外向型中小企业可以大量运用其与"一带一路"沿线国家在伊斯兰文化方面的共性，有选择或有目的地进出口相关的民族产品并选拔适应自己企业文化发展的人才。在此基础之上，也可以尽量地避免因文化差异而带来的诸多不便。比如说，可以尽最大可能缩减企业中不同民族员工的融合时间。但是，也不能说仅发展共性文化的产品，毕竟对方国家也有相应的文化产品生产，若一味地追求共性文化产品，反而会给企业的发展带来诸多的阻碍因素。因此，西北地区外向型中小企业在适度发展共性文化产品的基础之上，也应该多方面发展差异性文化的产品，这样企业才能长远发展。

三 从文化适应性角度融合其与"一带一路"沿线国家的民族文化

文化适应是指文化对于环境的适应，有时也指文化各部分之间的相互适应。换言之，则是文化之间的相互包容理解，或者是说如何使外来文化融入自己的企业环境。就目前西北地区外向型中小企业跨文化管理的现状来看，在文化适应方面还是有待提升的。其实，在这一方面，需要西北地区外向型中小企业具有很大的包容性和多样性，使其不是仅仅拘束于一种文化背景或者说一种管理模式，只有建立在充分了解文化共性与差异性的基础上，才能运用其差异性或共性，使新文化融合于企业。比如说需要引进国外的优秀管理人才，则需要了解并接受对方国家的管理模式，而不是在问题产生之时选择抱怨或者逃避，而此时，沟通交流则会显得尤其重要。西北地区外向型中小企业中大多数因文化差异而引起的文化冲突是因沟通交流不到位而产生的，从而致使企业员工间产生不必要的隔阂。因而西北地区外向型中小企业若想从文化适应的角度来融合其与"一带一路"沿线国家的民族文化，则需充分与对方国家进行沟通交流，进而了解其为什么会有这样的习性。从源头了解并体会对方国家的习性，才能使自己更易接受并包容与自身完全冲突的文化，从而完成多种文化的融合。

四 从民族文化的共性与差异性入手，提高人力资源管理水平

西北地区外向型中小型在人力资源的管理水平方面还有待提升。在跨文化管理方面，可尝试招纳多国或多民族文化的员工，可使其在创造不同文化产品上有更多民族的特色，从而能够一下抓住顾客的眼球，吸引顾客购买该产品。毕竟不同民族的文化，即便对方再怎么了解，也不可能说完全了解透彻，总会存在一些只有本民族才能体会的情怀或者习性。因而，在跨文化管理中，可适当引进相关民族文化的员工，这样也能使企业更加多元化，不会显得太过死板。再者，西北地区外向型中小企业招纳跨国员工时，应多注重员工对工作环境或者生活环境的要求，进而从根本上解决因不同民族国家环境而带来的员工心理上的不适应等问题，为其营造更好的环境从而使其能够更加快速地融入企业文化。

第八章

西北地区外向型中小企业转型升级战略与发展

中小企业不仅是我国国民经济发展的重要力量、扩大社会就业的基本途径、发展地方经济的主要财源，而且是推进经济市场化的主力军，培育大批企业家成长的摇篮。外向型中小企业作为中小企业重要的一部分，为当今社会经济的发展发挥着不可替代的作用。但是当前外向型中小企业面临着激烈的国内市场产品同质化的挤压和国外市场贸易壁垒的冲击而陷入一种极具挑战的境地，外向型中小企业的转型升级迫在眉睫。西北地区的外向型中小企业，与东中部地区相比，在经济发展水平和开放程度上都存在较大的差别。"一带一路"倡议的提出，为沿线西北五省的外向型中小企业提供了极大的发展机遇，因此，西北地区应该抓住机遇，对外向型中小企业进行转型升级，谋求一条适合西北地区外向型中小企业发展的道路，为西北地区的经济增添活力。

第一节 外向型中小企业转型升级的基本逻辑

外向型中小企业的转型并不是无规律可循的，综观国内外的外向型中小企业的转型升级，在一定程度上有其相似之处，但也有具体的差别。西方资本主义由于工业革命起步早，工业基础雄厚，企业的结构在历史发展的过程中也日趋完善，其转型升级的路径在探索中也有所突破和发展。相比国外，我国的工业革命起步晚，在历史动荡的夹缝中得以生存，缺少原始的资本积累，企业的结构发展不完善。因先天条件不足，缺少核心技术的支撑，所以我国外向型中小企业的转型升级也经历了一系列的变革。

一　外向型中小企业的发展阶段与规律

外向型中小企业的发展跟我国的国情是分不开的，这与资本积累雄厚的西方国家存在着一定的差距，但也有其共同之处。根据外向型中小企业发展的一般规律分析，可以发现我国外向型中小企业发展的四个重要阶段和目前所处的位置。

（一）外向型中小企业发展阶段一般规律分析

关于我国企业增长的规律，我国和西方资本主义国家存在着相似之处，但也有细微的差别。我们可以就差别方面追根溯源，借鉴西方国家的先进经验，同时结合自己的实际情况，走好自己的发展道路。

首先，西方发达国家和我国的原始资本积累不同，这是由于西方资本主义工业起步早，又经历了几次工业革命，通过残酷的殖民掠夺积累了大量的原始积累。相比西方的资本主义国家，我国工业起步晚，企业建立之初需要大量的资本作为基础，且经历多年战乱，我国的经济基础薄弱，一穷二白，与西方资本国家相比，大相径庭。

其次，资本循环持续性投入的程度不同。西方资本主义由于早期的资本积累，资金较为充足，这就使得企业的资本增长在资金循环的各个阶段都发挥着重要作用。但是，就我国而言，资本不足是我们严重的短板，使得我们在技术研发和设备生产方面严重的投入不足，整体处于模仿和被动的地位。

再次，管理水平不同，西方资本主义企业起步早，资本积累雄厚，在其历史发展中不管是管理理论还是实际经验都相对完善。而在我国，由于先天发展的条件不足，所以在有关"管理效益"上，我国企业还要向西方资本主义国家企业多多学习先进的管理经验。

最后，国外已经发展到第三阶段和第四阶段之间，我国仍处于第二阶段和第三阶段之间，这不仅是我国企业转型发展的方向，也说明我国企业增长存在巨大潜力。外向型中小企业发展阶段见表8-1。

表8-1　　　　　　　我国外向型中小企业发展阶段

第一阶段	吸引投资，投入劳动力
第二阶段	利用劳动力，提高资金的管理效益

续表

第三阶段	资金投入，技术投入为核心
第四阶段	综合投入为核心

资料来源：《新常态背景下中国外向型中小企业转型研究》[①]。

（二）外向型中小企业转型升级的阶段性分析

外向型中小企业的转型升级逻辑大概分为构想阶段、核心实施阶段和转型阶段。如图 8-1 所示。

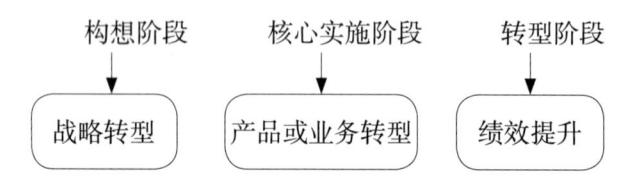

构想阶段 → 战略转型　核心实施阶段 → 产品或业务转型　转型阶段 → 绩效提升

图 8-1　外向型中小企业的转型升级阶段

1. 转型升级构想阶段

它是指企业的发展遇到了瓶颈期，为了企业的长足发展，企业要制定自身的发展战略。而公司战略具有计划性、全局性和长期性，战略的制定使企业的使命和目标进一步具体化。

2. 核心实施阶段

外向型中小企业要想获取长远发展，必须立足于现状，改善产品和企业结构，这是转型的核心阶段。通过创新，增加产品的附加值，提高企业产品的服务质量，如此才能使企业立于不败之地。

3. 转型阶段

企业要实现转型升级，要对现有的公司规模、组织架构、公司制度以及产品结构进行精细的规划和调整。这需要企业在转型过程中，必须要突破现有的阻碍因素，只有这样，才能促使企业的绩效提升。

---

① 孙伟光：《新常态背景下中国外向型中小企业转型研究》，硕士学位论文，云南大学，2015 年。

二　外向型中小企业转型升级的基本逻辑与要素支撑

外向型中小企业是企业不可分割的重要组成部分，其转型的趋势与企业的发展规律基本保持一致，在分析企业增长和转型规律的基础上，可以得出我国外向型中小企业的发展规律，其中，企业本身所具备的转型能力也为研究外向型中小企业的转型升级奠定了基础。

（一）外向型中小企业转型升级的基本逻辑

外向型中小企业的转型逻辑大概分为以下三种：从加工贸易到自主研发的转型升级、从提供产品到提供服务的转型升级、从产品销售到品牌营销的转型升级。通过对以上三种转型逻辑的分析，可以得出外向型中小企业转型升级的基本逻辑。

1. 从加工贸易到自主研发的转型升级

就整个国情来看，我国外向型中小企业的重点还集中在加工贸易方面。大多为劳动密集型产业，严重依赖于西方发达国家的订单，利用我国廉价的劳动力，为一些发达国家生产零部件。综观整个生产过程，并不能接触到高科技的核心技术，这对于外向型中小企业来说发展步履维艰。所以，基于这种困局，我们首先应该做的，就是加大企业自身的研发能力，形成自己产品的核心价值，提高产品的竞争力，才能在对外贸易过程中处于不败之地。

2. 从提供产品到提供服务的转型升级

随着经济的发展，科学技术水平的提高，外向型中小企业的发展，已经不仅仅局限于提供产品这么简单。产品是一个公司得以运营的基础，但后续的发展还离不开公司为产品所提供的服务。因此，对于外向型中小企业，提高产品的服务质量至关重要。所以我国外向型中小企业应该加大产品管理力度，提高产品的服务体系。一是筛选客户，完善资源的配置制度；二是产品系统标准化，实行优势产品的规模效益；三是价格系统的权限管理，在业务上实现授权与管理双管齐下，最大化交易机会。

3. 从产品销售到品牌营销的转型升级

时代在发展，在当今的时代中，一个企业要想走得更远，必须形成自己独特的产品优势，即品牌优势。综观我国外向型中小企业的发展状况，其研发能力远远不能达到预期的标准，在创造自己品牌优势这条路上，还要更加努力。究其原因，是我国外向型中小企业由于其产品开发能力不足，所取得的产品附加价值较低，这是外向型中小企业转型的原因和转型的内在需求。但我们知道企业的最终目的是实现利润最大化，而产品的销售量直接影响企业的利润大小。如果一个企业能够形成自己的品牌优势，就可以带动产品销量的增加，为企业谋取更大的利润。要实现产品销售到品牌营销转型升级最重要的是企业要有创新意识，找到产品和品牌间的平衡。创新是一切事物发展的根本动力，也是经济繁荣和技术进步的基础。就现阶段来说，大多数的外向型中小企业对市场的了解不太深入，对市场的需求不太敏感，所以直接导致了内部创新难度较高。相反，它们可以让国内外的专业设计公司为其服务，在相对投入较少的前提下得到贴近当地文化及满足消费者需求的产品并树立公司的形象。随着经济的发展和科技水平的提高，电子商务成为各大企业重视的平台，企业可以抓住电子商务带来的机遇，利用电子商务，拓展自己的发展渠道。还可以通过电子商务联系国内外众多的出口商，提供范围更广、规模更大的融资。

（二）外向型中小企业转型升级的要素支撑

外向型中小企业在其转型过程中，企业所具备的转型能力是其转型升级活动得以展开的基础；建立学习型的团队是其转型升级的动力；组织架构的调整是其转型升级的关键；文化上的转型是其转型升级的保障。一个企业想要成功转型，必须具备以上几个要素来促使企业活动的顺利展开。

1. 外向型中小企业转型升级的能力支撑

企业转型升级的能力决定了企业的转型升级活动是否能顺利展开，在企业转型升级活动中起至关重要的作用。企业在转型中，针对其过程和模式都应该考虑其能力的不同而区别对待，它是确定企业转型过程及转型模式的基础。企业的转型能力大概有五种，首先基础能力是识别机会和挑战的能力，然后在此基础上还有制定战略转型的能力、确立领导过程的能力、广泛的创新能力及管理系统变革的能力。如图 8-2 所示。

不同业务领域的关键成功要素不同，所需要的能力也不同。企业建立之初，可能靠的是资本，但后期的运作，必定建立在企业所具备的能力之上。当企业进入一个新领域的时候，必须具备相应的能力才能使企业走得更远，发展得更好。在企业转型的过程中，如果仅仅局限在自己熟知的领域，对于行业的趋势和产品的性能都足够了解，这样可能会减少大量的阻力，但企业

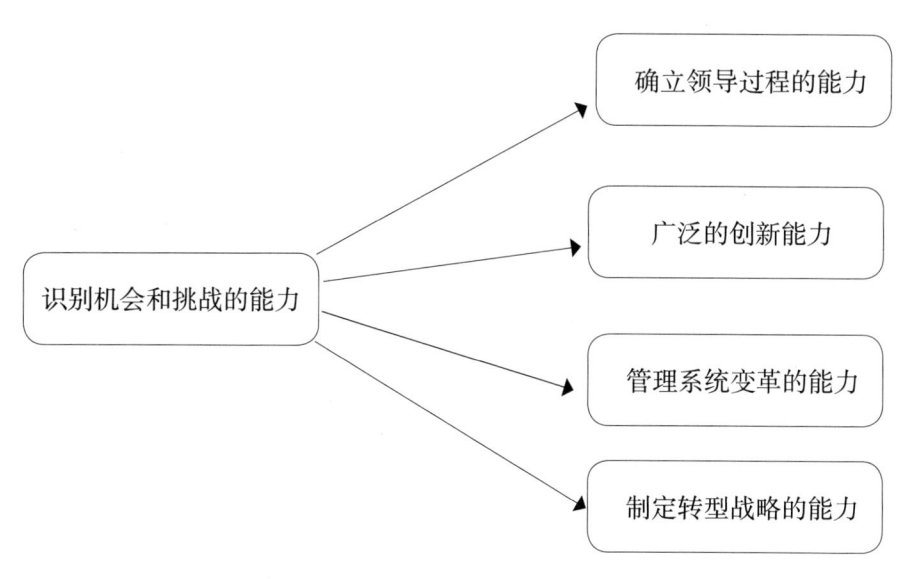

第八章 西北地区外向型中小企业转型升级战略与发展

图 8-2 外向型中小企业转型的能力

若想实现大的跨步，就必须开辟自己的蓝海。例如一个建筑公司在转型过程中，进入新的领域之后，往往是四处张罗的投资。项目信息也不少，但看来看去无从下手。这种局面说到底是能力不支撑，就像农民从水田走进工厂，仍然只会插秧那是不行的。这些工程建设企业从施工领域走到投资领域了，但企业的能力并未从施工转型到投资，谈起工程项目管理头头是道，讲起"投融管退"四下茫然，转型之难也就不言而喻了。因此，业务转型升级必须有能力的转型升级来支撑。

2. 外向型中小企业转型升级的人才支撑

能力的转型升级有两种途径。一种途径是现有团队再学习，组织团队成员学习新的知识培育新的能力，以适应新的业务领域的需要；另一种途径是寻找新领域的人才直接引入，由这些成熟人才担当开路先锋和教练的角色，帮助企业快速进入状态。这两种途径当中，现有团队再学习显然需要相当的时间和实践的磨炼，如今快速多变的环境很难允许企业花费较长时间去学习，因此，引入优秀人才成为重要选择。现有团队的成员，长期受企业大的环境下的影响，思想也必然局限于企业的狭小行业内，相对于现有团队的学习，引进新领域的人才就大不一样了。一方面，引进新领域人才会让现有团队的成员了解到新领域的知识，就像"鲶鱼效应"一样，激发现有团队的创新能力。另一方面，也为企业带来了新的产品理念，这有利于企业跳出原有产品的生产理念，从而改善企业现有的产品生产结构，顺利实现企业的转型升级。

3. 外向型中小企业转型升级的组织支撑

组织跟着战略走，战略上转型升级，组织上也必须进行相应调整。一方面需要为新业务设计组织结构与岗位，为新业务提供组织保障，无论是功能发挥还是人才引进，都是以责权为基础和前提。另一方面现有的后台部门也要做好准备为新业务提供支持服务，无论是资源配置还是沟通协调，都离不开后台部门的支持与保障。还有，新业务往往还意味着对企业整体管理架构的适应性调整，对于单体企业来讲，单一业务通常采用职能制架构，但是进入新业务之后职能制架构往往就无法满足组织需要了。所以企业要针对转型过后公司的状况，及时地调整公司的组织架构。例如：在制造业得心应手的职能经理，进入一个新的房地产领域，就需要很大的磨合期。首先因为两个领域里对资金的管理模式大相径庭，在制造业领域，资金支出严格遵循计划来执行，总部的资金管理部门习惯了按部就班的节奏，精密到几十块钱的费用报销都需要严格审核。房地产业务则是巨量资金的大进大出，拍下一块地需要巨量资金准备，拍不下来这笔钱就不需要了，这在习惯于服务制造业的财务经理们看来是无法理解的，自然也就无法配合。其次，集团总部仍是典型的制造业架构，没有专业管理部门对房地产业务进行归口管理，房地产业务在集团层面的沟通协调很有难度，往往需要与最高层的请示汇报来解决，口谕成了通行证。最后，由于缺乏专业管理部门，管理层又对房地产业务缺乏足够理解，决策难度很大，控制风险无从谈起。

4. 外向型中小企业转型升级的文化支撑

一个企业的文化，往往带有很深的业务属性与地域属性的痕迹，一旦企业决定要转型升级，往往会面临文化的冲突。综观大型的并购案例，完成合并后第一大任务就是进行文化上的整合。例如：联想并购IBM，案例之所以得以成功，背后离不开的是高层管理者对公司并购后的整合，其中最重要的也是文化方面的整合。文化作为企业的隐形资产，对于企业员工来讲是意义重大的，所以进行文化上的整合对于外向型中小企业来说有利于企业发展的顺利展开。比如修建高速公路的队伍与矿业投资的队伍，再比如生产制造的队伍与房地产开发的队伍，都会有巨大的差异。这就要求企业在文化建设上为转型升级铺路架桥，能够更加包容新的业务属性和地域属性等对企业价值理念的冲突，能够积极主动地吸收和融合新业务对价值理念的要求。

文化转型首先需要管理层积极主动迎合转型升级的需要来丰富和发展公司的核心价值理念，更需要增强现有业务团队与新业务团队相互之间的互动交流，加深彼此了解，才能够理解、包容、接纳对方，才能相辅相成互相成全。

三 外向型中小企业转型升级的驱动因素与过程分析

关于外向型中小企业转型的动因可从外部环境和内部环境来分析。外部环境动因主要有国际环境变化的影响，国家间的贸易摩擦增加，国际贸易壁垒不断提高。内部环境动因主要有国内环境和企业发展规律变化两方面。我国早已完成从计划经济到市场经济的转变，进入了一个全新的发展阶段，为实现全面小康奠定了坚实的基础。另外，随着社会环境和政策环境发生重大变化，整个生存环境对企业的技术能力、创新能力、经营能力提出了更高的要求，外向型中小企业进入了转型、转轨、提升、飞跃的重要阶段，企业制度、产业发展、经营模式、增长方式等急需重大变革。

（一）外向型中小企业的转型驱动因素分析

1.外部环境转型驱动因素分析

第一，竞争激烈的经济全球化。随着经济全球化的进程加快，产品、技术、产业和资本高度国际化，全球的生产要素得到了充分的利用，产品技术逐步标准化，品牌、管理、技术等竞争更加激烈。

第二，受国际经济危机的影响，市场需求萎缩。就全球经济而言，受美国次贷危机的影响，增长缓慢，这就直接导致了市场需求的萎缩。2008年经济危机的爆发，出口贸易额大幅下降，导致了相当一部分民营企业的破产。

第三，国际贸易壁垒提高，国际贸易摩擦增加。从2004年的西班牙烧鞋事件到2009年的轮胎特保案，民营企业的国际贸易摩擦屡屡上演。加上各种反倾销税、反补贴税此起彼伏，各种技术标准、安全标准不断提高，国际贸易壁垒在提高、升级。

第四，消费者结构的改变，国际环境的影响。随着经济的发展，发达国家进入了后工业时代。低碳经济的兴起，消费者需求发生了变化，他们更关注产品的质量，针对环境保护和减排标准相继出台，这对各个国家的发展方式尤其是正处在高速发展的发展中国家提出了更加严格的要求。人民币的持续升值，石油价格的提高等一系列的变化都在影响着外向型中小企业的发展。特别是那些以轻工业出口为主的出口商来说，在转型升级方面就面临着更大的压力。

2. 内部环境转型驱动因素分析

第一，中国正处于经济转轨期。一是经济体制的转轨，我国的市场经济体制在不断地完善，早已实现了从计划经济体制到市场经济的改革阶段。随着市场各个要素的成熟发展，各种法律法规的完善，我国下一步的目标就是要建立真正的市场经济体制。二是经济增长方式的转轨。我国早已跨越了粗放式的增长方式逐渐向集约型转变，这为我们实现全面小康社会奠定了坚实的基础，对外向型中小企业的发展必将产生重大的影响。

第二，外向型中小企业的发展规律。从国内社会发展阶段看，中国现处于社会转型期，而企业的转型是与社会转型这个大背景密切相关的：经济的增长，人民生活水平的提高，城市化的加快，居民消费结构的改变。特别是最近几年，国家致力于拉动内需，刺激消费需求的增长，这使得居民的消费需求得到了很大的释放，这也为外向型中小企业提供了很大的发展机遇。对于外向型中小企业来说，要根据现阶段消费需求的变化，相应地对企业做出调整和升级，提高自身的技术能力、创新能力、经营能力，进入了转型、转轨、提升、飞跃的重要阶段。

（二）外向型中小企业转型的过程分析

转型的过程由其特点和能力共同决定。外向型中小企业的规模小，受资金、技术、人员观念的限制，所以外向型中小企业的转型是整体的、循序渐进的。外向型中小企业的转型过程大概可以分为三个阶段：单一的方法和流程转型过程、整体性的转型过程和多阶段的转型过程。

1. 单一转型过程

20世纪80年代到20世纪末，转型理论强调企业绩效和行为的改变应该由某个单一的流程或方法来主导。在单一流程转型过程中，每一个方案可以全面贯穿于整个企业的转型过程之中。具体的转型方法如流程再造、信息技术提升、开展全面的质量管理、人力资源改革以及战略改革等。

2. 整体转型过程

随着技术的发展和新观念的出现，研究发现，以单一转型为主导的转型理论过于强调短期利益，这就可能导致企业陷入不断的更新之中，不利于企业的长久发展。因此，注重整体转型的理论进入了研究的范畴。在整体转型中包括关注顾客、持续学习和过程排序这三个关键因素。关注顾客是指流程再造要以顾客的需求为价值导向；持续学习是指要对转型过程中的各个方面进行学习，如顾客需求、市场关系等，使学习行为最大化，常态化；过程排序是指对转型的实施过程进行排列顺序并设定各个环节的优先级别。对这三个关键因素进行持续的循环和推进，最终实现整体的转型。

3. 多阶段性转型过程

多阶段性转型过程理论是在单个方案转型过程理论和整体转型过程理论的基础之上发展而来的。整体转型过程中涉及的内容较多，如果在同一时间开展的话，不利于企业各项活动的稳定进行。分阶段的转型是一种稳步推进的方式，有利于转型的实施并取得良好的效果。多阶段转型大概可以分为三个阶段：重构、再生和革新。它们之间是一种递进并上升到更高层次的循环关系，在不同的阶段有不同的表现。

四　外向型中小企业转型升级的模式分析

企业转型的模式有三种，运营改进模式、企业自我革新模式和战略转型模式，如表8-2所示。

表8-2　　　　　　　　外向型中小企业转型升级的模式

转型模式	转型目标	具体实现方法
运营改进模式	降低成本，简化流程	流程再造
企业自我革新模式	提高组织关系和组织文化的适应力	建立学习型组织，实现持续改进
战略转型模式	重新建立核心竞争力并识别机遇	拓展新的竞争能力，打入新市场，或两者兼备

资料来源：根据《新常态背景下中国外向型中小企业转型研究》整理而得[①]。

（一）运营改进模式

企业运营模式是指对企业经营过程的计划、组织、实施和控制，是与产品生产和服务创造密切相关的各项管理工作的总称。运营管理的对象是运营过程和运营系统。企业运营过程是一个投入、转换、产出的过程，是一个劳

---

① 孙伟光：《新常态背景下中国外向型中小企业转型研究》，硕士学位论文，云南大学，2015年。

动过程或价值增值的过程，它是运营的第一大对象，运营必须考虑如何对这样的生产运营活动进行规划、组织和控制。运营系统是指上述变换过程得以实现的手段。运营改进模式指企业改进现有的企业运营模式，制定相应的营运战略，降低企业营运成本，达到利润最大化的目标。

（二）企业自我革新模式

企业自我革新模式顾名思义是指企业突破现有的模式，简化企业组织架构，提高企业整体的文化适应性。建立全员学习型企业，激发全员的创新意识，促进企业产品更新换代的速度。企业自我革新模式，从根本上说是企业的一种自我提升，通过企业自身的革新，可以改善企业的经营状况，增强企业的竞争力。

（三）战略转型模式

战略转型意味着企业的系统变革，其基本命题是以管理升级为基础，以资本经营为手段，以文化转型为核心，以推动产业的战略性升级为目的，以员工整体素质的提高为保障，真正实现由传统企业向符合新经济发展要求和产业发展趋势的现代企业转变。企业的战略发展过程就是不断对内外条件变化进行动态平衡的过程。当企业外部环境尤其是所从事行业的业态发生较大变化时，或当企业步入新的成长阶段需要对生产经营与管理模式进行战略调整时，或以上二者兼有时，企业必须对内外条件的变化进行战略平衡，选择新的生存与成长模式，即推动企业发展模式的战略转型。

综上所述，外向型中小企业应该采取综合性的转型模式，按照战略转型模式—运营改进模式—自我革新模式的思路展开。战略转型模式讲究的是重建核心竞争力并识别机会、拓展新的竞争优势、打入新市场；运营改进模式讲究的是降低成本、简化流程、流程再造；企业自我革新模式讲究的是建立学习型组织、实施持续改进、创造能适应不断变化的组织关系和文化。

第二节　西北地区外向型中小企业转型升级的 SWOT 分析

西北地区因地域原因，相比于东中部地区在经济发展水平、地区开放程度和政策支持方面等都存在较大的差距，"一带一路"建设的提出给西北地区特别是西北地区的外向型中小企业提供了机遇和挑战。因此，应该着眼于整个西北地区五个省份的具体情况进行详细的分析，利用 SWOT 分析法精准地判断西北五省在"一带一路"建设背景下发展外向型中小企业的优势、劣势、机遇和威胁,寻找促进西北地区外向型经济发展的创新模式,为解决"一带一路"建设下的西北地区外向型经济发展存在的问题及提出针对性对策奠定基础。

一　西北地区外向型中小企业转型升级的优势

西北地区虽身居内陆,但自然资源和人文资源丰富,加上国家政策的扶持,例如:西部大开发战略,给西北地区带来了发展机遇。"一带一路"倡议的提出,给沿线省份提供了发展的机会,下面就西北地区五个省份的具体的优势进行分析。

(一) 重工业基础雄厚

西北地区是国家重点扶持的重工业基地,西部大开发战略给西北地区带来了很大的机遇。"一带一路"建设的提出更是为沿线省份的外向型中小企业的发展指明了方向。例如:早期国家经济发展规划使西安具备了重加工组装工业为主导产业的优势条件。"一带一路"建设将带动西安装备制造业在行业内更具知名度,在国际、国内抢占更大的市场份额,形成"一带一路"上的行业巨头,为西安外向型经济发展奠定基础。又例如:兰州是黄河上游最大的工业城市也是我国重要的原材料基地,已初步形成了以石油、化工、机械、冶金四大行业为主体,门类比较齐全的工业体系,经过几十年特别是改革开放以来的建设与发展,工业化水平迅速提高,初步形成了以石油化工、冶金有色、装备制造、能源电力、医药生物、农产品加工、高新技术为主体,门类比较齐全的工业体系,成为全国重要的石油化工、冶金有色和装备制造业基地。早年期间,由于"一五"计划的实行,苏联的援建,几个大型工厂项目落户兰州,奠定了兰州重工业城市的基础。"一带一路"建设的提出,兰州作为打开西部地区的大门、西北地区重要的交通枢纽、西北地区的第二大城市、西陇海兰新经济带重要支点、西北重要的交通枢纽和物流中心,新亚欧大陆桥中国段五大中心城市之一,连接东中西地区的经济纽带,丝绸之路经济带上的重要城市和西部战区陆军机关驻地,兰州将得到新的发展机会,这必将带动兰州外向型中小企业经济的快速发展。

(二) 悠久的历史文化

西北地区历史文化底蕴丰厚,古代王朝的更迭留下了大量的历史遗址,且大部分保存完好，这就为西北地区外向型中小企业利用这些丰富的历史文化资源发展外向型经济奠定了基础。例如，西安作为"古丝绸之路"的起点城市和世界四大文明古都之一，拥有大量的历史人文景观，具有发展特色旅游业的独特优势。甘肃的敦煌莫高窟，俗称千佛洞，坐落在河西走廊西端的敦煌。它始建于十六国的前秦时期，历经十六国、北朝、隋、唐、五代、西夏、元等历代的兴建，形成巨大的规模，有洞窟735个，壁画4.5万平方米、泥质彩塑2415尊，是世界上现存规模最大、内容最丰富的佛教艺术地。在"一带一路"建设的推动下，特色旅游资源这一优势将带动西安和敦煌在短时间内享誉全球，间接推动外向型经济的发展。又譬如，早在《青海省志·宗教志》里就有记载，西宁市有大约30座清真寺建于宋元明代，综观大量的古迹建筑，我们可以看出，伊斯兰教在西宁早已得到广泛传播。西宁市是回族等少数民族伊斯兰教明显教派分化的一个重要起源地，这跟早期的清康乾年间的教派分化是分不开的，而这将有利于西北地区的外向型中小企业利用自身的历史文化资源的优势与周边同样具有丰富的穆斯林文化的中亚国家建立合作关系。

（三）丰富的人文资源

西北五省的人文资源丰富，这跟悠久的历史文化是分不开的，而"一带一路"倡议的提出，使我们与中亚国家的联系将更加密切。在相同的文化背景下，丰富的人文资源可以使西北地区加深与中亚国家建立不仅仅是经济上还有文化上的合作关系。譬如，西宁市及其周边较著名的清真寺有30多座，其中，属省级重点保护的清真名寺有：西宁市东关清真大寺、平安县洪水全清真寺、湟中县鲁沙尔清真大寺、化隆县阿河滩清真寺、循化县苏只清真寺、循化县盂达清真寺。此外，在食品方面，西北五省整体与我国比邻的中亚国家都呈现出高度的相似度，在一定程度上可以减少国际间合作的阻碍。

（四）良好的市场环境

近年来，随着中国热浪潮的推进，我国的历史文化得以大量地被开发，西北地区当然也不例外。根据最近的国家统计局的最新调查显示，西北地区的国民经济保持平稳较快增长，尤其体现在以第三产业为主的旅游业的快速发展。见表8-3。

表 8-3　　2018 年 1 季度全国规模以上文化及相关产业企业营业收入

	绝对额（亿元）	比上年同期增长（%）
总计	19052	10.5
新闻信息服务	1740	34.6
内容创作生产	3889	12.1
创意设计服务	2220	14.5
文化传播渠道	2080	7.8
文化投资运营	60	26.0
文化娱乐休闲服务	296	2.4
文化辅助生产和中介服务	3592	8.4
文化装备生产	1497	1.7
文化消费终端生产	3677	5.4
东部地区	14500	10.5
中部地区	2723	9.0
西部地区	1630	14.7
东北地区	198	-3.0

分区域看，东部地区规模以上文化及相关产业企业实现营业收入 14300 亿元，占全国 77.1%；中部、西部和东北地区分别为 2823 亿元、1530 亿元和 198 亿元，占全国比重分别为 15.3%、8.6% 和 1.0%。从增长速度看，东部地区增长 11.5%、中部地区增长 10%、西部地区相较于东中部地区增长较快，增长率为 13.7%。说明西部地区注重其第三产业的开发与利用，随着"一带一路"建设的提出，将会加速西部地区经济的发展。

（五）沿线中亚五国优惠的税收政策

西北地区虽身居内陆，但"一带一路"倡议的提出，给西北地区和沿线的中亚五国提供了发展机遇。各国纷纷制定优惠政策吸引外资，促进经济又好又快发展。例如，哈萨克斯坦鼓励投资者向优先发展领域投资并给予一定优惠，如农业、石油制品生产、化学工业等非资源领域，允许投资者在三年内从企业所得税中扣除投入生产用房产及机械设备的资金。吉尔吉斯斯坦给予外国投资者国民待遇，在关税方面有一定的优惠政策，如外资企业用于生产的技术设备进口免缴关税。此外，当吉尔吉斯斯坦对投资相关法律做出修改时，外国投资者可以在修改或补充生效之日起 10 年内选择对自身更优惠的法律条款。乌兹别克斯坦政府规定，外资比重不低于33%的合资企业及劳务人员的入境财产、投资额超过5000万美元的法人入境产品免关税。塔吉克斯坦规定，外资企业为注册资本或进行现有生产技术改造而进口的商品免缴关税；相关外籍劳务人员为了满足个人直接需要而进口的产品免缴关税；投资法发生修改和补充时，投资者有权在5年内选择对自己更为有利的条款。土库曼斯坦给予外国投资者关税减免、进出口管理、税收和签证制度等方面的优惠。当相关法律修改时，外国投资者有权要求在10年内享受投资注册时的优惠待遇。这就为中国的外向型中小企业在对外投资方面提供了便利条件，更有利于中国的外向型中小企业走出去。

二 西北地区外向型中小企业转型升级的劣势

综观西北五省的发展情况，其存在的劣势分为以下几类。首先，外向型企业缺少核心技术，研发能力弱，技术"组团"和技术公司化发展比较滞后。其次，社会环境与基础设施比较滞后，特别是交通运输设施很落后。再次，外向型产品单一，外贸企业规模小，跨国公司太少。另外，外向型产品的品质不高，市场竞争力不强，原材料比重大，产成品比重小，附加值偏低。最后，专业性人才缺乏，人才流失严重。概括起来，主要是没有形成向西北开放发展的制度和体系，严重缺乏高新技术、高级人才、跨国公司、国际驰名产品等，开放型实力较弱。

（一）创新研发力有待提升

中国制造业高投入、高消耗，严重依赖于订单式生产，缺乏核心技术、区域发展不平衡。首先，西北地区因地域因素相对于东中部地区在研发能力方面并不占优势，在今后一个很长的时期内，要想实现企业的长足发展，必须实现企业的转型升级，其最核心的莫过于提高企业的自我创新能力。其次，虽然中国的发展在全球有较大的影响力，单单就专利申请就领先全球，但是由于专利质量不高，特别是对西北地区来说，资金的匮乏和融资难的困境，使之仍然停留在模仿阶段，难以实现较大的突破。再次，受文化差异的影响，世界上的各个地区的消费方式都深深地受到当地文化的影响，所以在进行产品生产以及后期的营销时，必须首先全面考虑跨文化营销的问题，做好充分的准备，制订全套有效的营销方案，才能从容应对文化差异造成的冲击。比如在我国西北地区，民族文化相对浓厚的地区销售服装，那么，宗教信仰就显得格外的重要,在其服装的生产过程中,比如服装产品通过款式、颜色、材料等方面,都要制定详细的营销策略和规划。最后,外向型的技术能力不足,其主要是因为外向型中小企业订单生产都是在客户要求的基础上进行的,客户往往有专门的技术人员全程指挥和看护,企业只需要听从指挥,依照图纸和流程机械化生产。所谓的生产科技化、生产技术化,其实已经演变为生产程序化、生产流程化,所以针对以上的企业的现状,要想实现企业的长远发展,必须提高企业的研发创新能力,形成企业独特的品牌影响力,才有可能在行业内有自己的立足之地。

(二) 基础设施有待完善

西北地区深处中国内陆,远离开放口岸,较之于东部地区而言,西北地区虽然地域广大,自然资源禀赋丰富,但其总体发展起步较晚,加之环境恶劣、土地贫瘠,交通不便,缺乏对企业的吸引力,这就在一定程度上阻碍了西北地区外向型中小企业的发展。例如:西安地处中国中心内陆,是新丝绸之路的起点。西安是中国历史上的十三朝古都,也是当今世界四大历史名都,旅游资源丰富,历史文化底蕴浓厚。西安是"一带一路"的重要节点城市之一,平均每年有将近3500件发明问世,科技水平在我国遥遥领先。同时,西安具备较好的金融基础,这就为西安现已形成的以机械设施、电子信息、交通运输、生物医药、食品饮料、石油化工为主,新型生产加工业为辅的门类齐全的工业体系奠定了基础。但是,西安的交通设施并不完备,导致了运输效率低,运输成本较高,进而限制了西安的经济发展。又譬如,甘肃早早地就被人誉为打开西部的大门,兰州连接着西安和乌鲁木齐,起到了重要的枢纽作用,但是单单就交通形式来说,过于单一。除去铁路外,其他交通方式发展缓慢,缺乏交通发展新模式和新动力。矿产资源对于工业企业来说非常重要,但是,相关的矿产资源要靠长距离的交通运输来完成,加之周期长、成本高,在一定程度上限制了兰州的外向型中小企业的发展。再譬如,新疆的乌鲁木齐是维吾尔族和哈萨克族等少数民族的聚集地,具有丰富的人文资源。由于地理位置的特殊性,石油天然气等传统能源丰富,风能、太阳能等新兴环保能源富集。随着"一带一路"倡议的提出,我国和西亚的贸易往来更加密切,市场对流通加工、配送等增值服务需求大大增加,经济的发展对乌鲁木齐市的运输业和仓储业保持着较强的需求。但是,基础设施的不完备,难以满足日益增长的需求量,因此,阻碍了乌鲁木齐外向型中小企业经济的进一步发展。

(三) 规模以上企业数量少,关联度低,人才流失严重

西北地区的外向型中小企业数量较多,但是规模以上外向型中小企业比较少,生产的产品种类比较少,缺乏大企业集团的带动力量。同时,企业间及产品间关联度较低,有时候一个企业就是一个产业,缺乏产业带动发展的推力,阻碍了产业的发展。部分外向型企业资金水平较低,投入在科研上的经费有限,加上缺少专业的技术人员,因此,研究创新能力不足,产品的创新能力不强,科技含量低,降低了在市场中的竞争力。

形象力是一个区域开放度、繁荣程度及其在中国乃至世界的地位与发展前景的综合反映,它与区域国际竞争力具有互动关系。区域跨国公司地区总部数或者投资公司数量最能直接反映一个区域的形象力。西北地区外向型中小企业缺乏高、精、尖科技人才及善于创新、便利的投融资环境,科技实力整体较弱,使得无论是外商投资公司的数量还是投资金额都十分有限。同时,许多企业对人才重视不够以及由于生产率和收入上的差距,使得该地区的资金、技术和人才不断外流,造成经济发展急需大量建设资金,人才与资金、人才外流的矛盾突出。在这样的因素影响下,迫使着那些本身具有研发性的技术人才大批量涌进东部一线发达城市,造成严重的人才流失现象。

(四) 融资成本增加

在我国大的金融背景影响下,外向型中小企业融资难一直就是一个难题,不仅仅是由于中小企业规模小,组织架构简单,其很大一部分原因是风险承担能力不足,没有强大的国家政策和扶持作为其后盾。外向型中小企业由于业务开展缺乏稳定性,其融资更是难上加难。再加上我国融资制度不健全,银行为外向型中小企业发展提供的资金非常有限,远远不能满足其需求,外向型中小企业只能自己想方设法筹措资金。显然,通过这种方式所获得的资金支持往往需要付出较大的代价,使得融资成本剧增。许多外向型中小企业由于业务出现变化,一旦短时期内无法及时还清债务,就会立刻背上沉重的债务负担,最终走向破产的命运。金融危机后,外向型中小企业的融资更是难上加难。

一方面,由于西北地区外向型中小企业受生产能力和生产规模的限制,加上自身资产相对较少,使得在银行的贷款困难重重。另一方面,西北地区的外向型中小企业又因为其自身业务市场受国际形势的影响较大,业务

开展波动较大，不确定性强，更使得银行惜贷，甚至是干脆完全停止向外向型中小企业的贷款业务。同时，民间借贷或其他一些借贷机构的贷款，即使能够借到，但是其高额的利率，必定会给西北地区外向型中小企业带来沉重的财务负担。最后，即使有国家政策的支持，但是由于西北地区外向型中小企业在融资能力上的天然弱势，这些政策很难在现实中解决外向型中小企业融资难的问题。没有资本的支持来输送新鲜血液，外向型中小企业仅凭借原始积累，不仅很难在短时期内发展壮大，而且其转型所需要的准备也会不足。没有资本作保证，西北地区外向型中小企业的转型将面临较大的风险。

（五）经营管理模式落后

我国的外向型中小企业起步晚，西北地区相对于其他地区发展较为落后，在公司管理模式上更多地受家族传统的管理模式影响。在整个大的背景影响下，西北地区的外向型中小企业一般实行传统的家族管理模式。家族管理模式就是将企业的经营权和所有权集中在几个或多个有血缘关系的领导人手中。家族管理模式虽然在一定程度上有利于在复杂的经营环境下快速地做出决策，提高管理的灵活性。但不可否认其存在着很大的弊端，如果企业只依靠家族的血缘关系来分配企业的红利，而不是按照对公司的管理能力以及贡献来分配公司的盈利成果的话，会对公司产生较大的影响。一方面，家族管理模式比较落后，它不利于高级技术和优秀的管理人员的引进。同时，也不利于企业管理水平的提高，公司组织架构的改进，企业的转型和发展，会在一定程度上阻碍公司前进的步伐。另一方面，在信息化如此发达的时代，企业要想实现利润最大化，就要及时了解行业内产品的信息，及时了解市场行情的变化，及时了解消费者的喜好等一系列的市场信息和多种的转型方案。而这通常急需一批有前瞻性的管理者通过缜密的思考后做出明智的选择。家族管理模式下，往往会造成利益分配不均衡，使管理人员和技术人员不满足现状，降低他们的忠诚度，这都可能会给企业带来严重的亏损，也是影响家族式中小企业发展的绊脚石。

我国西北地区的外向型中小企业缺乏完善的企业制度。首先，外向型中小企业所有权与经营高度融合，其经营者往往专断独权。其次，为了在竞争激烈的市场环境里占有一席之地，企业往往偏向于集权式管理，最高领导者大权在握。最后，家族式的管理模式中，由于经营管理权利往往是按照血缘关系来进行分配,所以很难一视同仁,企业制度往往成为一种形式主义。

（六）严重的订单依赖,忽视信息化

1. 互联网利用率低

西北地区的许多外向型中小企业在开展外贸业务的过程中,都依靠订单主动上门,有些是通过朋友或客户推荐,有些是通过政府或中介组织牵线搭桥。有些企业耕耘外向型业务多年,甚至没有一个像样的门户网站,更谈不上网络营销和电子商务。总之,西北地区的外向型中小企业互联网利用率较低,远远低于科技型中小企业。

2. 核心能力建设差

所谓的核心能力是指企业建立在核心资源之上的特殊能力。它指一簇技术的整合能力可以为企业通向新市场打开通道。但是,西北地区的外向型中小企业的核心资源就是廉价的劳动力,虽然能给顾客带来满意的价值,但是随着生产要素资源的比较优势丧失,企业就中断了通向新市场的通道。

3. 重生产,轻营销

西北地区的外向型中小企业大部分属于劳动密集型企业,企业组织生产的能力很强,但是由于组织面对的是大客户而不是市场中广大的普通消费者,所以没有必要大规模地开展营销业务。企业往往有 2—3 个营销人员也就够了,营销能力建设可有可无,因为企业总认为订单会接踵而至,现在很美好,以后也会不错,所以营销能力建设并不重视。但任何事物对环境的适应能力都是相对的,适应能力也是有限的,而环境的变化往往又是不可预测和多变的,如果超出了外向型中小企业的承受范围,就会使其受到严重影响。

（七）经济发展不平衡,产业结构不合理

西北五省经济发展不平衡,不仅表现在经济总量水平上,还体现在经济增速上。具体情况分析见表 8-4。

表 8-4　　　　　　　　2016 年西北五省经济增长率

地区	第一产业（亿元）	比上年增加 %	第二产业（亿元）	比上年增加 %	第三产业（亿元）	比上年增加 %
陕西	1693.8	4.0	9390.9	7.3	8080.7	8.7
甘肃	973.5	5.5	2491.5	6.8	3687.0	8.9
青海	221.2	5.4	1250.0	8.5	1101.3	8.0

续表

地区	第一产业（亿元）	比上年增加%	第二产业（亿元）	比上年增加%	第三产业（亿元）	比上年增加%
宁夏	240.0	4.5	1475.5	7.8	1434.6	9.1
新疆	1649.0	5.8	3585.2	5.9	4383.0	9.7

资料来源：根据《甘肃省2016年统计年鉴》资料整理而得。

从以上数据来看，西北五省的第一产业占比下降，第二产业占比持续加大，第三产业未见较大提升，产业结构呈现"二三一"型，经济增长主要依靠第二产业拉动，第三产业发展相对落后，农业仍然占有较大比例。从具体来看，陕西省和甘肃省一直呈现"二三一"的产业结构，陕西省第二产业较上年增加7.3%，第三产业较上年增加8.7%，第一产业占比变动较小，仅较去年增加4.0%。甘肃省第二产业占比较上年增加6.8%，第三产业占比较上年增加8.9%，第一产业占比变动较小，较上年增加5.5%。新疆维吾尔自治区一直呈现"三二一"的产业结构，第三产业占比较上年增加9.7%，第二产业占比较上年增加5.9%，第一产业占比较上年增加5.8%。宁夏回族自治区和青海省则是由"三二一"的产业结构转变为"二三一"的产业结构。第二产业占比较上年增加7.8%，第三产业占比较上年增加9.1%，第一产业占比较上年增加4.5%。青海省第二产业占比较上年增加8.5%，第三产业占比比去年增加8.0%，第一产业占比较上年增加5.4%。五省产业结构布局不合理，不利于西北地区外向型中小企业产业的良性发展。

三 西北地区外向型中小企业转型升级的机遇

"一带一路"建设构想的提出，给西北地区灌入了更鲜活的血液。随着"一带一路"的稳步推进，可以使东中西部的交流更加便捷，这将加快西北地区经济发展的步伐。同时，这也将优化西北地区的投资环境，增强其内生增长的动力，最终将形成东中西经济协调发展的格局。另外，"丝路基金"也为西北五省的经济发展提供了坚实的基础，将为西北五省"一带一路"建设沿线的基础设施建设、资源开发、产业合作、金融合作等项目提供投融资支持，弥补西北五省目前在基础设施建设等领域存在的巨大资金缺口。可见，共建"一带一路"为西北五省经济协调发展、共同繁荣提供了重大机遇。

（一）吸引外资，扩大企业规模

"一带一路"建设的提出，将在很大程度上带动西北地区的发展，使越来越多的人关注西部地区的崛起。西部地区将会在资源开发、高新技术和优秀人才的引进等方面投入更多精力，致力于提高西北地区的竞争实力。另外，这有利于西北地区吸引外资，投资建厂，扩大企业规模，创新产品开发，为西北地区的生产注入能量。例如，"一带一路"建设将吸引更多企业在西安投资建厂，扩大西安外向型中小企业的规模与数量。同时，高科技企业增加必将吸引更多高科技人才流入，为西安外向型经济发展注入活力。

（二）促进产业结构升级

随着"一带一路"建设的稳步推进，以西北五省为代表的西部地区，可加快承接东部沿海地区产业转移的步伐，革新西北地区的产业结构，推动西北地区产业链的优化升级。例如，"一带一路"将西安特色民族产业与不同区域的不同产业联合在一起，充分发挥区域间要素禀赋的比较优势，促进区域内经济体的专业化分工与合作，使西安外向型中小企业经济的产业结构进一步优化升级。

（三）强化旅游资源的开发与利用

"一带一路"建设的提出，给本来旅游资源丰富的西北地区带来了很大的机遇。西北地区自然景观丰富，加之经历了历代王朝的更迭，将有利于西北地区发展旅游业，带动西北地区第三产业的发展。例如，"一带一路"建设为西安加快建设文化旅游强市提供了重大的历史机遇，西安将从国家层面上抢占政策先机，打造"丝路新起点"旅游品牌，推动"一带一路"国际旅游产业发展。西宁市是国务院确定的内陆开放城市，依托青海省丰富的动植物以及天然的矿产和水电资源得到了较快的发展。其中，西宁先后与国内外许多城市和地区建立了经贸协作和文化交流关系。西宁市的第三产业发展迅速，凭借着"城郊农业精发展、民族团结促发展"的经济思路，以郁金香节、青洽会、青海湖国际公路自行车赛、"四创"活动等为契机，实现了大量的招商引资。与此同时，西宁市也为外地商家的进驻提供宽裕的政策优惠。政策方面的优惠，快速地推动着西宁市经济的发展，而经济的快速发展也积极地带动着西宁市外向型中小企业第三产业的发展。

（四）加快交通设施完善

"一带一路"倡议的提出，国家将西北五省的发展提到了战略的高度。

国家政策的扶持，西北五省的资深努力，将推动西北地区的交通设施进一步完善。例如，青藏铁路是实施西部大开发战略的标志性工程，是中国新世纪四大工程之一。2006年青藏铁路的开通，加快了青藏地区与其他地区的联系，随着基础设施的进一步完善，直接拉动了青藏地区的经济发展，对沟通青海、西藏与内地联系具有战略意义。青藏铁路的建成与开通为青海省经济发展提供了广阔的空间，促进了第三产业的快速发展，甚至成为青海省国民经济发展的支柱性产业。交通设施的完善极大地有利于西北地区外向型中小企业与外部沟通的便利性。例如，兰州是打开西部的大门，随着2017年甘肃郑兰高铁的开通以及与兰新高铁的贯通，极大程度上改善了通往中部的交通条件，加快了中西部交流的步伐。

第三节 西北地区外向型中小企业转型升级的战略选择

基于西北地区外向型中小企业面对国内市场的挤压和国外市场冲击的局面，有必要综合自身的优势和劣势，找出适合自己发展的道路。西北地区自然资源丰富，比如：西北地区是黄河的重要发源地，水能资源丰富；西北地区还是矿产蕴藏丰富和民族加工业比较发达的地区，现阶段已有铝、铜、铅锌等有色金属和稀土生产加工基地、民族藏药材加工以及生物制药、毛纺、特色和民族食品加工基地、钢铁及特殊钢生产基地；加之亚欧大陆桥和"一带一路"政策的扶持，给本来身居内陆的西北地区带来了很大的机遇，西北地区应该抓住机遇调整产业结构，利用本身丰富的资源加快发展。

一 优化产业定位，完善产业结构

西北地区应利用自身丰富的资源，例如，黄河的水力发电、丰富的矿产资源、西北的重工业基地，以及重要的药材生产基地等有利的优势，进行产业定位，优化产业结构，促进西北地区产业的优化升级。

西北地区是国家重要的黄河上游水电基地组成部分。黄河上游的水资源丰富，其中上游中水能资源最丰富的地段是素有"水电走廊"之称的黄河谷地内，这里可建13座大中型水电站，总装机容量可以达1300万千瓦，目前区内建成的大中型水电站主要有刘家峡、盐锅峡、八盘峡等，周边区域建成、在建或待建的大型水电站主要有龙羊峡、李家峡、拉西瓦等，廉价的水电不仅吸引了有色金属和铁合金等大耗电工业的成组布局，而且也为兰州—西宁城市区域的经济发展和人民生活提供了能源保障。

西北地区是国家重要的铝、铜、铅锌等有色金属和稀土生产加工基地。西宁是以铝为主的有色金属工业基地，兰州是以铝为主的有色金属和铁合金工业基地，铅锌工业所需的铅锌精矿粉从陇南厂坝调入；铜是中国21世纪最为稀缺的有色金属资源，铜工业所需的铜矿在白银矿区已经枯竭，但从周边地区（西藏玉龙铜矿和新疆哈密铜矿）供给白银的条件日趋成熟，这为白银铜工业重获新生奠定了坚实基础。

西北地区是重要的汉藏药材加工以及生物制药、毛纺、特色和民族食品加工基地。兰州—西宁区域内的药材加工日渐成熟并具有一定的规模，其中就生物制药、毛纺、特色和民族食品加工等亦有一定发展基础。西北地区应该提高其科技含量，逐步实现汉藏药材加工以及生物制药、毛纺、特色和民族食品加工的领先地位。

西北地区是新亚欧大陆桥（甘肃、青海段）商贸中心、物流中心以及相对应的金融保险、信息中介中心和旅游服务中心。兰州—西宁城市区域未来服务业的发展应充分发挥中心城市兰州的"枢纽"优势，大力发展第三产业，积极地带动相关的金融保险、信息中介的发展，带动其运输业、资金流、信息流的发展。

西北地区有兰州—西宁城市区域都市高效农业、绿色生态农业和休闲观光农业基地。随着经济的发展，人们消费结构的改变，对农业提出了新的发展要求。人们需求的优质化、高档化、多元化将打破相对单一的种养结构，而走向种、养、加、销复合多元产业结构。未来的农业将追求多元化和绿色无污染，所以西北地区的外向型中小企业应抓住机遇，进行农业上的转型升级，促进企业的经济良性循环。

二　加强空间定位，推进资源整合

加强空间定位，推进资源整合。"一带一路"建设的提出、交通条件的改善，以及亚欧大陆桥的运行将有利于加快沿线城市、中东部地区及周边国家的交流与合作。

中国西部地区（甘新青藏）的枢纽区域和重要节点。西陇海—兰新线经济带是贯穿我国西北地区的重点开发轴线，呼包—包兰—兰青线经济带是我国西北地区南北向的重点开发轴线,二者共同组成西部地区"X字形"区域开发网络的主骨架,在全国经济发展总体布局中占有十分重要的地位。兰州—西宁城市区域恰好处于这两大经济带相交的"X字形"地带,区位条件比较优越,在区域开发中具有举足轻重的作用。

新亚欧大陆桥的重要节点。兰州—西宁城市区域的一级经济中心,东部进驻新疆、青海、西藏的咽喉;兰州是西陇海—兰新线经济带、呼包—包兰—兰青线经济带上的重要城市,西宁则是呼包—包兰—兰青线经济带上的重要城市,兰州—西宁城市区域的次级中心城市,青藏铁路的起点,内地通往拉萨、格尔木等城市的"港口"。

中亚—中国油气走廊和新疆油气资源东送的石油加工和石油化工基地,青藏地区和西南地区成品油配送中心。我国所需油气资源陆运主要来源于中亚等国及俄罗斯。而陆运管道大部分经由兰州—西宁城市区域,使其成为油气输送走廊;依托在建的塔里木—兰州原油输油管道、独山子—兰州成品油输油管道开通运营后,兰州有望成为青藏地区和西南地区的成品油配送中心。

三 加强产品规划,开拓国内市场

积极开拓国内市场从根本来说就是要重新规划产品结构。外向型中小企业属于订单型生产,产品的生产通常是以销定产,即根据客户订单的量来安排生产。但在国外市场面临着贸易主义抬头的威胁时,不妨调整产品结构开辟出自己的"蓝海"。

(一) 外销转为内销

原来适合国外市场的产品,不一定不适合国内市场需求。外向型企业如果直接将出口产品转销国内,通常会出现销售不畅的问题,因此需要研发适合国内市场需求的新产品,产品线也要适当调整,增加或删减产品线的深度和宽度。优化企业的产品结构,及时了解不同的消费者的喜好,使产品多样化,满足消费者的需求。就现在大的环境来看,外向型中小企业的国内市场上存在着产品同质化严重的现象,对于这样的局面,我国外向型中小企业在生产产品时,一定要改善产品的性能,形成自己的独特优势,才能为企业树立品牌意识,使企业在同行业中存在一席之地。

(二) 渠道建设

互联网的出现,极大地丰富了我们的生活,"互联网+"时代的到来无疑对外向型中小企业来说是一大机遇。企业完全可以利用互联网的优势，结合线上线下形成自己独特的营销模式，既有利于节约成本，同时还拓展了自己的销售渠道。但是，我国大多数的外向型中小企业都缺少国内营销，要想打破这一困境，就需要进行渠道建设。其具体的方案可以选择一些实力较大、网络健全、经验丰富的中间商，这样可以提升自身影响，迅速进入市场。营销团队也是这其中重要的一部分，因为运营模式和文化的差异，企业必须培养或者招聘营销人才，组成有竞争力的经营团队，既可以保持原有海外市场的经验，同时也可以了解国内市场的需求与竞争差异，能够针对不同的模式采取不同的对策来应对变化。

四 加强品牌培育，创新管理理念

在同质化越来越严重的今天，加大产品的含金量，生产自身独特的产品显得格外重要。西北地区应加强自身品牌建设，拥有自己的品牌优势，才能立足于市场，处于不败之地。另外也应创新管理理念，依据企业内外部环境的变化，适时调整管理理念、转化思路，紧紧跟上时代的脚步。

（一）品牌建设

同样一件产品、同样的加工厂，换成不同的品牌，在国内、国际市场的销售价格相差巨大，外向型中小企业必须培育自己的品牌，在行业中塑造具有较高知名度和美誉度的品牌，以品牌来赢得市场，这将是企业真正转型的必走之路。树立自有品牌，首先必须有品牌意识。要主动与消费者进行沟通，可以为媒体提供有价值的新闻素材，借媒体来传播自己的品牌知名度，同时可以以软文、低成本的售点广告、连锁类的店面传播、促销活动、公关推广活动等树立品牌，形成自己的独特的品牌优势，才能立足于市场，实现共赢。

（二）创新管理理念

企业经营的根本所在是企业的经营理念和经营方针，这两者是企业行动的标准，体现了一个企业的竞争力和价值观，如果一个企业缺乏经营理念，就犹如没有方向和目的地的行人，也就没有了判别是非对错的标准和能力，最后是不可能实现理想抱负的。一个企业没有管理观念无法立足，但只有管理观念也是不可行的，还要根据企业内外部环境，不定时地调整管理观念、转化管理思路，紧跟时代的步伐、适应多变的外部环境。如果一个企业存在老旧观念、思想，没有了跟得上时代的观念和思想，早晚会被市场所淘汰。

先进的管理观念引领着企业不断向前发展并指导着企业的经营活动,企业是否能做到不断创新管理观念,使管理观念与时俱进,是企业在中国市场经济竞争中获得成功、立于不败之地的关键所在。创新管理观念,主要有以下三点措施:一要树立正确的逻辑观,逻辑是保证各问题之间关系的关键,可以确认各部分的优先顺序;二要创建全面的系统观价值观,确保企业的长期稳定发展;三要坚持合理的成本理念,一味地追求降低成本是不可行的。

五 强化市场细分,采取补缺营销战略

对西北地区外向型中小企业而言,一方面,由于外向型中小企业可以利用的资源有限,竞争力较弱,没有足够的实力与跨国公司及国内大型企业进行正面竞争。因此外向型中小企业应根据自身的特点,应该对销售市场进行仔细的分析,进而调整营销策略,避免与大型企业产生正面竞争冲突。西北地区外向型中小企业在对目标客户进行选择时,一定要对他们的需求进行细致的分析,利用自己现有的优势,生产出具有特色的、个性化的产品。另一方面,西北地区外向型企业存在着资金规模不足,营销和管理能力低下等问题。在市场竞争中不宜盲目,特别是不能直接正面与跨国公司、大型企业展开竞争,而需根据企业的自身特色寻找市场的空隙。因此,西北地区外向型中小企业在展开营销活动时,应通过仔细的调研找出空隙市场,以此补缺市场为目标,迎合消费者的需求,进而调整企业营销方式,聚集企业优势为此市场服务,以此达到市场深入获得企业最大效益。

(一)寻找空隙市场的途径

市场空隙包括那些新发现的区域或者局部区域市场领域,大型企业还没有进入或者还未进行深入的市场;对于消费者需求量小或者产品多样化、利润薄弱的领域;对于市场变化多样,消费者需求相对较大的市场,跨国公司等大型企业由于规模较大、不易做出及时调整而未进入的领域或者区域。外向型中小企业一旦寻找到适合自己发展的具有特色的空隙市场后,对此区域消费者需求进行详细的调查,最后按照消费者的需求研发和制造产品,为他们提供具有本企业特色的产品和服务,以此步步为营,构筑企业的市场竞争力,逐渐扩大属于自己的市场空间。

(二)补缺营销实施重点

在补缺企业内营销策略中,应该重视两个方面,一是市场细分,二是量

身定做。站在企业发展的角度来讲，找到市场并不是企业的最终目的，占有市场并获得最大的市场利润才是其最终目的。跨国公司等大型企业在提供产品和服务的时候，很显然难以掉头，所以就会形成空隙市场。外向型中小企业要利用自己本身的优势，抓住机遇，为市场、消费者提供专业化、特色化的产品和服务，提高研发能力，填补大型企业留下的空缺市场或者细分市场，只有这样才能在市场上赢得一份利润。

（三）依托大企业，共生营销

根据国际市场营销理论，在采取市场营销战略时，外向型中小企业可以采用与大型企业、跨国公司合作，利益共享的模式，这叫作共生营销。如今的商业竞争环境日趋激烈复杂以及消费者的需求变化也日趋迅速和多样化，无论哪个企业的技术或者市场占有率都不能在某一行业长期成为领导者。所以，在市场竞争中，大型企业需要的也不仅是竞争对手，还需要合作伙伴，更需要相对稳定的市场收益。在与大型企业进行合作的过程中，通过细致和专业的分工，共同发展开拓市场，降低中小企业自身的营销风险，减少对大型企业无益的竞争成本，因此，对于外向型中小企业来说共生营销是一种新的经营方式。

（四）利用高科技，网络营销

网络营销是以现代营销理论为基础，借助网络、通信和数字媒体技术实现营销目标，是市场竞争、顾客价值和信息化社会变革产生的现代营销方式。西北地区外向型中小企业可以借助互联网营销模式开展国际市场，以实现企业的对外营销目的。

通过网络营销，能够及时贴切地了解顾客的特定需求，发挥自身机制灵活的优势，提供相应的产品和服务；降低市场交易成本和运营成本。对于西北地区外向型企业来讲，企业资本规模有限，在网络上能进行的业务流程也有限。在这种情况下，西北地区外向型中小企业可以采取与成熟的电子商务平台展开合作的方法以及外向型中小企业自己独立或者联合其他企业共同组建电子商务平台等两种方式实施网络营销。随着信息技术及营销理论的发展，网络营销与传统营销方式相比，其优越性越来越明显，企业采取网络营销策略，本身获得一个同大型企业重新进行竞争的机会，并且获得低成本、高竞争的优势，有利于外向型中小企业进入国际市场。但是，网络营销也有自身的缺点，企业应当克服缺点，充分发挥网络营销模式的优势，以期达到占领市场的目的。

(五) 依靠比较优势对外直接投资

我国西北地区的外向型中小企业一般都是小规模、小项目、劳动密集型生产，与欧美日等发达国家的先进技术还有一定的差距，我国外向型企业所提供的产品虽然技术中等，但是运用的一般都是较为成熟的技术，并且实用性强，在国外市场具有很强的吸引力，外向型中小企业可以通过海外直接投资的方式向目标市场进行转移。另外，随着国际分工的逐步深化，消费者需求和消费结构越来越复杂，使得产品和服务提供商的生产经营具有较高的柔性，而这恰是西北地区外向型企业的优点。因此西北地区外向型中小企业有以下三种经营方式可以借鉴：第一，企业采用设备、技术等折合成资金入股；第二，出售商标、品牌等形式并入外国企业；第三，建立战略联盟，加入国际产业分工和协作网络，与国际其他企业建立跨国的战略联盟。

第九章

西北地区外向型中小企业的社会责任

社会责任包括企业环境保护、安全生产、社会道德以及公共利益等方面，由经济责任、持续发展责任、法律责任和道德责任等构成。[①]这里指的不仅仅是企业责任，还有其他方面的社会责任。社会责任是社会法和经济法中规定的个体对社会整体承担的责任，是由角色义务责任和法律责任构成的二元结构体系。责任分为两种：第一种是因没有做好分内之事或者说是没有履行助长义务从而应该承担一定形式的不利后果或者强制性义务，也就是过去责任，比如违约责任、侵权责任等。第二种是指分内应该做的事，比如职责、尽责任、岗位责任等。这种责任实际上是一种角色义务责任或者说是预期责任。社会责任又可以分为"积极责任"和"消极责任"。消极责任或者说过去责任、法律责任，则只是在个体的行为对社会产生有害后果时，要求予以补救；而积极责任也叫作预期的社会责任，它要求个体采取积极行动，促成有利于社会的结果的产生或防止坏的结果的产生。

第一节 企业社会责任的发展渊源

企业的社会责任主要指的是在企业创造利润、对股东和员工承担法律责任的同时，还需要对消费者、社区和环境承担相应的责任，企业必须超越把利润作为唯一目标的传统理念，这是企业社会责任的相应要求。企业的社会

---

① 于鲸、张祥永、曹阳、黄佩珊、余珺涵、张雨：《以社会责任为导向的风景园林规划设计教育路径及实施研究》，《环境与可持续发展》2018年第3期。

责任主要强调企业要在生产过程中关注人的价值的同时对消费者、环境以及社会做出相应的贡献。如果一个企业不仅承担了其在法律上与经济上的义务，与此同时还承担了促进社会长期发展方面的义务，我们就说这个企业是有社会责任的。

一 企业社会责任的发展历程

虽然现代意义上的企业在18世纪中后期英国完成第一次工业革命后就有了充分的发展，但是关于企业社会责任的观念在当时还未出现，企业的社会责任在实践中仍然局限在业主的个人道德行为的范围之内。亚当·斯密的"看不见的手"是企业的社会责任思想的起始点。如果一个社会能够通过市场确定其需要，与此同时如果企业能够尽最大可能地高效率地使用资源从而来提供社会所需要的产品以及服务，并且用消费者自愿承担的价格来进行销售，那么，在古典经济学理论中，就认为企业已经尽到了应尽的社会责任。

18世纪末，社会责任的观念在西方的众多企业中已经开始发生一些微妙的变化，主要的现象是小企业的一些业主们开始频繁地捐助学校、教堂并资助一些穷人。直到进入了19世纪后期，社会生产力由于两次工业革命的成果有了快速的飞跃，企业的发展主要体现在数量以及规模两个方面。这一时期人们对企业的社会责任观不抱太大的希望，表现得较为消极，因此大多数企业并不会主动地去承担相应的社会责任，而是竭尽全力地去剥削与企业有密切关系的供应商和员工，以此用最快的速度成为最强的竞争者，但是类似这样的观念由于工业的大力发展从而产生了许多负面的影响。到了19世纪中后期，企业制度渐渐完善，在客观上对企业如何履行社会责任提出了一些新的要求，且劳动阶层维护自身权益的意愿不断地高涨，因此美国政府接连出台了《反托拉斯法》和《消费者保护法》，以此来抑制企业的某些不良行为，所以企业社会责任观念的出现是历史的必然。随着社会经济的进步，要求企业不仅要对相应的盈利负责，而且还要对有关的环境负责，并且需要承担相应的社会责任，其发展历程主要有以下三个阶段。

（一）阶段一：盈利至上

1970年9月13日，米尔顿·弗里德曼在《纽约时报》上登载了一篇题为《商业的社会责任是增加利润》的文章，在文章中，弗里德曼认为公司的经营管理人员尽量为股东赚钱与承担相应的社会责任相比之下承担责任更能够彻底地破坏自由社会本身的基础，企业的社会责任能够在比赛的规则范围增加相应的利润。在社会经济观的阐述中，保证自己的生存与利润最大化分别是企业的第一目标与第二目标。

（二）阶段二：关注环境

20世纪80年代，在欧美发达国家，企业的社会责任运动逐渐开始兴起，主要包括环境保护、劳动工人和人权等方面的内容，因此把消费者的关注点由单一关心产品质量转向了关心产品质量、劳动保障、环境保护和职业健康等多个方面。一些非政府组织以及舆论（主要涉及绿色和平、环保、社会责任和人权等）也在不断地呼吁，极力要求社会责任应该与贸易挂钩。由于自身发展的需要并迫于社会压力，诸多欧美的跨国公司接连制定出对社会作出必要承诺的责任守约，或者通过环境、职业健康、社会责任认证等来应对不同利益团体的需要。

（三）第三阶段：社会责任运动

在20世纪90年代初期，美国的人权组织以及劳动工人发动了"反血汗工厂运动"，该运动主要针对成衣业和制鞋业两方面。因为利用"血汗工厂"的制度生产产品，为了挽救其公众形象，李维斯被新闻媒体曝光后，制定了第一份公司生产守则。在劳工、人权组织和消费者的压力下，很多知名的品牌公司也相继开始建立属于自己的生产守则。在劳工组织、人权组织等组织的推动下，生产守则运动的内容逐渐由跨国公司自我约束的内部生产守则转化为社会约束的外部生产守则。到了2000年左右，全球范围内总共有将近246个生产守则，其中除去118个生产守则是由跨国公司自己制定的以外，其余的生产守则都是由国际机构、商贸协会或者是多边组织制定的关于社会约束的生产守则。这些生产守则主要分布在德国、加拿大、英国、美国、澳大利亚等国家。2000年7月第一次召开《全球契约》论坛的高级别会议，有50多家著名跨国公司的代表参加会议并且做出承诺，以《全球契约》为框架建立全球化市场，并尽力改善工人的工作环境、提高环境保护水平。已经有包括中国在内的30多个国家的代表、200多家著名大公司参与《全球契约》行动计划。到了2001年2月，全球工人社会联盟公布了一份报告，该报告长达106页，是由耐克公司资助完成的。报告的内容主要是关于印度尼西亚的9家耐克合约工厂的劳工调查。这份报告的新意在于它是由耐克出钱完成并公布的,而耐克又不能拒绝公布。耐克公司对这些问题的反应及应对将会帮助服装公司设立新的基准。世界经济峰会在 2002 年 2 月于纽约召开,会议上 36 位首席执行官极力呼吁公司履行其相应的社会责任。他们认为,公司的社会责任并不是画蛇添足,而应该是核心业务运作的至关重要的一部分。2002 年,联合国正式推出《联合国全球协约》。协约总共有九条原则,联合国恳请公司对待其员工和供货商时都要尊重其规定的九条原则。

二 企业社会责任在我国的演变过程

我国的企业社会责任主要经历了三个演进阶段。中华人民共和国成立以来,我国主要经历了由阶级斗争为纲要到以经济建设为中心,再到现在的建设和谐社会。企业作为经济建设最重要的主体,随着治国理念的转变导致其在政治、经济中的地位也发生了剧烈的变化,因此我国企业在承担社会责任方面具有一定的特殊性和复杂性。

(一)阶段一:企业办社会

在《中国的奇迹》一书中林毅夫详细地论述了中华人民共和国成立以后中国经济发展的轨迹。他主要从资源配置方式、宏观经济体制环境和微观经济体制环境这三个方面展开了相应的论述。与此同时,他还对计划经济体制的起源以及特征做了更加深入的分析。在他看来,中华人民共和国成立的初期,优先发展重工业的赶超策略被我国政府作为国家工业化的一项赶超策略。但是,由于重工业具有投资规模巨大、设备对外国依赖度大、建设周期长三个显著的特征使该策略实施比较困难。因为我国是以农业生产为主的大国,相比其他发达国家显得较为贫困,而类似这样的国家状况对于建设周期性长的重工业项目不占优势,并且分散的小农生产使得我国资金动员能力不足,从而导致大型项目的投资难度加大,再加上我国可出口的商品种类偏少,使得我国外汇资金数量在政治因素的影响下较为不足,而资金的不足则直接导致高汇率,最终重工业发展所需的设备进口则会受到影响。由此看来,我国资本稀缺的农业经济的资源禀赋状况严重影响了重工业资本密集的发展。显而易见,我国急需一个与目前市场机制调节不同的宏观经济环境,使得资源配置对重工业的发展形成有利的局势。在这个时期,企业实际上是政府组织的一部分,而政府的公共责任则在公共权力方面表现得更为突出,企业在政府的掌控下，其相关的经济活动都需服从于政府机关的行政安排，因此企业的活动便受到了很大限制，导致企业在一定程度上缺乏活力。由于我国的计划经济制度过分地强调统一性，因此从开始实施到指挥、安排甚至直至考核都是政府统一处理的，类似这样的统一性可以说其几乎完全忽略了市场自身的调节作用以及市场的价值规律。政府通过转嫁到工厂实现对社会的管理和控制，从而导致企业不仅担负相应的生产任务，还要担负着劳动者的生活保障，所以只要进入了某个工厂当了工人，就能够得到"铁饭碗"，也就是说不管能不能做好相应的工作，你的一生便有了"保障"。所以说这一时期的国有企业承担了远超于其应承担的社会责任，以至于企业失去了其本身存在的应有的含义，因此"企业办社会"是一种畸形的社会责任。

（二）阶段二：公共责任错位

中国经济体制改革的序幕随着党的十一届三中全会提出解放和发展生产力的观点被拉开。紧接着邓小平提出了以计划经济为主，市场经济为辅的论点，开始了中国市场经济的改革。国有企业的改革在前期主要是围绕放权让利这个主题，并提倡以权利换效率。实施改革的时候，提出只有保持权利和责任的平衡，企业才能够健康地发展。国家慢慢让企业承担起责任的同时也在扩大企业的权利。国有企业改革的后期主要分为推行承包与两权分离这两个阶段。党的十二届三中全会作出的《中共中央关于经济体制改革的决定》在两大理论上有所突破：一是承认社会主义经济是有计划的商品经济；二是承认全民所有制可以实行两权分离。企业开始拥有可自主支配的利润和产品是在国家实行微观经营体制改革以后。如果把企业的可支配的利润再用于扩大再生产方面，必然会引起许多的变化。而对于这些变化，必然会要求相应的资源配置方面的变化以及宏观经济环境方面的变化，改革开始逐步深入这些方方面面。因此，我国在资源配置制度方面，进行了一系列改革（主要包括物流、外贸、金融等领域的管理体制），为了达到适合我国国有企业发展的条件，政府在宏观政策方面也做出了相应的调整。

随着改革开放不断深入和向前迈进，我国处于一个由计划经济向社会主义市场经济转轨的时期。在社会转型的这一期间，国家鼓励各种所有制经济并存和发展的政策（主要是政府奉行 GDP 主义），使得私营以及合资企业这一类型的企业发展迅猛。"没有盈利就不能拥有或留住好人才，实现最大化盈利是企业生存的唯一追求,而千方百计地降低成本是企业管理的重点和关键"。[①]在此期间,各级的政府部门在他们的管辖范围内对属于他们范围内的所有的公有性质以及私有性质的经济资源等全部都具有很强的控制和动员能力,然而一些地方政府部门为了更好地追求较高的经济增长率,开始利用自己控制资源配置的权力,最大力度地来发展短期见效快且属于高能耗低产出的粗放型经济。由于这种模式太过于追求资本的生产率以及利润最大化,从而忽视了资源的利用率以及环境的损失,在那个时候的市场秩序条件和宏观政策环境下,几乎所有的企业都太过看重短期经营所带来的利益。

所以,在这个时间段,社会的公共责任相对缺失,公共监督显得尤为乏力,内部的监管机制也显得尤为不完善,因此企业在承担社会责任方面则主要表现为重视对直接利益相关者的责任,忽略对社会、对劳工等问题,并且淡化政府纳税。由于企业忽视了自己在社会保障方面应该起到的作用,从而导致企业开始逃避税收和社保缴费,并且对于社会就业问题、环境保护方面欠缺相应的考虑,把包袱重新甩给社会,把企业的利润建立在环境的破坏和污染基础之上,过分地看重利益,给社会提供不合格的服务产品或者虚假信息,欺骗消费者并同消费者争取利益,压榨企业职工的收入和福利,对公益事业不管不问,缺乏公平竞争意识。

(三)阶段三:公共责任意识抬升

我国在不断地完善建设社会主义经济市场的过程中,企业与企业之间的竞争也变得越来越激烈,因此计划经济时期存留下来的许多产物也显得越来越不合理。在20世纪90年代,我国的国有企业在逐步壮大起来的同时还要扮演好"尽好自己的本分"的角色,也就是说要承担起属于自己相对应的社会责任。但是,在当时,国有企业却没有展示出理应承担起社会责任而产生的良好效果。频繁地出现许多不负责任的现象,比如说:浪费自然资源以及破坏环境、弃职工利益于不顾、销售假货、侵吞国家资产等。

总而言之,在计划经济的这个时期,国有企业把关注点更多地放在经济利益上而不是社会利益上。因此在那个时期,国有企业并没有把企业追求利

---

① 仲大军:《当代中国的社会责任——在内蒙古经济发展论坛上的发言》,《经济与社会观察》2002年第6期。

润最大化的一元化目标同追求社会效益、承担社会责任的目标结合起来，从而对社会和环境都造成了巨大的负面效应。对于企业这种忽略社会责任的行为，国家果断地提出了可持续发展的理念，要求企业重视关于职工的工作环境、权益以及商业责任等方面，并且对企业相关的内容加强立法。所以，在政府逐渐重视的背景下企业的社会责任被重新提起。

不管是什么责任，关于责任的担当都必须去了解以前其履行责任的相应状况、明确履行责任的主体并且把控好履行责任的方向从而选择正确的履行责任的手段和方法，对于履行企业的社会责任方面也不例外。如果我国企业要想更好地在今后的发展中履行其应履行的社会责任，就必须去深刻地分析自己在过去的发展阶段里履行企业相应的社会责任的状况，从而更好地总结出经验和方法，唯有这样才可以在今后的履行社会责任与促进我国经济发展的道路上奠定坚实良好的基础。目前，从我国的经济状况来看，我国的社会发展速度在紧随时代变化速度的同时，还体现出了相应的阶段性方面的特征，也就是说在不同的发展时期其发展的特点与发展的需要也会显得不同。因此在社会与企业的互动中，企业应该用一种乐观积极的态度去主动地迎接变化，要敢于应对社会的变化，从我国的企业社会责任的演变过程中获取相应的灵感，寻求方法并创新思路，这样才能够在不同的时期面对社会的要求，从而积极地履行与自己相应的社会责任，真正地从履行社会责任的行为中自觉地让企业形成对国家经济发展的动力源泉。

第二节　西北地区外向型中小企业的社会责任

对于企业来说，企业的主要目的不仅仅是法人盈利，企业存在的根本原因，从客观上说，是以下四项，也就是解决员工就业，满足社会需求，专业领域文明高度以及依法纳税这四项。就目前的情况来看，被大众企业忽略的问题是履行企业的社会责任，而要解决这类问题，其关键还是要看企业文化的轴心以及决策人的侧重点。如果企业能够在履行社会责任方面做到尽职尽责，尽量地去完善企业自身的管理制度，使企业的发展势态变得优良，那么类似这样的企业便可以成为国计民生的企业，也就是具有一定影响力的企业。随着企业的扩大化，层次化，多元化发展，必定会使社会人民更大地受益，也使这个企业成为行业的常青树。

一 西北地区外向型中小企业履行社会责任的动因

市场经济体系的重要组成部分是现代企业，现代企业在社会经济中拥有着不可比拟的影响力，企业如果恰当地履行它应履行的社会责任，将会使社会经济的运行与发展展现出重要的意义。相较于我国来说，美国作为社会责任的起源国家，它在企业社会方面的研究是基于其独特的完全自由市场经济制度的背景完成的，在企业社会责任形成和推动机制发挥着主导作用的是跨国公司、大型企业以及大型银行和金融机构。但是我国社会发展的程度、文化以及社会背景的差异，让我国西北地区外向型中小企业的社会责任的形成和推动机制具有自身的特点。

（一）动因一：社会责任是西北地区外向型中小企业的内在发展需要

西北地区外向型中小企业若想树立良好的社会形象，实现可持续发展并获取竞争优势，则需要履行其相应的社会责任。拥有一个好名声对于许多西北地区外向型中小企业来说在提升竞争力方面显得极其重要。大量的事实证明，履行相应的社会责任可以为企业赢得良好的社会声誉、提高品牌知名度、增加员工满意度和吸引力、减少政府的管制、吸引责任消费和责任投资、增强顾客忠诚度、改进与利益相关者的关系并获取更大的市场份额。西北地区外向型中小企业应对国际贸易壁垒和参与国际竞争的途径也要履行社会责任。近年来，由于我国西北地区外向型中小企业大多数还处于国际贸易供应链的末端，许多企业因为其所生产的产品不符合社会责任的要求而被撤单，因此我国西北地区外向型中小企业能否成功，甚至能否生存的重要前提主要是是否履行社会责任。以劳工权益保护标准的社会责任标准为例来说，越来越多的国际采购商将其作为订单的附加条件，从而也促发了越来越多的社会责任运动。在1995年以后，我国出现了许多类似纺织业、玩具业、鞋业和服装业中的许多外贸中小企业接受跨国公司的社会责任标准审核，却因为审核不过关而被撤单的情况。也正是因为这样，社会责任的标准被许多人看成是一种新的"贸易壁垒"，成为企业提升自身竞争力和参与国际竞争的基本手段和要求。

（二）动因二：企业的社会责任是利益相关者的外在压力

目前，投资者、消费者、社区居民、新闻媒体以及政府部门等利益相关者的社会责任意识在不断地加强，所以要求企业需要承担更多的社会责任。

因此，来自社会舆论所形成的巨大压力，是推动我国西北地区外向型中小企业履行其相应的社会责任的动力。迅速发展的通信和互联网技术，有利于社区居民、新闻媒体的监督，公众也可以从中得到更多企业的信息，负责任的企业会得到公众的肯定，而不道德的企业行为则引起舆论的谴责。在资本市场以及产品市场方面，开始出现了带有责任的投资者以及价值取向的消费者，越来越多的消费者会拒绝购买不道德的产品，因此也有越来越多的金融投资机构在投资企业时提出了相应的社会责任方面的要求。而政府以立法、执法等形式向企业施加压力，以此来作为监管者。这对西北地区外向型中小企业社会角色的扮演提出了更高的要求，迫使企业不得不去关注环境和社会问题。因此，利益相关者的参与会促使西北地区外向型中小企业把企业社会责任纳入其决策和行为中去。

二　西北地区外向型中小企业应承担的社会责任

企业的社会责任要求企业必须超越把利润作为唯一目标的传统理念，强调要在生产过程中对人的价值的关注，强调对环境、消费者和社会的贡献。因此，西北地区外向型中小企业应承担的主要社会责任如下。

（一）责任一：企业对股东以及员工的社会责任

随着社会的进步，企业中的股东队伍越来越庞大，可以说是遍及在社会生活的各个领域中，从而使得企业与股东之间的关系也逐渐有了企业与社会关系的相关性质，因此企业对股东的责任也相应地具备了相应的社会性。首先，西北地区外向型中小企业应该严格地遵守有关法律的相关规定，从而对股东的收益以及资金安全负责，尽自己的最大努力来争取丰厚的投资回报给股东。其次，企业向股东提供真实、可靠的经营和投资方面的信息以及做到不欺骗投资者是其应尽的责任。在全球化的背景下，劳动者的权利问题也得到了来自世界各国政府以及各社会团体的普遍重视。20世纪90年代，美国著名的牛仔裤制造商李维斯在类似监狱一般的工作条件下使用年轻女工的事实被曝光后，为了挽救其形象，推出了第一份公司社会责任守则，随之一些跨国公司为了应对激烈的全球化竞争，也纷纷效仿。类似这样的案例，在社会责任的发展历程中也相继出现了许多。因此西北地区外向型中小企业必须以相当大的注意力来考虑所雇员工的地位、待遇以及满足感等方面的问题。

(二) 责任二: 企业对政府、社区及消费者的社会责任

政府的社会服务机构越来越完善,其所扮演的为公民以及各类社会组织服务的角色也就越来越成功。因此,在类似这种框架制度下,需要西北地区外向型中小企业竭尽全力地扮演好社会公民的这一角色,接受政府的监督和依法干预,并自觉地按照政府有关的法律法规的相关规定,照章纳税、合法经营,承担起政府规定的其他责任和义务。企业不仅是社会的组成部分,还是所在社区的组成部分,企业的一项重要社会责任是与所在片区的社区建立比较和谐融洽的相互关系。在这个时期,企业意识到其应该通过适当的方式把企业利润中的一部分回馈给所在片区的社区,这是它们所应尽的责任与义务。因此,西北地区外向型中小企业对社区应承担的责任就是回馈社区。根据企业与消费者的关系,我们可以看出企业与消费者属于矛盾统一体。消费者的购买能力能够为企业带来最大利润,企业的天职也是企业对消费者的社会责任,是通过为消费者提供产品和服务来获取利润,为消费者提供物美价廉、安全、舒适、耐用的商品和服务,从而满足消费者的物质和精神需求。因此,西北地区外向型中小企业对消费者的社会责任主要体现在对提供的产品质量和服务质量这两方面,西北地区外向型中小企业应该履行对消费者在产品质量和服务质量方面的承诺,不能够欺骗消费者或者牟取暴利,并且应该在产品质量和服务质量方面自觉地接受政府以及公众的监督。

(三) 责任三: 企业对科技发展、环境和可持续发展的社会责任

就目前的状况来看,我国企业的经济效益相对于其他国家是比较低的,在资源的投入与产出比率方面也较低。因此重视科技创新是解决成本效益低下的唯一路径。只有通过科学技术的创新,才能降低煤、电、油等相关原材料的消耗,进一步提高企业效益。我国在改革开放以来,为了能够尽快地改变技术落后的状况,实行了拿来主义,目的是能够使经济发展走上捷径。但迄今为止,我们的引进风仍然是越刮越大并且越刮越严重,从而导致我国很多工厂几乎变成了国外生产线的博览会,但是对于所引进的技术消化吸收却没有引起相应的注意。因此,西北地区外向型中小企业要高度重视引进技术的消化吸收和科技研发,加大资金与人员的投入,努力做到以创新企业为主体。

第三节　西北地区外向型中小企业社会责任实践困境

我国企业社会责任运动开展时间较短，社会责任意识并未深入企业文化当中，对于一些公司制度尚不完善的企业来说，海外社会责任实践离不开人的主观能动性，企业的价值观、文化和行为准则都会对企业行为产生直接的影响。特别在发展中国家，经济水平较低，企业社会责任开展较晚，东道国政府和人民对企业社会责任的关注度和要求并不高，这使得我国外向型企业在跨国经营中社会责任方面的门槛较低，企业把重心放在如何生存上，因此更多关注自身短期经济效益，以获取最大限度的经济利润为首要目标，忽视了利益相关者，特别是员工、消费者、公众、政府对其承担社会责任的诉求。为了实现企业目标而根本不考虑行为的负面社会影响，在一定条件下有可能直接触发社会责任缺失行为。在利益或效率最大化的驱动下，企业缺乏组织公民意识，不能主动把与政治、社会、环境有关的信息和责任整合在自己的商业决策中，看不到商业世界与宏观社会发展责任之间的关系，更无法理解实现社会目标也是企业实现经济目标的最好保证，因而要么在承担社会责任上无所作为，要么把承担社会责任简单理解为只是向社会捐助，没有把履行社会责任提升到企业发展的战略高度。这些长期积累的"信誉危机""形象危机"一旦触发，企业之前的成绩将毁于一旦。目前我国企业即使到发展中国家去投资设厂，或进行经济贸易活动，也会受到当地社会和国际社会的严密监督，不负社会责任的企业照样会名声不佳，甚至被逐出市场。使得后来者要付出更长的时间、更大的代价去加以修补，方能弥合这道在中国企业形象上划出的伤痕。外向型企业不注意承担社会责任，虽然也能赢得一时的市场，取得一些短期的经济效益，但最终会失掉经营信誉，失去朋友，丢掉在东道国持续发展的机会。

一　西北地区外向型企业忽视利益相关者的关切，引发矛盾和冲突

一方面，我国一些西北地区外向型中小企业受限于发展阶段和经济实力，忽视了其在东道国的利益相关者的关切，如有些中国"走出去"企业大量从中国国内招募工人，没有为当地人提供就业机会。另一方面，由于东道国国内相关法律法规对逃责、避责行为的约束和处罚力度不够，使得一些西北地

区外向型中小企业并未充分认识履行社会责任的重要性，按照惯性将许多不合理的管理方法应用于跨国经营中，这些做法虽然使企业在一段时间内提高了经济效益，但是随着企业社会责任运动在全球范围内的开展，东道国对企业应承担社会责任的意识越来越强，跨国经营企业的运营势必在当地引起一些矛盾和冲突。目前我国一大部分外向型中小企业分布在矿产、建筑等高危行业之中，但部分企业安全生产意识淡薄，对安全生产工作的重要性认识不足，基础管理相当薄弱，致使安全事故不断发生。

此外，西北地区一些对外投资企业在发展中国家进行矿产、石油和天然气开采，由于受到短期利润驱动、环保意识缺失、技术水平不足等负面因素的影响，其在东道国的开采方式破坏了当地的生态平衡，对当地的环境造成了不同程度的污染。另外这些国家法律不健全、社会监督乏力、民众参与力量有限，导致我国企业在主观上也不注重社会责任的履行，不但严重破坏了当地的环境和可持续发展的潜力，而且严重影响了当地居民的利益。

虽然有不少西北地区外向型中小企业已经充分意识到企业社会责任的重要性，但由于跨国经营经验的匮乏，对当地的法律法规以及风俗文化了解不深，只能被动地履行企业社会责任。近年来，我国外向型中小企业正在遭遇越来越多的劳资纠纷，只有极少的中国企业对此有足够的心理准备和知识准备。如一些国家的工会组织从产生之日起就有非常复杂的背景，历经多年的演变，企业工会组织提出的许多要求已经得到法律强制性的保护；一些国家有严格的劳工权益保障机制，当地工会权力很大，劳资关系较难处理。例如在拉美地区，当地的工会组织对企业具有十分重大的影响，然而中国企业的管理人员大多缺少与工会谈判的经验，只是习惯与政府打交道，结果往往并不理想，如何妥当解决劳资纠纷已成为决定我国企业"走出去"成败的关键所在。

二　产品质量低劣，影响中国产品形象

随着我国企业"走出去"步伐的加快，企业间同质性竞争非常普遍，有的企业为了拿到订单，采取低价策略甚至进行恶性竞争，待到企业中标以后，再通过偷工减料、降低工程质量达到降低成本之目的。然而，产品质量低劣直接影响了中国产品的形象，在某种程度上已经引起东道国政府、当地居民及社会舆论的强烈不满，违背合同条款既给企业自身造成很大的信用损失，也损害了中国企业在海外市场的整体形象。不少企业的短视行

为被某些别有用心之人恶意放大，成为丑化中国的工具，给企业的声誉和国家形象带来巨大的负面效应。部分中国企业，特别是中小私营企业片面强调经济效益，为了获取利润采用各种非法手段，有些企业甚至不惜采取社会责任缺失行为来应对动态变化的环境，通过打破规则、挑战传统、采取边缘性伦理行为来构建竞争优势，与当地社会和企业发生了利益冲突，以廉价、劣质产品抢占当地市场的中国商人自然会引发当地人的排斥，甚至成为被当地人憎恨的对象。

三 特定行业的敏感性导致对外投资面临较高的政治风险

因为缺乏对当地社会文化的全面、深入了解，不少企业"走出去"后只重视与当地政府的沟通，而忽略了与其他利益相关方，特别是与周边社区的沟通交流。因而西北地区外向型中小企业常常会遭遇意想不到的突发事件。目前企业社会责任已经发展成为全球性的运动，各国政府和公众高度关注企业社会责任，企业社会责任的政治化倾向，使其正在成为国家之间利益博弈的工具。东道国国内局势的变化，国内利益群体的博弈往往会拿一些国际合作项目开刀，许多国际经济合作都难以摆脱东道国国内政治因素的影响，一些经济问题不断被刻意政治化，成为对政府施加压力的筹码，致使相关经济合同方深陷其中。中国对外直接投资的行业集中度很高，如采矿业、高科技制造业等都对国民经济的安全和发展起着重要作用，因而此类行业的海外投资行为往往带有很强的政治、外交、经济敏感度，近年来中国海外投资屡屡受挫与所投资行业的敏感性有很大关系。西北地区外向型中小企业在国内经营过程中，履行社会责任的压力主要来自政府，而少有非政府组织要求企业履行社会责任的压力，与发达国家的企业习惯了在经营过程中同时面临来自政府和利益相关者两方面压力的情形不同，因此，当西北地区外向型中小企业所进入的市场有着更严格的企业社会责任规则和有着更高要求的利益相关者团体时，来自后者相对陌生的外在压力常使它们遭遇意想不到的挫折。

四 缺乏可持续发展规划

为了缓和与东道国的关系，实现长远开发的目标，越来越多的企业正在加大对东道国社会责任的投入，但我国很多"走出去"企业的社会责任活动往往是以单个、短期项目出现，许多"走出去"企业仍习惯于将履行社会责任与慈善捐助、开展公益活动画等号，使得这些公益性的捐赠不具有可持续性，企业没有把社会责任纳入企业总体战略中，没有将这种履行社会责任的实践变成价值性导向，缺乏着眼于企业的可持续发展和全面履行经济、环境和社会责任的统筹安排，很难达到企业与东道国双赢的目的。中国对外投资的历程较短，加之自身的经营管理能力较弱、国际化人才匮乏等因素，绝大多数"走出去"的企业尚未建立起社会责任管理体系，对在东道国履行社会责任的重点领域和方向缺乏科学严谨、全面系统的统筹安排，许多"走出去"企业习惯性地将社会公益支出捐献给政府，而周边社区居民得不到实惠。很多企业对国际企业社会责任理念以及做法不甚熟悉，尚未对国际化经营环境下自身的责任角色进行理性分析和界定，履责具有很大的随意性，对企业自身可能存在的责任风险预见性不足，没有从企业持续发展的战略高度认识企业社会责任，导致企业融入东道国难，公益项目无从下手，并由此引发矛盾和冲突。跨国公司作为跨文化、跨地域的经营管理者和国际化的企业公民，在实践社会责任的时候必然会与当地本土文化发生碰撞，充分了解当地的法律文化，才能与当地政府、社区进行有效的沟通，才能有的放矢地履行企业社会责任。中资企业往往本着低调做事的原则，不习惯或不愿意与东道国政府以外的其他社会团体打交道，做得不少，说得太少，有些公益项目投资巨大，但社会认知度并不高。很多西北地区外向型中小企业都对媒体有天然的"抵触"或"惧怕"心理，不擅长与媒体、非政府组织和社区居民打交道，尤其是缺乏与利益相关者的互动，缺乏与当地社会团体的互动，缺乏与媒体的互动，往往忽略了向社会公布必要的信息，也没有建立合理的信息沟通机制，导致与当地社会出现信息不对称、沟通不顺畅等问题。一旦出现情况，习惯于危机公关和应急处理，因而当产生误会时，常会造成对项目开发不利的社会舆论，影响了履行企业社会责任的效果。

第四节　西北地区外向型中小企业履行社会责任的出路

对于参与国际竞争的西北地区外向型中小企业而言，遵守企业社会责任规则不再是一种自愿性质的事项，而是一种强制性质的外在要求；企业应对社会责任标准压力的能力已经成为其保持国际竞争力的重要因素。中国企业在"一带一路"沿线国家的投资,不仅关乎企业自身发展战略的实现,也关乎企业在国际市场的可持续发展,关乎国家的国际形象。因此增强西北地区外向型中小企业在"一带一路"沿线国家履行社会责任的意识不仅可以改善企业的资金供给状况,便于接近当地合作伙伴,降低市场准入门槛,降低法律和经营风险,还会极大提高企业的长期竞争地位,通过互利共赢实现中国在沿线国家的投资健康、稳定、和谐发展。

一 积极开展公共外交

我国企业在"一带一路"沿线国家的建设项目多集中在基础设施、矿产、油气等领域,这既是由我国发展阶段和比较优势决定的,也符合沿线国家工业化的实际需求。沿线国家大多是在社会转型期的民选政府,西北地区外向型中小企业在沿线国家的投资合作环境、社会舆论环境会时刻发生变化,西北地区外向型中小企业与前政府签署的项目有可能成为民众借机排挤中方企业,以宣泄对前政府不满情绪的目标和靶子。"走出去"企业的海外并购和投资已不再是单纯的商业行为,而是涉及政治、法律和文化等多方面,"走出去"企业所面临的问题,不仅关系到企业自身的利益与形象,而且越来越多地与国家利益和国家形象联系在一起,其成败往往与公共外交有着非常密切的关系。

近些年来,尽管我国的国际形象不断得到改善,国际社会对中国的了解和接受程度不断加深,但一些国家仍然对我国抱有一定的成见。我国应该通过政府和民间多种渠道来加深"一带一路"沿线国家对中国的了解和认同感,为中国企业进入沿线国家开展投资经营活动创造宽松的政治环境。公共外交有助于减少文化观念冲突、规避政治投资风险,是跨国企业避免投资政治风险的第一道防线,因此"走出去"企业进行的公共外交应该成为中国公共外交体系中必要的有机组成部分,以构建包括政府、企业和社会的立体公共外交体系。

我国西北地区外向型中小企业应结合自身经营优势在"一带一路"沿线国家履行社会责任。在沿线国家开展公共外交要区别于在发达国家开展公共外交的方式方法,要以改善当地生活条件和促进就业为目标,强调中国的优势与沿线国家的契合度,在促进当地产业链形成、对当地进行技术和管理经验培训的过程中,让当地民众切实感受到中国项目对当地社会发展做出的贡献。

二 加强与合作国家的政策协调

"一带一路"沿线大多是新兴经济体和发展中国家，普遍面临工业化和全球产业转移带来的环境污染、生态退化等多重挑战，其国内加快转型、推动绿色发展的呼声不断增强。西北地区外向型中小企业与"一带一路"国家最容易诱发冲突的是环境和社会责任问题，如所谓"污染""人权"等问题。制度建设的国际化本来就是中国企业的一大短板，而许多企业在还不清楚规则的基础上就踏上了"一带一路"的征程，结果是签约容易，而获益难、撤资难。

"政策沟通"就是要求我们与这些国家加强政策对话与交流，特别是与沿线国家在相关的立法、行政管理、产业政策等方面加强沟通协调，加强在环境保护、税收、社会保障等方面的政策沟通，了解这些国家的法律法规、政策标准，为我国企业"走出去"提供政策基础，扩大我国所倡导的"互利共赢"的合作理念和相关政策的影响力。与沿线国家的合作要逐渐深入法律法规和政策协调的核心层面，不能完善、协调国内、国外与企业社会责任有关的法律体系，并以此规范我国"走出去"企业的海外投资行为，从而减少双方在文化观念上的冲突，规避政治、社会投资风险。首先要加强我国相关法律法规的建设，在《中华人民共和国公司法》《中华人民共和国劳动法》等一系列法律规范中进一步明确和细化企业海外经营过程中的社会责任规则，进而将企业社会责任的规定纳入法制化的管理体系之中。其次对于在"一带一路"沿线国家经营过程中出现重大责任缺失，对我国企业的声誉、国家的形象以及品牌的建设造成严重影响的"走出去"企业，应追究其法律责任并给予相应的处罚，从而提高"走出去"企业履行相关社会责任的自觉性。应建立服务"一带一路""民心相通"的国内、国际合作机制，通过政府和民间多种渠道加深其他国家对我国的了解和认同感，进一步夯实民意基础，为中国企业进入东道国开展投资经营活动创造宽松的政治、文化和经营环境，这也将有助于企业与当地政府实现互利共赢。

三 设立专门机构，推进社会责任实施

企业社会责任的内涵较为丰富，因而从政府层面来说，涉及的职能部门

较多，如环境保护部、商务部、发展与改革委员会、人力资源和社会保障部等。从目前的情况来看，这些部门更多是从各自的职能特点出发，从事推进履行企业社会责任的活动。要真正将西北地区外向型中小企业社会责任的运动深入推广，统一协调政府各部门的企业社会责任工作，形成工作合力，还需要在更高的层面上设立专门的国家机构或者职位来推进西北地区外向型中小企业社会责任的实施，专门指引和帮助对外投资的企业履行社会责任，使企业社会责任管理制度化、规范化、国际化。专门机构首先就是要引导、帮助西北地区外向型中小企业建立社会责任管理体系，监督西北地区外向型中小企业在"一带一路"沿线国家履行社会责任的情况，针对西北地区外向型中小企业具体情况牵头制定目标和具体措施。通过建立规范化的西北地区外向型中小企业社会责任信用体系信息库，对西北地区外向型中小企业履行社会责任的状况予以客观公正的评级，实现与国内银行、金融、税务、工商等相关部门的信息共享，优先解决履行社会责任评级优良的"走出去"企业的国内贷款问题，使社会责任感强的西北地区外向型中小企业获得更好的发展，同时激励它们更加注重在东道国履行企业社会责任，形成西北地区外向型中小企业与社会的良好互动。

通过在沿线热点投资国设置驻外机构，协调国际合作中出现的社会责任问题，提供"一带一路"沿线国家企业社会责任标准的信息服务等。试点设立和管理针对"走出去"企业的社会责任基金。西北地区外向型中小企业，由于其规模小、人员少，可能无法完成某些东道国要求的社会责任，应该允许这些企业以交付社会责任基金的方式，由专门机构统一协调、管理，并外包给专业企业完成社会责任，这样既保障了西北地区外向型中小企业履行社会责任的质量，也减轻了企业的负担。

专门机构要加强对企业管理人员进行社会责任培训，提高企业社会责任意识。目前，不少西北地区外向型中小企业对企业社会责任相关理论、标准、国际规范以及做法都一知半解，这势必影响企业社会责任的履行，设立专门机构有助于加强对西北地区外向型中小企业履行社会责任的指引和监督，通过举行座谈会、培训班、研讨会、论坛等方式帮助西北地区外向型中小企业了解和熟悉企业社会责任的相关理论、国际通行规范与标准等，让更多的管理人员对企业社会责任有更全面的理解和掌握，以提高其社会责任意识，并促进其科学履行企业社会责任。专门机构还要高度关注社会责任标准的发展态势，积极主动参与全球社会责任标准的研讨和起草活动；同时要组织力量，整合我国有关企业社会责任方面的内容，形成我国自己的社会责任体系和标准；负责组织、制定我国企业社会责任战略。

四　发挥非政府组织的监督促进作用

非政府组织更容易得到东道国政府与社区的信赖，可以成为我国政府、企业与东道国政府和社区之间的桥梁。通过非政府组织开展公益性调研、减贫、救助、培训等公共外交项目，可以降低项目的政治敏感度。借助非政府组织的平台和影响力，向"一带一路"沿线国家政府及社区宣传企业环境管理理念，便于与沿线地区民众加强沟通，与当地政府开展合作，与媒体及智库建立联系。

当今信息化时代使得信息传播的速度和对舆论、舆情的影响力不断上升，西北地区外向型中小企业应加强与非政府组织的公关合作，避免因不实报道引发舆论压力，使西北地区外向型中小企业在经营中陷入被动局面。西北地区外向型中小企业加强与专业非政府组织的合作，特别是与"一带一路"沿线国家当地非政府组织的合作，能够深入了解当地民情、舆情，及时发现问题。一方面，当东道国利益相关者的权益受到损害时，可以通过非政府组织及时向我国西北地区外向型中小企业提出问题，在舆论上采取措施，避免出现罢工、袭击中方管理人员等过激行为，维护自己的形象和国家声誉；另一方面，当政府在对西北地区外向型中小企业社会责任管理上"失灵"时，非政府组织可以进行干预和调解，为我国西北地区外向型中小企业营造良好的社会舆论基础。

要支持我国的非政府组织"走出去"，突出民间组织的灵活性，为我国民间组织"走出去"提供便利，支持我国民间组织在"一带一路"沿线国家建立分支和常驻机构，并使民间组织逐渐成为公共外交项目实施的重要主体，发挥非政府组织在推进企业社会责任运动中的战略咨询、社区互动、环境保护、监察活动等作用，促进企业社会责任的实现。

第十章

西北地区外向型中小企业
相关政策及其完善

外向型中小企业在其发展过程中，在提供就业岗位，促进经济发展，激发创新活力，维护社会稳定方面都发挥了很大的作用。但外向型中小企业在其发展中，也暴露了它先天不足的缺点，所以在中小企业的发展历程中，离不开国家相关政策的支持，当然，西北地区的外向型中小企业也不例外。本章就西北地区的外向型中小企业政策支持体系进行阐述，通过对西北地区外向型中小企业的政策支持体系的现状以及存在的不足进行详细的分析，对西北地区外向型中小企业的发展给予战略意义上的建议。

第一节 外向型中小企业政策支持体系概述

我国外向型中小企业起步晚，相对于大型企业虽然在规模和组织结构上较为简单，但仍然是我国经济发展中不可小视的一股力量。近年来，国家颁布了一系列的有关于扶持外向型中小企业发展的政策，例如：《中小企业促进法》等，其内容涉及各个方面，有利于外向型中小企业向着健康稳定的方向发展。

一 外向型中小企业政策支持体系的内容

外向型中小企业扶持政策属于公共政策，它既有公共政策的共性，又具有自身的独特性。具体来说，外向型中小企业扶持政策是指国家政府为促进外向型中小企业的发展，规范其行为，提高其竞争力，为促进外向型中小企业成为市场的重要经济实体而采取的一系列政策措施。外向型中小企业扶持政策是国家或地区政策体系中的一个重要组成部分，与其他政策一样，外向型中小企业扶持政策的制定和完善也会受到政府部门人员观念上的影响，社会的经济发展水平，以及政府拥有的经济资源、配置资源的方式和外向型中小企业自身发展等诸多因素的制约。因此，不同国家和地区的发展水平不同，外向型中小企业政策扶持的内容也往往有所不同，但不可否认的是，外向型中小企业的扶持政策与中小企业的发展是密不可分的。

国内外学者对政策的理解观点较多，例如包尔丁（Balduin）认为政策是为支配既定目标而采取行动的各项原则；孙效良认为政策是决策者为了实现一定的任务而制定的行动准则和方向。综上所述，政策支持是指国家权力机关为了实现自身所代表的阶级、阶层利益，而在一定时期内标准化地规定出明确的准则和措施，以达到其奋斗目标。

本书所研究的中小企业政策是指政府为支持和促进外向型中小企业的发展，而专门制定的公共政策和管理体制，其中包括一系列配套的法律、法规和方针。我国外向型中小企业发展支持体系构成内容如图10-1所示：

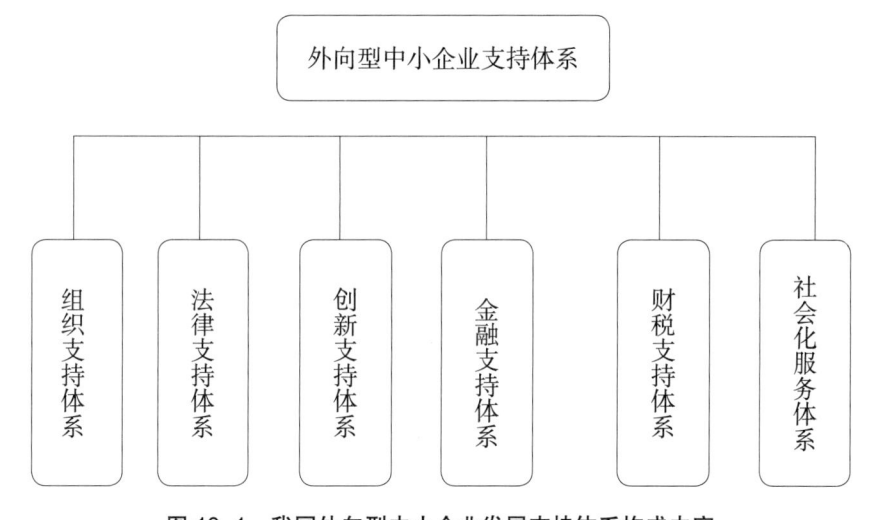

图10-1 我国外向型中小企业发展支持体系构成内容

外向型中小企业政策支持体系是指政府为了促进外向型中小企业发展，而制定的系统配套的公共政策和管理体制。我国外向型中小企业发展扶持政策的构成体系如图10-1所示，由组织支持体系、法律支持体系、创新支持体系、金融支持体系、财税支持体系、社会化服务体系等内容组成。

二 外向型中小企业政策支持的必要性分析

通过对外向型中小企业的特征分析可以得知,外向型中小企业灵活性好,但通常规模较小,在发展过程中对资金的需求较大,往往资金链的断裂会导致一家企业生产停滞,进而严重影响企业的发展,而在创新过程中遇到失败的时候,相对雄厚的资金底蕴,会是外向型中小企业最大的保护手段,在这方面,政府为保证企业的正常发展在融资方面出台的政策便会带给中小企业发展更大的空间和便利。

这里以迈克尔·波特的五力模型为基础,对外向型中小企业发展行业环境进行分析,来说明外向型中小企业扶持政策的必要性。

(一) 新加入者的威胁

进入一个产业有两个因素需要面对:一是进入壁垒;二是产业中现有企业对新加入者的反击。就外向型中小企业来说,存在产品同质化程度高、经济规模低、成本转换低等因素,无论是在进入壁垒还是面对反击或实施攻击方面,都使得外向型中小企业都不具有明显的优势。但是中小企业想要进入大企业的行列却面临着进入壁垒高和强烈反击的现状,致使中小企业面临困难的境地。无论是面对新加入者还是作为新加入者,中小型企业在市场中始终处于不平等地位。

(二) 供应商讨价还价能力

在一个产业中,供应商常常通过提高或降低产品或服务质量对竞争企业施加压力。这样竞争企业通常无法通过价格弥补增长的成本,因此就会降低或失去利润。由于中小企业资金薄弱、规模小,使其在与供应商讨价还价的过程中处于不利地位,可能造成外向型中小企业购买成本增加,情况严重的话会使外向型中小企业发展陷入困境。

(三) 买方讨价还价能力

通过自身在市场中的地位实力、信息掌握程度,购买方对价格、产品和服务质量进行特定要求,能够加剧供应者间的竞争,从而降低行业利润。处于不完全竞争的环境下,在面对砍价能力强的大企业购买者时,中小型企业势必会承受买方的压迫;而当面对砍价能力一样的买方时,外向型中小企业也可能要承受间接的大企业的威胁。除此之外在面对买方市场时中小型企业也会很容易受到威胁而使其利益不受保障。

（四）替代品的威胁

替代品的竞争力主要体现在价格上。一旦替代品在价格方面具有较强的吸引力，则对原有的产品威胁更大。在大型企业看来，外向型中小企业的产品和服务更容易被模仿，如果替代品的价格较低而且性能更好时，外向型中小企业的利润就会受损。

（五）行业中现有竞争程度

由于对市场的占有率和利益等原因，行业中各企业间的竞争行为相互牵制，势必会使行业中的竞争程度加剧。价格战、广告战、产品更新、增加服务等竞争战术都是企业面对竞争的策略。在现实市场中，虽然外向型中小企业数量众多，但是它们的市场份额较少，造成了中小企业在行业的竞争中始终处于不利的环境。此外，外向型中小企业的实力比较薄弱，致使外向型中小企业处于劣势地位。[①]

分析外向型中小企业发展的五力竞争模型可知，外向型中小企业在竞争中处于行业的弱势地位，致使其生存发展比较困难，所以政府政策的支持很有必要。

三　外向型中小企业政策支持的可行性分析

政策支持对于外向型中小企业的发展是必要的，其支持体系中的财政政策和金融政策是两种政府常用的用来支持外向型中小企业发展的方式。在银行"惜贷"的大环境下，由于外向型中小企业实力不足，可能在得到资金注入方面还存在较大问题，而政府站在宏观调控领导者的角度，可以尝试着通过相关政策指导银行等金融机构资金输出或者通过针对性较强的财政政策来弥补外向型中小企业资金缺口。所以财政政策具有较大的优势，具体来讲有以下三点：

财政政策调节方式丰富多样。外向型中小企业可以选择适当的政策来促进自己的发展。比如，有的财政政策适用于特定的外向型中小企业，收到快速又符合政策预期的效果，有些政策可以间接利用市场机制，扩大调控范围。财政政策还可以通过贴息、减税降低成本拓展融资渠道。此外，财政政策也可以通过贷款优惠等间接手段，引导民间资源流向，优化资源配置。财政优

[①] 王燕：《我国中小企业发展政策研究》，硕士学位论文，河北农业大学，2010年。

惠的"直接性"使政策效果比较容易达到预期的效果，可以一定程度地解决中小企业存在的市场失灵问题。

财政政策可以根据不同目标选取不同的财政政策工具来进行调节资金分配的结构。无论是财政还是税收，对于扶持的方式都有较为详细的分类与规定。拿就业补贴及自主研发补贴来说，这两者既可以分摊巨额的投资成本，又可以鼓励企业加强人才的素质和创新能力方面的培养。

财政政策可以直接调节外向型中小企业获得经济利益。金融支持手段只能发挥事前激励的作用，而政策激励则涉及事前和事后两个方面。事前激励多以帮助中小企业降低生产经营成本为目的，常见的形式是贷款利息的财政补贴，科研经费的专项资金投入等；而事后激励则是降低企业收益引发的税收负担，常见的形式有减免环保型企业产品出口关税，调低企业所得税税率等。就财政政策的事后激励来说，较金融的事前激励对企业的帮助更为直接。

第二节 外向型中小企业发展的支持政策

我国外向型中小企业发展扶持政策体系，大体上分为组织支持体系、法律支持体系、创新支持体系、金融支持体系、财税支持体系、社会化服务体系等几大类。外向型中小企业在其发展中离不开国家政策的扶持，大体上也经历了一个由模糊到清晰，由不科学到较为科学并在发展中不断完善的过程。下面主要就外向型中小企业的扶持政策进行详细的阐述，并简述其在发展过程中存在的缺陷和不足。

一 外向型中小企业支持政策的发展历程

无论从外向型中小企业自身的特点，还是就社会和市场大环境而言，外向型中小企业发展都离不开政府政策的支持。从我国外向型中小企业发展阶段而言，政府相关扶持政策的出台大致可以从改革开放为界划分。大体上经历了一个由模糊到清晰、由不科学到比较科学的过程，政策支持体系也逐渐得以完善。

（一）改革前政府对外向型中小企业的政策支持

1949—1978年我国实行计划经济体制，依据此时期不同阶段的国情，政府出台了一些扶持中小企业发展的相应优惠政策。例如，50年代"一化三改"政策，主要为完成两大经济任务，在此阶段也相继出台了相应的政策，促进了中小企业的恢复和发展。主要政策有：国家计划中纳入了私营工商业的经营活动，以及实行公私合营的高级形式等。然而由于忽视经济发展的客观规律，急功近利的冒进思想开始萌芽。在"超英赶美"等"左"倾思潮影响下，政府盲目主张全党、全民办工业，不顾实际地在城乡掀起了大规模兴办企业的热潮，致使我国中小企业数量极度膨胀，严重破坏了国民经济正常、平稳发展。因此，针对陷入的困境，1961年中央提出"调整、巩固、充实、提高"八字方针，对中小企业发展政策进行调整，推行"关、停、并、转"等全面削减政策，以提高中小企业整体素质，直到1965年才有所恢复和发展。1966年至1970年期间经济发展较为缓慢，全国企业数只增加了3.73万户。此外，为了到1980年全国基本上实现农业机械化，国家从70年代开始实施以县、社、队为基本单位的"三级"农业机械修造网，建立了一大批为农业机械化服务的小机械厂。同时对70年代末凸显出来的城市职工家属就业问题出台了鼓励街道和工厂创办"五七"工厂政策等。70年代外向型中小企业迈进高速发展阶段。此时期，由于中央政府提出鼓励地区和县创办"自成体系"的小煤炭、小机械、小钢铁、小水泥和小化肥，即"五小"工业的政策，到1966年企业数增加了9.9万户，其中中小企业增加了7万户；同时，从1970年开始的五年内，中央安排80亿元的专项财政资金扶持"五小"工业的发展，逐步形成"小而全"的自给自足封闭式国民经济体系。70年代中后期，政府支持许多企业自筹资金创办劳动服务公司和家属工厂，予以安置返城知识青年、城镇职工家属和子女的就业问题。

(二) 改革后政府对外向型中小企业的政策支持

经济改革在党的十一届三中全会召开后正式拉开序幕。中小企业活跃于各个领域，逐渐成为我国国民经济的生力军。国家也相应出台了一系列的政策，具体体现在法律法规、财政税收、融资担保、服务组织机构等方面。改革开放之初，国家对外向型中小企业发展的立法扶持并不明显。

随着经济发展，政府逐步加大推进中小企业发展的力度。立法方面主要表现在：1997年实行的《中华人民共和国乡镇企业法》是我国第一部与中小企业发展相关的法律，同年开始实行《中华人民共和国合伙企业法》；1999年九届人大二次会议在宪法的修改中，明确提出了"个体、私营企业作为国民经济的重要组成部分"，使之更有利于外向型中小企业发展；2000年实施《中华人民共和国个人独资企业法》；2003年实行《中华人民共和国中小企业促进法》，及同年《中小企业标准暂行规定》实施；2005年国务院发布实施《国务院关于鼓励支持和引导个体私营等非公有制经济发展的若干意见》（国发〔2005〕3号）；2009年下发《国务院关于进一步促进外向型中小企业发展的若干意见》；以及《政府采购促进中小企业发展的实施办法》和《国家经贸委关于鼓励和促进中小企业发展的若干政策意见》。此外，更具有针对性和可操作性的地方法规也是必不可少的，如各地方政府针对本地区制定的《关于进一步加快民营经济发展的决定》《河北省支持和鼓励个体工商户私营企业发展条例》。这些法律法规和政策性文件的不断出台为外向型中小企业发展提供了良好的法律保证。财政税收政策是扶持的另一大体现。1994年税制改革，对中小企业的税收优惠体现在以下几方面：独立企业和合伙企业免缴企业所得税，只缴纳个人所得税；年利润3万元以下的小型企业减按18%的税率征收企业所得税，3万—10万元的减按27%征收；1998年7月1日，国务院决定小型商业企业年销售额少于180万元，增值税率减按4%征收。此外，对国家重点扶持的高新技术产业减按15%的税率征收企业所得税。2008年《新所得税法》出台，其中给予了中小企业新的税收优惠政策，即规定小型微利企业（从事国家非限制和禁止行业）。改革开放初期，受国家鼓励发展多种经济形式的政策影响，个体企业、乡镇企业数量锐增，从党的十二届三中全会到十四大的召开，政府推进中小企业发展的力度逐步加大，鼓励搞活中小企业的政策日益明朗，多种所有制形式和多种经营方式的中小企业得以在我国蓬勃发展起来。党的十五大和九届人大提出继续"抓大放小"，中央银行也要求各专业银行及其分支机构设立外向型中小企业信贷部，外向型中小企业地位得到进一步的重视，外向型中小企业也取得了长足的发展。在财政支持方面，《中小企业促进法》有明确规定：中央财政预算应当设立中小企业科目安排扶持中小企业发展专项资金。财政部根据中小企业的发展态势，实时颁布了一系列有利于中小企业的政策支持，具体内容如表10-1所示。[①]

---

① 王燕：《我国中小企业发展政策研究》，硕士学位论文，河北农业大学，2010年。

表 10-1　　　　　　　　　　　中小企业的政策支持

时间	名称	内容
1999年	科技型中小企业技术创新基金	通过资本金投入、无偿资助、贷款贴息等方式予以扶持，并培育和引导相关中介机构向科技型中小企业提供服务和资金支持。
2000年	中小企业国际市场开拓资金	主要用于中小企业参加境外展览会；企业管理体系认证；境外专利申请；国际市场宣传推广；境外广告和商标注册；境外投（议）标、境外市场考察等方面。
2001年	农业科技成果转化资金	支持范围：粮食作物、经济作物、畜牧水产、林果生态节水、农产品加工、农业装备与信息等农业产前、中、后多个领域。
2003年	中小企业服务体系专项补助资金	主要用于对开展有关促进中小企业发展的服务业务的中小企业服务机构的支持。
2004年	中小企业发展专项资金	主要针对与大企业的分工协作，中小企业技术进步、专业化发展以及信用担保体系建设等方面。
2004年	中小企业平台式服务体系专项补助资金	主要用于各地中小企业公共服务平台建设，包括为拓展服务范围对既有场地进行必要改造的支出；购买行业先进、共性、适用技术成果的支出，软件更新支出，设备购置必要支出等方面。
2005年	《关于鼓励支持和引导个体私营等非公有制经济发展的若干意见》	加大财税支持力度。逐步扩大国家有关促进中小企业发展专项资金规模，省级人民政府及有条件的市、县应在本级财政预算中设立相应的专项资金。加快设立国家中小企业发展基金。研究完善有关税收扶持政策。
2009年	《关于进一步促进中小企业发展的若干意见》	自2010年1月1日至12月31日，对年应纳税所得额低于3万元（含3万元）的小型微利企业，其所得减按50%计入应纳税所得额，按20%的税率缴纳企业所得税。
2010年	《关于鼓励和引导民间投资健康发展的若干意见》	进一步加大了对服务平台建设和运营的支持，并吸引和带动社会投资投入。在加大资金投入的同时，出台了促进服务平台建设的相关税收优惠政策。
2010年	《中小企业国际市场开拓资金管理办法》	扩大了支持范围，将支持对象的标准由原来的出口额在1500万美元以下提高至进出口额在4500万美元以下。
2011年	《政府采购促进中小企业发展暂行办法》	专门面向中小企业采购，其中预留给小型微型企业的比例不低于60%。非专门面向中小企业的项目，要对小型微型企业产品给予6%—10%的价格扣除。同时，探索引入信用担保支持中小企业参与政府采购。

续表

时间	名称	内容
2011年	《小企业会计准则》	要求自2013年1月1日起在全国小企业范围内施行，该准则旨在规范小企业通常发生的交易或事项的会计处理原则，为小企业处理会计实务问题提供具体而统一的标准。将有利于加强小企业内部管理、进一步拓展小企业发展空间。
2015年	国务院常务会议	从2015年1月1日至2017年12月31日，将享受减半征收企业所得税优惠政策的小微企业范围，由年应纳税所得额10万元以内（含10万元）扩大到20万元以内（含20万元），并按20%的税率缴纳企业所得税，助力小微企业尽快成长。
2017年	《财政部国家税务总局科技部关于完善研究开发费用税前加计扣除政策的通知》	科技型中小企业开展研发活动中实际发生的研发费用，未形成无形资产计入当期损益的，在按规定据实扣除的基础上，在2017年1月1日至2019年12月31日期间，再按照实际发生额的75%在税前加计扣除；形成无形资产的，在上述期间按照无形资产成本的175%在税前摊销。

"一带一路"建设的提出，国家政策的大力支持，给西北地区的发展带来新的机遇。2013年"一带一路"政策的提出，实现了由构想到战略的转变，2014年"一带一路"政策叫响世界国际合作新机遇；2015年"一带一路"政策走向实质进展；2016年"一带一路"政策促使国内外地区间合作深入；2017年"一带一路"政策迎来了黄金发展期。随着"一带一路"政策的推进，沿线西北五省的外向型中小企业应该抓住机遇迎接挑战，促进西北地区经济又好又快发展。

二 外向型中小企业发展支持政策的不足

我国政府在外向型中小企业发展过程中，逐步认识到外向型中小企业在国民经济发展中不可忽视的地位作用，并从立法到财政税收、融资、担保，再到社会服务体系建设，不断加大对外向型中小企业的扶持力度，推出一系列外向型中小企业扶持政策，包括法律扶持、财政税收政策、融资担保政策、社会服务体系扶持、技术创新政策、外向型中小企业产业集群政策等。然而，对于我国外向型中小企业而言，这些政策的效果不是很显著，还存在一些不足和问题。下面重点从法律、财税、融资担保以及社会服务体系四方面进行探讨。

(一) 外向型中小企业法律体系不完善

基于外向型中小企业基本法与保护、扶持、反垄断等配套法的作用之下，外向型法律扶持体系逐渐形成。在整个法律环境中，国家和地方都出台了许多与外向型有关的法律法规及政策，但是，缺乏相关配套的专门服务外向型中小企业的具体法律，更多的是在其他法律中给予其相关内容，实际操作性较低。即使有些法条和配套措施具有一定的可行性，但是也存在有法难依、政策不到位等问题。

(二) 财政税收政策不完备

对于外向型中小企业而言，不仅面临政府财政资金投入较少的现状，还承担着较重的社会负担，比如各种非必需的费用缴纳。财政税收政策一直以来是我国政府扶持外向型中小企业发展通常采用的措施，虽然我国财政税收支持力度在不断加大，可实际效果并不明显。目前，中央财政对外向型中小企业发展的资金政策支持主要包括：科技型中小企业技术创新基金、农业成果转化资金和中小企业国际市场开拓资金、中小企业发展专项基金、中小企业服务体系专项补助资金。然而，由于提供的资金有限，再加上其他政策的共享资金使得财政资金支持在外向型中小企业发展的实际需要方面显得力不从心。而外向型中小企业本身的特质导致资金分散，缺乏统一协调，影响财政政策对外向型中小企业扶持的实际效果。首先，在税收优惠政策方面，不仅缺乏对一般中小企业的向导性政策，更在一定程度上很难使外向型中小企业享受其优惠力度和范围，尤其是技术创新方面的税收扶持。其次，对于外向型中小企业而言，不仅面临政府财政资金投入较少的现状，还承担着较重的社会负担，比如各种非必需的费用缴纳。再次，外向型中小企业利润一般较低，并且很多采用核定征收方式，在所得税优惠方面也很难得到对技术创新的激励。最后，外向型中小企业在税收方面的歧视，也是不容忽视的问题。有些税收优惠政策带有歧视性，使其在外向型中小企业发展中无法发挥应有的作用。

(三) 融资担保体系不健全

我国外向型中小企业担保机构数量在不断增加，但是总体效果不明显，其原因分别来自企业本身、银行与政府三个方面。政府在中小企业融资问题上起着不可忽视的作用。长期以来，我国政府在资金、税收、市场开发、人才、技术、信息等方面一直给予国有大中型企业特殊的扶持，造成了外向型中小企业市场竞争环境的不确定和竞争条件的不平等。同时，由于深沪交易所要求上市公司注册资本在5000万元以上，这使处于成长期的效益好但规模较小的外向型企业难以进入证券市场。债券市场上，中小企业受到"规模控制、集中管理、分级审批"的约束，没有直接融资渠道。虽然国家成立国有政策性外向型中小企业融资担保机构，但他们基本存在着相对独立，相互之间并无联系的状态，而唯一一家全国性融资担保机构的中投保也只有在北京和上海两地设立了分支。不健全的融资担保机构导致了中小企业融资担保活动的不完善，加大融资活动成本的同时间接增大了外向型中小企业发展负担。上市程序的存在，融资渠道较窄进入门槛高，使得外向型中小企业通过板块进行直接融资的效果并不理想，融资渠道不完善。

（四）外向型中小企业服务体系建设不完善

我国九年的中小企业服务体系建设通过试点探索、重点突破，目前进入了全面推进阶段。据不完全统计，全国过半的省市出台了加快服务体系建设的指导性文件；30个省设立了省级外向型中小企业服务机构，近一半的省市建立了省市县三级中小企业服务队伍；纳入省市服务体系的各类服务机构已达2000余家，涵盖各类服务品种。而回顾其建设历程，不难发现政府服务理念相对落后，"政府扶持中介，中介服务企业"的理念和政策导向在实际体现中存在很大差距，无法充分发挥全国服务体系作用。另外，由于政府主导性作用长久影响，外向型中小企业服务体系所应承担的职能体现不足，非营利性综合服务机构发展缓慢。我国地域宽广，各地区因为资源、政府支持力度差异等原因，导致经济发展不平衡，出现大部分服务机构在大中型城市集中的现象，而中西部地区和落后地区的基层服务不足，服务体系资源配置不合理等[1]。

三 外向型中小企业发展支持政策的趋势

外向型中小企业扶持政策的走向向小型微型企业靠拢，聚焦于促进外向型中小企业的创业和创新；提高资金的利用率、致力于为外向型中小企业创造一个良好的环境，构建完整的服务生态。

---

[1] 柯芳：《转型期我国中小企业政策演变研究》，硕士学位论文，江西师范大学，2013年。

（一）政策向小型微型企业和促进创业、创新聚焦

国发〔2012〕14号文首次提出了小型微型企业的概念，对外向型中小企业进行了进一步的划分，并且提出重点扶持小型微型企业。近些年，中小企业的政策对于小型微型企业都有所倾斜。随着万众创新的深入，以及产业升级的逐渐成熟，无论是《中小企业促进法》还是各部门出台的中小企业政策，都把焦点对准于鼓励创新、扶持创业。

（二）提高财政资金使用效益

财政部会同其他部委制定了《中小企业发展专项资金管理暂行办法》（财企〔2014〕38号），起到了规范和加强专项资金的使用和管理的作用。在财政资金的使用方式上，由单一向参股投资、跟进投资等多种支持方式并用转变，充分发挥财政资金的杠杆作用，以财政资金撬动社会资本支持外向型中小企业发展。《中小企业发展专项资金管理暂行办法》中要求，未来应充分发挥财政资金的引导和促进作用，综合运用无偿资助、股权投资、业务补助或奖励、代偿补偿、购买服务等支持方式，进一步采取市场化手段，引入竞争性分配办法，鼓励创业投资机构、担保机构、公共服务机构等支持中小企业发展。

（三）资金支持对象从支持单个企业转向营造发展环境

近年来，国家中小专项资金不断调整，从支持单个企业进行新建、改扩建等固定资产投资转向加大对服务机构支持，从而以点带面地服务更多企业；从支持单个机构到支持创业创新基地示范城市，从而构建整体的服务生态。

第三节 西北地区外向型中小企业政策支持体系现状

我国外向型中小企业起步晚，在跌跌撞撞中不断地完善。发达国家很早就注意到了外向型中小企业对于国家经济的促进作用，所以在政策扶持方面，给外向型中小企业提供了一个宽松的发展环境。我国西北地区深居内陆，与经济较发达的东中部地区发展上有较大的差别，我国对西北地区的政策支持大概分为三个层次。政策体系广泛地涉及各个方面，包括政策支持体系下的对外向型中小企业的管制，以及对外向型中小企业的融资方法和大力推动创业板上市等。这无疑会很大程度上促进西北地区的外向型中小企业在发展中不断地完善自己，国家的政策支持体系也会为外向型中

小企业的发展保驾护航。

一 西北地区外向型中小企业政策支持体系构成

我国对西北地区的政策支持大概分为三个层次：第一个层次是宪法、宪法文件和西部大开发政策。这是外向型中小企业立法和政策的根本保障，宪法是核心性和规范性的政策文件。第二个层次是关于西北地区外向型中小企业发展的基本制度体系，包括基本法也就是外向型中小企业促进法、关于强化服务促进外向型中小企业信息化的意见和外向型中小企业发展专项资金管理办法。第三个层次是西北地区各省制定的扶持本地区外向型中小企业发展的地方性法规政策。

二 宪法与法律下的西部大开发政策

宪法中关于外向型中小企业的法律实质上是政策。因此，中小企业立法最为关注的问题是，怎样做到制定政策符合法治国家的精神实质。外向型中小企业政策之间冲突的解决方法符合有关法律法规文件的规定。制定和实施西北地区外向型中小企业法的基本根据和前提条件是宪法中有关处理民族关系和民族自治制度的基本原则中的规定。

（一）自治条例和单行条例

自治条例是规定民族自治地方自治机关的组织和活动原则、自主权、机构设置等内容的综合性的规范性文件。民族区域自治法和民族自治地方的自治条例规定：国家实行有利于民族自治地方经济发展的财政管理体制，为民族自治地方的各项事业和建设提供资金支援和补贴，扶持民族自治地方发展民族贸易和地方工业及传统手工业，帮助民族自治地方加速发展文化教育事业，帮助民族自治地方培养少数民族人才和干部，鼓励内地技术人员到民族自治地方工作。单行条例是地方人民代表大会根据区域自治的特点和实际需要制定的单行法规，20世纪90年代，西北地区开始重视中小企业的发展，制定中小企业立法，但由于中小企业立法滞后等因素，单行条例在西部地区几乎没有立法。在西部大开发战略实施后，国家采取了一系列的政策措施，把东西部地区之间的协调发展作为国家经济社会发展的一个重要原则，从那以后国家开始加大了对民族地区的投入，确定了对西北地区的转移支付制度，增加了温饱基金、发展基金，制定了民族贸易与生产生活用品采取的低息贷款、减免税收、专项投资等一系列优惠政策，西部各省区市根据中央的政策，制定了各自的大开发政策，在一定程度上，这些自治条例、单行条例、实施细则和实施方法都直接和间接地支持西北地区外向型中小企业的发展。

（二）促进法实施细则实施办法和地方政府规章

如今西北各省市区已经相继出台了一系列促进条例，甘肃省也将出台本省促进中小企业发展条例。主要表现在：一是对中小企业具体减免地方性的优惠政策的指导意见。二是对引进外来资金和项目给予奖励的政策性规定。三是对当地中小企业给予信贷实施的意见。四是关于建立中小企业信用担保体系的实施意见。五是对中小企业引进人才、创业发展、政策和信息咨询等给予优惠政策。六是关于发展当地高新技术产业和高新技术企业及科技型中小企业孵化园、生产力发展中心指导措施。

随着中小企业政策中的区域政策和产业政策地位得到巩固，西北地区的特定区域立法将越来越频繁，特别是县域经济和区域集群经济。自 2007 年以来，国家财政加大了对中小企业发展的扶持力度，其中规定直接下拨到地方的中小企业发展资金必须专款专用，这样西部各地财政部门设立中小企业发展资金科目，2008 年国家为了缓解就业压力，对中小企业和非公有制企业的融资支持力度进一步加大，除了成立小额贷款公司，提高对中小企业的信贷上线间接融资支持外，西部省份出台了中小企业上市培育政策，进一步降低了成才型中小企业的间接融资门槛。2012 年颁布的关于印发《中小企业发展专项资金管理办法》的通知：促进中小企业特别是小型微型企业结构调整和优化。重点支持中小企业技术进步和技术改造，改善中小企业特别是小型微型企业服务环境。重点支持高新技术服务业、商务服务业、现代物流业等生产性服务业企业，以及中小企业服务机构等提升服务能力和服务质量，加强和改善中小企业创业、创新、质量、管理咨询、信息服务、人才培养、市场开拓等服务。专项资金采取无偿资助、贷款贴息方式进行支持，每个企业或单位（以下简称项目单位）只能选择其中一种支持方式。专项资金无偿资助的额度，每个项目一般不超过 200 万元。专项资金贷款贴息的额度，按照项目贷款额度及人民银行公布的同期贷款基准利率确定，每个项目一般不超过 200 万元。对改善中小企业特别是小型微型企业服务环境项目的支持额度最多不超过 400 万元。2015 年〔2015〕3 号颁布的财政部、国家税务总局关于金融企业涉农贷款和中小企业贷款损失准备金税前扣除有关问题的通知：本通知所称中小企业贷款,是指金融企业对年销售额和资产总额均不超过2亿元的企业的贷款。金融企业发生的符合条件的涉农贷款和中小企业贷款损失,应先冲减已在税前扣除的贷款损失准备金,不足冲减部分可据实在计算应纳税所得额时扣除。2016年财企〔2012〕96号甘肃省颁布《甘肃省促进科学成果转化条例》政府设立的研究开发机构、高等院校的主管部门以及科学技术、财政、人力资源和社会保障等相关行政部门和国有企业应当建立有利于促进科技成果转化的绩效考核评价体系,将科技成果转化情况作为对相关单位及人员评价、科研资金支持的重要内容和依据之一,并对科技成果转化绩效突出的相关单位及人员加大科研资金支持,这就为甘肃省的外向型中小企业营造了一个良好的研发环境。2017年甘肃省颁布了《甘肃省技术市场条例》规定县级以上人民政府应当建立健全技术市场,培育各类技术交易服务机构,鼓励建立和完善专业化、社会化、网络化的技术市场服务体系。

(三)大力推进企业创业板上市

在推动我国多层次资本市场的建设中起到重要作用的创业板,将推进中小企业创业板上市,拓宽企业融资渠道。创业板的发展必须要贯彻落实科学发展观,要服从国家整个战略目标,或者是建设创新型国家的目标。但是与主板市场和中小企业板市场相比,在市场条件、交易制度、服务对象等方面,创业板进入门槛比较低、监管更加严格、信息更加透明,尤其是"保荐人"制度更能帮助投资者选择高素质企业,降低投资风险,提高投资回报率,增加投资信心。

(四)建立企业融资信用担保体系

为了促进中小企业更好地发展,政府部门有必要出台有关中小企业融资信用担保的政策,除了加强相关法律法规的支持外,还应制定扩大中小企业融资渠道政策,尽管我国一直在寻求宽敞的融资途径,然而其效果并不尽如人意。因此,我国政府及相关职能部门应出台中小企业融资渠道评价体系制度,评价与分析现在中小企业融资途径。尽量避免效果差、数量多的现象。另外,政府部门应出台降低对于在特殊情况下的中小企业进入资本市场标准的政策,建立中小企业进入二板市场的资本市场。

三 西北地区的专门立法与政策

现阶段,西北地区中小企业发展扶持政策大概分为这样几个层次:第一,西北自治地方根据宪法、民族区域自治法制定的自治条例、单行条例中关于支持当地经济和企业发展的规定；第二，根据宪法、立法法、民族区域自治法规定的理论权限，西部各省市区的人大代表大会和人民政府颁布的关于进一步贯彻、实施促进法的实施办法、实施细则等；第三，西北自治地方根据本地的实际情况制定的促进本地中小企业发展的地方性规章和政策。

（一）自治条例

自治条例是规定民族自治地方自治机关的组织和活动原则、自主权、机构设置等内容的综合性的规范性文件。民族区域自治法和民族自治地方的自治条例规定：国家给予民族自治地方有利的财政管理体制，给予民族自治地区大量的资金补贴，扶持民族自治地方发展民族贸易和地方工业及传统手工业，帮助民族自治地方加速发展文化教育事业，帮助民族自治地方培养少数民族人才和干部，鼓励内地技术人员到民族自治地方工作。

（二）单行条例

单行条例是民族自治地方人民代表大会根据区域自治的特点和实际需要制定的单行法规。西北地区旨在重视本辖区内中小企业的发展，加强中小企业的立法，但由于我国法律体制和外向型中小企业立法滞后等因素，单行条例在西部地区立法中寥寥无几。随着西部大开发战略的提出，对国家对西部的经济建设采取了一系列强有力的措施。同时将东中西部的协调关系作为国家经济发展的重中之重。加大了对民族地区的投入，确定了对西北地区的转移支付制度，增加了温饱基金、发展基金，制定了民族贸易与生产生活用品采取的低息贷款、减免税收、专项投资等一系列优惠政策，西部各省区市根据中央支持西北地区基金发展的政策，制定了各自的西部大开发政策，这些自治条例、单行条例、实施细则和实施方法、西部大开发政策中，在一定程度上，都直接和间接地支持民族地区外向型中小企业发展的具体措施。

四 促进法实施细则、实施办法和地方政府规章

在外向型中小企业扶持政策中的第三个层次就是地方根据具体情况制定的实施细则、实施方法和地方颁布的政府规章。这些法律将对西北地区的政策扶持内容进一步具体化，有利于西北地区扶持政策的进一步实施，促进西北地区经济产业的良性发展。

(一) 实施办法

西北地区各省相继出台了一系列促进条例,这些法律主要表现在:一是对引进外来资金和项目给予奖励的政策性规定。二是对当地中小企业给予信贷实施的意见。三是对中小企业具体减免地方性的优惠政策的指导意见。四是关于发展当地高新技术产业和高新技术企业及科技型中小企业孵化园、生产力发展中心指导措施。五是关于建立中小企业信用担保体系的实施意见。六是对中小企业引进人才、创业发展、政策和信息咨询等给予优惠政策。随着中小企业政策中区域政策和产业政策地位的巩固,西北地区的特定区域立法将越来越频繁,特别是在发展县域经济、区域集群经济中。

(二) 政府规章

20世纪90年代,随着改革开放的不断深入,外向型中小企业发展面临的困境通过乡镇企业的大量破产而显现出来,国家出台了一系列解决中小企业融资难、信用制度建设等方面的政策和部门规章,同时,外向型中小企业也进入了一个立法的阶段。1998年宁夏出台了关于进一步放开搞活中小企业政策规定,这是西北地区最早制定实施的扶持中小企业发展的地方规章。此后,其他地区相继出台了一些政策,2004年新疆政府办公厅转发了自治区经贸委制定的进一步促进自治区中小企业发展若干意见,2007年广西人民政府印发了关于加快中小企业发展的若干意见通知,2008年,云南省人民政府颁布的关于加快中小企业发展的若干规定,在2005年国务院颁布了非公经济发展意见后,西北自治地方加快了保护个体、私营经济发展的立法,从自治区到自治州、自治县,西部三级民族自治地方都出台了个体、私营经济保护条例和地方规章,这些立法就构成了西北地区发展县域政策的雏形。2009年颁布的财税〔2009〕99号关于金融企业涉农贷款和中小企业贷款损失准备金税前扣除政策的通知:金融企业根据《贷款风险分类指导原则》(银发〔2001〕416号),对其涉农贷款和中小企业贷款进行风险分类后,按照以下比例计提的贷款损失专项准备金,准予在计算应纳税所得额时扣除:(1) 关注类贷款,计提比例为2%;(2) 次级类贷款,计提比例为25%;(3) 可疑类贷款,计提比例为50%;(4) 损失类贷款,计提比例为100%。2011年颁布的财税〔2011〕181号关于印发《政府采购促进中小企业发展暂行办法》的通知:鼓励大中型企业和其他自然人、法人或者其他组织与小型、微型企业组成联合体共同参加非专门面向中小企业的政府采购活动。联合协议中约定,小型、微型企业的协议合同金额占到联合体协议合同总金额30%以上的，可给予联合体2%—3%的价格扣除。2013年财企〔2013〕67号颁布的关于印发《地方特色产业中小企业发展资金管理办法》的通知：本办法所称地方特色产业中小企业发展资金（以下简称特色产业资金）是指根据《国务院关于进一步促进中小企业发展的若干意见》（国发〔2009〕36号）、《国务院关于进一步支持小型微型企业健康发展的意见》（国发〔2012〕14号），由中央财政预算安排，专门用于支持地方特色产业集群（含聚集区，下同）内中小企业特别是小型微型企业技术进步、节能减排、协作配套、品牌建设，促进产业结构调整和优化的资金。2014年财企〔2014〕38号颁布的关于印发《中小企业发展专项资金管理暂行办法》的通知：发挥财政资金对中小企业科技创新活动的引导作用，支持和鼓励科技型中小企业研究开发具有良好市场前景的前沿核心关键技术，借助创业投资机制促进中小企业科技创新，推动实施国家创新驱动战略。专项资金安排专门支出支持中小企业围绕电子信息、光机电一体化、资源与环境、新能源与高效节能、新材料、生物医药、现代农业及高技术服务等领域开展科技创新活动（国际科研合作项目除外）。专项资金运用无偿资助方式，对科技型中小企业创新项目按照不超过相关研发支出40%的比例给予资助。每个创新项目资助额度最高不超过300万元。2017年财税〔2017〕22号颁布的关于中小企业融资（信用）担保机构有关准备金企业所得税税前扣除政策的通知：符合条件的中小企业融资（信用）担保机构按照不超过当年末担保责任余额1%的比例计提的担保赔偿准备，允许在企业所得税税前扣除，同时将上年度计提的担保赔偿准备余额转为当期收入。符合条件的中小企业融资（信用）担保机构按照不超过当年担保费收入50%的比例计提的未到期责任准备，允许在企业所得税税前扣除，同时将上年度计提的未到期责任准备余额转为当期收入；中小企业融资（信用）担保机构实际发生的代偿损失，符合税收法律法规关于资产损失税前扣除政策规定的，应冲减已在税前扣除的担保赔偿准备，不足冲减部分据实在企业所得税税前扣除。

第四节 西北地区外向型中小企业政策支持体系问题

过去的几十年里，中央政府长期实施西北地区优惠政策的重要目的就是要达到各个民族的平等，通过优化政策的扶持来逐渐缩小民族之间的差距，特别是少数民族与汉族在经济、社会、文化等方面的差距。虽然现在国家与地方政府已出台了一系列关于扶持西北地区外向型中小企业发展的政策和法规，促进了西北地区外向型中小企业可持续发展，但仍然有很多问题值得有关部门的认真关注，找出政策支持体系的不足，积极地采取补救措施，使政策趋于完善，为我国外向型中小企业的发展开辟一条康庄大道。

一　政策的区域相互协调功能薄弱

西部地区与地区之间存在较大的差异，中央政府与西部各级政府也出台了很多扶持政策，来促进外向型中小企业的发展。但是，这些政策措施的法制化、规范化、稳定性较低，政策和立法之间也没有形成统一系统的规定，导致政策的区域相互协调功能薄弱。

目前，支持西北地区外向型中小企业发展的政策和立法分为中央政府与地方政府两个层级，中央政府在立法和制定有关政策是很有原则的，但是，详细的措施有时界限不清晰。这样各级地方政府就有空间制定具体的政策与措施，宪法、立法和自治县的民族地区自治法等赋予民族自治区、自治州、国家权力机关根据本地实际情况制定地方条例的权力。在形式方面，宪法、民族区域自治法、立法、中小企业促进法、民族区域自治法若干规定、国务院有关西部大开发的若干政策措施、西部开发政策实施意见等中央与国家有关机关颁布的许多规范性的法律法规，其中有关扶持西北地区外向型中小企业发展的措施，形成了扶持西北地区外向型中小企业发展的动力。问题在于：中央政府和国家有关机关出台了规范性的法律法规外，民族地区各级政府也出台了扶持外向型中小企业发展的规范性文件，造成了扶持西北地区外向型中小企业发展的政策与措施缺乏系统性与统一性，普遍出现政策随领导换届而换届，内部不成文的规定和文件大于领导个人的意志问题的出现。同时也出现了以从上而下为原则的法律法规政策措施大量重复的现象，造成了政府的法律法规与地方政府的职能决策相冲突。现在，国家扶持西北地区外向型中小企业发展的立法还处于探索阶段，有关这方面的法律法规也只有中小企业促进法，西部地区各级政府和有关职能部门将承担更多的"立法"的任务，由于政策赋予执法部门相当宽泛的自由裁量权，导致了制定外向型中小企业发展的法律法律的规范性、法制化程度较低。由于历史、民族、地域等原因，西部各个民族地区与中央政府和国家机关之间也存在政策与立法方面的冲突与重复，造成政策的区域相互协调功能薄弱。

二 融资短缺不利于外向型中小企业的发展

我国西部地区外向型中小企业多为民营企业，融资呈现"数量少、次数频、时间急"等特点，往往在融资过程中出现手续繁杂、拖延时间长、融资成本高等问题，外向型中小企业融资变得比较特殊。

企业管理以及产业结构不规范，集中表现在：外向型中小企业管理权比较集中，财务管理理念落后，人才稀缺，企业缺乏有效管理，特别表现在企业的现金流量的管理混乱、中长期战略规划极度缺乏，产业结构落后，产业水平低。国有银行出于安全性和营利性考虑，导致了开展贷款业务成本较高，所以，直接影响了企业贷款给中小企业的成本较高。另外，国家为银行的发展承担无限责任，这就造成了金融业的竞争和发展动力严重不足，金融工具单一，产品缺乏多样性，导致了外向型中小企业在融资业务的选择上存在很大问题。而中小企业特别是西部地区往往资本实力小，固定资产少，也就造成了中小企业的融资风险高、难度大。再加上西北地区信用担保体系不健全，更进一步地加剧了我国西部地区中小企业融资困难问题。我国对中小企业发展提供的资金不足，中小企业初期的融资行为也急需政府的担保，但由于担保体系的不完善，且对中小企业融资的引导不足，最后由于政府在改变所有制结构的过程中，迫切希望民营企业的振兴，所以对一些外向型中小企业审批不严格，最终导致了市场秩序混乱的局面。同时，加大了银行对中小企业的审核程度，使得一些有发展潜力的企业不被重视，在缺少投资资金时，出现了融资难的困境。大量的行政担保指令可能导致担保机构承担较大的风险，不利于担保机构持续、稳定地发展。

三 民族地区自治政策被族群企业淡出

长期以来，我国民族区域自治制度与国家支持西北地区外向型中小企业发展的政策不断存在纷争，从制度的角度来看，区域自治不过是一种形式，维护少数群体的利益才是最重要的目的。国家在制定和实施西北区域自治制度时，应把西北地区实行的优惠政策看作族群扶持政策，而不是把民族自治区域看作扶持对象的政策。族群问题需要用一种规范民族群体的政治制度的方式来解决，改革开放以后，国务院根据我国的具体国情把民族区域自治问题作为基本方针并加以贯彻实施。

直到 20 世纪 80 年代，国家出台一系列有关西北地区优惠政策的对象主要是少数民族群体和族群个人。到了 90 年代，随着国家加大了对西北地区的扶持力度，相应地出台了一些政策，例如：对西北地区农牧民的免税政策，使少数民族族群与族群个人慢慢淡出国家政策的范围中，民族区域自治制度的政策重点不经意间转到了区域制度化。西部大开发的提出，给西北地区带来了机遇，国家相继出台了很多有关西北地区外向型中小企业的政策，包括减免企业所得税，企业营业税。国家与西部各级政府有关扶持西部地区外向型中小企业发展的立法和政策的对象是企业，这使得民族区域自治政策被抽取了民族属性，族群被淡出了民族区域自治政策的视野，这将促使西部地区的外向型中小企业又好又快发展。[①]

第五节　西北地区外向型中小企业发展政策支持体系的完善

虽然西北地区外向型中小企业的发展受到各种因素的影响，但是，不可否认的是其仍然存在巨大的发展空间。为了解决西北地区外向型中小企业的发展扶持问题，帮助它们战胜困难，中央政府和西北地区各级政府积极制定了符合西部外向型中小企业发展的政策措施。这些政策在充分了解我国国情的基础上，借鉴国内外外向型中小企业发展的经验，优先解决重点问题。本章在明确政府扶持政策基本原则的基础上提出了对外向型中小企业政府扶持的建议。

一　西北地区外向型中小企业政府扶持的基本原则

西北地区外向型中小企业政策扶持本着公平、公正、公开、分类指导和统筹兼顾相结合、政策引导和法律规范、直接支持和间接支持相结合的原则，致力于西北地区的发展。

（一）公平、公正、公开的原则

公平最主要的目的就是要实现人人平等；公正就是要维护社会正义，保

---

① 潘娜：《中国西部中小企业扶持政策网络探析》，硕士学位论文，电子科技大学，2008 年。

持中立的态度，避免徇私舞弊的发生；公开最大的意义就是要建立透明的、廉洁的政府。为了实现西北地区外向型中小企业的健康发展，中央政府及民族地区几个地方政府在制定中小企业发展政策时，应当坚持公平、公正、公开三原则，这也跟全面落实与贯彻科学发展观，实现经济社会协调发展，全面建设社会主义社会的目标相契合。公平、公正、公开的基本原则反映了获得机会与各种信息的平等权利，赋予外向型中小企业技术、法律、经济、社会等很多方面与大企业同等的地位。

（二）分类指导和统筹兼顾相结合的原则

外向型中小企业发展扶持政策是一项很复杂的理论与实践问题，政府在制定相关法律法规时应考虑到统筹兼顾和分类指导的原则。根据外向型中小企业自身的特点，把握外向型中小企业行业分布和发展形式，重点扶持关系国计民生、经济发展的外向型中小企业，通力合作，分类指导，根据不同地区、不同行业、不同部门的特点，制定符合地区、行业发展的政策措施，同时可以避免各种政策和措施在具体实施的过程中因实际情况不同而出现的意见分歧与冲突，这也为各种政策措施的可行性奠定了基础。

（三）政策引导和法律规范原则

现代企业的发展要求相应的法制环境，同时，外向型中小企业在发展过程中必须有完善的法律法规体系做后盾，政府一般运用政策引导和法律规范相结合的方式支持外向型中小企业的发展，运用激励、保护、协调等方式进行规范和引导。例如，政府通过定信贷法、政府采购法、市场准入法等，维护市场公平和交易公平。计划经济的烙印仍然存在，激励方式也存在很多问题，五国市场经济体制依然不完善。所以，建立健全适应市场经济体制，符合中小企业特点的法律法规体系，是支持中小企业健康发展的关键。

（四）直接支持和间接支持相结合的原则

直接支持政策是指国家通过财政、金融、税收等手段，按照产业政策的要求，直接鼓励、支持一些技术性的企业，引导企业的健康发展；间接支持是指政府的政策和措施不直接介入外向型中小企业的经营活动，而是为其创造条件，也指政府直接针对外向型中小企业的经营活动的计划并不由政府直接操作，而是由营利性的中间机构来实施。直接政策相对于间接作用的力度大，见效快，但是不利于市场机制的发挥，间接政策措施虽然有一定的滞后性，却有利于市场发展资源的优化配置。因此，在制定外向型中小企业政策的过程中，应该注意结合我国国情与外向型中小企业特点，采取不同的方式。

二 健全西北地区外向型中小企业可持续发展的法律体系

随着西北地区外向型中小企业的迅速发展，法律扶持体系是外向型中小企业扶持体系中重要的一环，健全法律扶持体系是外向型中小企业持续发展的制度保障。目前，世界各国都在努力建设适合本国的外向型中小企业法律扶持体系，我国也不例外。横向上，我国以促进法为基础，促进适合我国国情的外向型中小企业基本法的出台，明确外向型中小企业法律地位与法律形态，完善保护与扶持外向型中小企业法律条文的同时，增加对资金、产业、市场、科技等方面的引导。另外，配以其他符合我国国情，适合于外向型中小企业的具体法律，如《中国中小企业保护法》《中国中小企业指导法》《中国中小企业经济政策法》等的制度和实施，充实和完善外向型中小企业基本法的内容。纵向上，加强地方政府以国家中小企业基本法为基础，出台切实符合本地区外向型中小企业发展需求的地方法规，使之为外向型中小企业发展提供良好的法律保障。在政策的实施过程中，配以实施效果的反馈和评估，从技术和法律两个层面对政策实施的效果进行检测和调整，从可行的技术上予以政策效果的监控，为以后政策的完善积累相关资料和数据。法律扶持体制虽然是中小企业政策扶持体系的一个子系统，但却是整个系统的基础子系统，对其他子系统的建设和完善起着基础引导作用，因此，完善中小企业法律扶持体系成为促进中小企业进一步持续发展的必然要求。

三 健全西北地区外向型中小企业扶持政策体系

虽然我国中央政府及地方政府制定实施了许多关于外向型中小企业扶持的政策措施，包括法律扶持、财税金融扶持、技术创新扶持等，但政策间的制定大都是孤立的，比较分散的，缺少政策间的联系。这就会导致一些在政府支持下的企业有种错觉，它们大都追求快，盲目扩张，但核心能力却不强。外国企业例如德国、瑞士的一些国家的企业，在规模上不作强烈要求，但非常注重做强。很多企业往往默默无闻，在一个缝隙市场长期保持领袖地位，其产品甚至并不起眼，深深隐藏在价值链的"后方"，但市场占有率遥遥领先。因此，我国在制定相关政策的时候一定要关注西北地区的情况，注重政策之间的平衡关系。我们应该借鉴国外成功的经验，再设身处地地结合我国中小企业发展政策的现状，运用系统论方法，从整体上完善我国西北地区外向型中小企业政策扶持体系。

四 完善西北地区外向型中小企业可持续发展的融资担保体系

融资困难是全世界中小企业普遍面临的难题，当然，西北地区的外向型中小企业也不例外。我国西北地区外向型中小企业和全国外向型中小企业一样面临融资难的问题，还有很多共性的原因，包括金融组织的市场化程度低，外向型中小企业信贷政策缺位，外向型中小企业的银行贷款条件苛刻，外向型中小企业直接融资渠道不畅等。我国外向型中小企业融资制度由外向型中小企业信贷制度、外向型中小企业直接融资制度、外向型中小企业风险投资制度、外向型中小企业信用建设制度、外向型中小企业信用担保制度及这五项基本制度相联系的配套制度、政策、措施组成，这是一个庞大的制度和政策体系，每一项制度都可以单独作为一个问题去研究。

（一）融资产生的根据

融资产生的根据在于储蓄者与投资者之间不匹配，需要把社会资金引向投资者，融资包括直接融资和间接融资，直接融资不是通过银行进行融资，而是以企业所有权资金进行的融资形式。直接融资的市场参与者要多于间接融资的参与者，因此，直接融资的市场风险更高，受市场的影响更大。在这种情况下，促进西北地区外向型中小企业发展的融资政策就必须兼顾国家普遍制度和区域特殊性来选择。

通过这几个支持中小企业信贷融资的政策性文件，初步确定了我国外向型中小企业服务的专业性金融机构体系：中国民生银行、各城市商业银行、城市信用社以城市外向型中小企业为主要支持对象，中国农业银行和农村信用社为乡镇企业提供信贷资金支持，其他的商业银行包括四大国有银行都要设立小型企业信贷部，配备人员，完善对外向型中小企业的金融服务，但是，这些政策措施在西北地区执行的效果并不是很好。因此，鉴于西北地区的特殊情况，国家和西部地区各级地方政府应当采取积极措施对中国民生银行、城市商业银行、城市信用社、中国农业银行、农村信用社在西北地区开展支持外向型中小企业信贷服务提供政策便利和激励机制，国家可以考虑对这些商业银行向西北地区外向型中小企业提供信贷资金达到一定额度给予营业税减免政策。

（二）信用担保试点意见的规定

我国中小企业信用担保机构体系由外向型中小企业信用担保机构、从事外向型中小企业担保业务的商业担保机构和外向型中小企业互助机构组成。我国外向型中小企业信用担保体系划分为三种类型：政策性担保，商业性担保和互助性担保，两翼是指商业担保机构的担保和企业互助担保机构的担保。我国是以外向型中小企业信用担保机构为中心，以从事外向型中小企业担保业务的商业担保机构和企业互助担保机构为补充。现阶段西北地区外向型中小企业信用担保体系建设的关键点有：首先，在地市、州级行政区域普遍建立外向型中小企业信用担保机构，在经济总量大、外向型中小企业数量相对较多的自治县设立担保机构的分支机构，完善信用担保体系。其次，建立区域性外向型中小企业信用再担保机构，作为介于地市级信用担保机构和省级信用再担保机构的过渡机构，以减轻当前中央不设立信用再担保机构给省级信用担保机构带来的压力，并达到逐层延长放大倍数和分散风险的目的。最后，按照担保体系建设意见建立健全西北地区外向型中小企业信用担保制度。

五 建设和完善西北地区外向型中小企业社会服务体系

APEC中小企业部长级会议提出了五个关于中小企业服务的领域，包括市场准入、信息共享、资金融通、人才开发与技术共享。事实上，在不同的地方外向型中小企业的发展水平要求也不是相同的，目前，就中国情况来看，重中之重是确定一个符合中国的外向型中小企业社会化服务体系。根据相关理论，建立西北地区外向型中小企业社会化服务体系可以从以下几个方面入手。建立围绕面向社会、服务企业、提供公共产品、开展公共服务的外向型中小企业社会化服务体系建设，遵循"不分隶属关系、不分企业所有制、不分内外资企业"的原则，鼓励中介机构开展公益性和商业性服务，着重扶持一批"中小企业专业服务机构"，为中小企业提供信息服务、创业辅导、教育培训、信用担保、技术创新、维权保护等中介服务。强化政府公共服务职能，加快五大服务平台建设，建立政府及有关部门服务企业的长效机制。

（一）建立创业培训服务平台

围绕建立小企业和提高企业经营管理水平，创建一批中小企业培训基地，向刚开始建立的外向型中小企业和非公企业提供策划项目、更新技术、人员培训及财税、劳动就业、社会保障、融资投资等方面的咨询和代理服务。举办各种技术培训班，为中小企业解决初创阶段的困难，提高创业成功率。除此之外，还要加强对市场营销、企业管理、法律法规等方面的培训，提升企业的经营管理水平。

（二）建立公共信息服务平台

建立以信息与服务知识为主的国家级技术转移中心，推动国家科技计划的成果转化，它的主要功能是建立各级政府科技计划研究成果信息库，接纳吸收社会各界科技成果信息，对外提供专门的市场和技术咨询服务，以省市区为单位，及时整合优势资源，建立互联网信息，从而完善"中国中小企业信息网"的建设，省级单位指导和帮助各州（市）区（县）建设分网站，实现国家、省、州（市）、区（县）四级联网和信息共享。建立中小企业网，其中包括企业库、项目库、产品库和技术库，为企业提供劳动就业、法律政策、社会保障、人力资源、市场供求、投资融资、企业管理、产权交易、项目合作等服务。为中小企业开发面向国外的电子商务平台，实现信息资源共享，参与国际竞争。

（三）建立融资担保服务平台

建立政府系统的外向型中小型企业政策金融机构，以信用为根本，担保机构、企业、银行和政府四方合作的融资机制。始终坚持政府引导与市场调控二者相结合、融资担保和防范风险相互结合的原则，允许有条件的外向型中小企业经过孵化后，进入市场，建立为外向型中小企业提供服务和促进担保机构可持续发展的保护机制。鼓励各市（县、区）成立市级担保公司，建立和完善省、州（市）、县（市、区）三级联动的信用担保系统，制定有利于信用担保业务发展的政策措施，切实增强对担保机构的扶持、指导和监管。

（四）建立技术创新服务平台

支持建立各种科技创新服务平台，大力鼓舞技术创新开发、科技成果转化、新产品研发、技术推广等促进机构。鼓励高校、科研院所和有关机构向中小型企业提供技术咨询服务，开放专门技术实验室和测试基地，为中小型企业提供技术和创新支持。引导外向型中小企业引进和吸收国内外先进技术，进而改造传统生产工艺技术，自主创新和引进消化吸收相互结合，有效促进企业技术进步和发展。

（五）建立企业维护权益服务平台

大力支持中介机构、行业协会开展面向外向型中小企业的法律咨询、法律援助和维权服务，鼓励中小型企业建立法律顾问机制，提高依法治企的能力。鼓励外向型中小企业职工参加养老、失业、医疗、工伤、生育社会等保险，按时足额缴纳各种费用，维护外向型中小企业职工的社会权益。

六 健全西北地区外向型中小企业可持续发展的财政税收政策

政府通过财政税收来调整社会产品和服务的总需求和总供给，促进资源的优化配置、经济稳定发展、资源的公平分配等经济活动。我国的财政税收政策主要包括政府采购政策、政府专项贷款援助政策、专项资金、基金政策、财政补贴政策等。国务院高度重视外向型中小企业的发展，出台了一系列相关的政策以求促进外向型中小企业朝着更快、更好的方向发展。因此，必须在外向型中小企业发展政策的选择上，找到符合西部地区外向型中小企业特点的政策和措施。西北地区的区域经济社会文化的特点对国家外向型中小企业发展政策的基本理念、价值取向、外向型中小企业界定、外向型中小企业目标政策、发展模式选择等基本问题提出了适应西北地区外向型中小企业发展的整体制度意见。

（一）设立外向型中小企业科目制度，延伸到地方财政

促进法第10条规定了将中央财政预算中设立外向型中小企业科目法定化，但是对地方财政预算做了任意安排，在我国现阶段的财政预算体制下，地方不设立对应科目就无这笔支出，也不能保证中央预算下拨资金被合法、有效使用。在实践中，西北地区尤其是自治州、自治县一级外向型中小企业发展专项资金被挪用现象普遍存在，可将专设外向型中小企业科目制度延伸到县财政，并将地方财政设置外向型中小企业科目合法化。

（二）设立西北地区外向型中小企业发展基金

现阶段，为了大力促进外向型中小企业的发展，国家设立了外向型中小企业风险投资基金、外向型中小企业创业投资基金、外向型中小企业信用担保基金，对外向型中小企业与大型企业的协作配套实施贴息贷款政策，同时，也保留了外向型中小企业国际市场开拓基金和科技型外向型中小企业创新基金。国家对现有的支持外向型中小企业发展的各类基金进行整改，吸收私人资金、财团资金、捐赠资金的加入，以实现各类外向型中小企业基金形式的

社会化、市场化运作为目标，这样，国家可将支持西北地区中小企业发展事项列入外向型中小企业发展基金扶持事项，设立民族地区外向型中小企业发展基金，西北地区不是如何提高外向型中小企业的技术创新能力，而是如何吸引外来资金和鼓励当地人投资企业。增加外向型中小企业非公有制中小企业的绝对数，如果不能确立企业文化在西北地区的主导地位，就不可能实现西北地区现代化。

（三）增加中央对西北地区的财政补助

如果从长远来促进民族经济的发展，中央政府应建立和完善西北地区的支付转移制度，配以中央财政给予民族地区的激励机制，保持国家政策和其他市场化政策的大致平衡。政府要改变对民族地区的财政补贴的支付方式，同时要进一步引入竞争、效益等机制。这种财政补贴政策也是一种过渡时期暂时性和赞助性的政策，而不是一项具有永久性的政策。中央政府在这项财政补贴政策中也引入了具有激励性质的机制，虽然这是一项最终要取消的政策，但也一定要在财政补贴中把已经接近成熟的一些具有激励性的机制引入，同时要制定一些可以反映民族地区社会经济的发展法方面的相关政策和制度，比如以项目资金支付的方式实施中央财政补贴。关于财政补贴的最低标准，中央政府对民族地区一定要保证与国家当前阶段制度政策相适应，如外向型中小企业的发展政策。

（四）采取特别优惠政策鼓励民族地区外向型中小企业发展

现阶段，外向型中小企业减免税优惠政策滥设，关于外向型中小企业税收优惠政策设置存在明显弊端，规范性文件法制化低，税收立法和执法的随意性大，税法和税收优惠政策缺乏应有的法律权威性。近几年，国家颁布的有关于外向型中小企业的税收优惠政策中，减免措施包括了比例减征和优惠减征。其特殊要求如下：

从总原则来看，引导西北地区外向型中小企业发展的税收优惠政策和民族政策、区域经济政策、产业结构调整政策结合使用，多采用中小企业特别税收优惠政策。

确定西北地区重点发展的产业，制定针对重点产业的中型企业的政策性减免税，对在西北地区创办的符合国家产业政策和区域发展政策的中小企业实施普遍的照顾性减免税和提高外向型中小企业营业税的起征点。

国家要尽快开征投资收益调节税，对内地企业和个人到西北地区的投资，只要符合国家产业政策和区域发展政策,国家应当实行普遍的投资减免政策,对西北地区少数群体投资企业经营实行比内地外来人员更优惠的政策,以吸引和鼓励少数群体切实投身到西部地区的现代化建设。

外向型中小企业税收政策的制定要考虑西北地区的区域特殊性、民族特殊性、历史原因造成的企业结构、地理布局以及外向型中小企业发展的特点,要体现企业公平税负、平等竞争的原则,从实质上废止以企业所有制和企业形式征税的税收歧视政策。

直接针对企业实施减免税收政策有利于刺激企业扩大生产规模而不利于引导企业兼顾社会整体利益走可持续发展道路。因此,要严格限定减免税收政策的范围、幅度、期限,不要将减免税收政策搞成万能政策,更不要制定过长期限和无期限限制的减免政策,建议只对符合西北地区产业发展要求,有利于促进当地非公有制经济发展的外向型中小企业和当地少数群体投资设立的或少数群体投资主体达到一定比例的外向型中小企业,以及主要开展边境贸易的外向型中小企业、技术创新型外向型中小企业和中小企业技术创新项目实行一般在3年以内、最长不超过5年的税收减免政策。

对西北地区科技型外向型中小企业参照国家关于高新技术开发区的高新技术企业的政策,实行优惠税率和减免税政策,并实行国家高新技术产业企业相同的固定资产折旧政策,对设立在西北地区第三产业的中小企业,实行较一般国家政策更为宽松的更优惠的政策,对西北贫困地区外向型中小企业实行的定期向省级政府报批的定期减免税政策不变。总的来说,在西北地区社会经济发展比较落后的情况下,外向型中小企业财税政策始终是国家支持西北地区外向型中小企业发展的有力保障,在各项财税政策的采用上必须体现由中央对西北地区直接财政补贴向刺激外向型中小企业提高生产效率、增加收益、节约资源、改善经营管理和与市场化原则相匹配的财税政策过渡的趋势[1]。

---

[1] 王燕:《我国中小企业发展政策研究》,硕士学位论文,河北农业大学,2008年。

参考文献

白楠楠：《中国跨国公司跨文化管理研究》，《河南社会科学》2017 年第 3 期。

包京生：《论外向型企业的网络化营销管理》，《全国商情（经济理论研究）》2014 年第 19 期。

毕克新：《技术标准对我国中小企业技术创新的影响及对策研究》，《管理世界》2007 年第 12 期。

蔡钰卿：《新疆中小企业技术创新能力研究》，《商》2015 年第 7 期。

陈海燕：《"一带一路"战略实施与新型国际化人才培养》，《中国高教研究》2017 年第 6 期。

陈建奇：《中国开放型经济的新发展、新挑战及新战略》，《国际贸易》2015 年第 9 期。

陈莉：《中小企业国际化经营人力资源管理存在的问题与对策》，《人口学刊》2006 年第 5 期。

陈玮《扬州市中小企业技术创新的影响因素研究》，硕士学位论文，扬州大学，2013 年。

陈曦、卞靖：《我国外贸结构调整的战略重点和政策选择》，《宏观经济管理》2017 年第 11 期。

谌新民、张炳申：《中小企业人力资源管理研究》，《华南师范大学学报》（社会科学版）2002 年第 6 期。

程振峰《营销管理变革，促进中小企业发展》，《华东经济管理》2004 年第 3 期。

褚学力：《金融互联互通支持中小企业跨境电商发展探索——基于我国与一带一路沿线国家和地区经济发展的思考》，《中国流通经济》2016 年第 11 期。

范徵、曹姝婧等：《国别区域管理与跨文化管理的理论发展》，《管理世界》

2018年第11期。

冯彬：《外向型中小企业网络营销的问题与对策探析》，硕士学位论文，上海外国语大学，2010年。

高凡雅、田高良、王喜：《中小企业履行社会责任能缓解融资约束吗？》，《科学学与科学技术管理》2017年第6期。

扈红英、张俊侨：《西部边疆地区社会结构变迁与中华民族共同体建构——"一带一路"视角》，《宁夏社会科学》2018年第1期。

黄剑辉、李洪侠：《"一带一路"战略视阈下我国区域经济的协调发展》，《税务研究》2015年第6期。

黄凌云、郑淑芳等：《"一带一路"背景下对外投资企业的合作共赢机制研究——基于社会责任视角》，《管理评论》2018年第2期。

揭筱纹：《论西部地区中小企业发展与政策支持》，《社会科学研究》2001年第5期。

李锋：《"一带一路"沿线国家的投资风险与应对策略》，《中国流通经济》2016年第2期。

李凤亮、宇文曼倩：《"一带一路"对文化产业发展的影响及对策》，《同济大学学报》（社会科学版）2016年第5期。

李茜：《"一带一路"对地方师范院校战略发展影响分析》，《国家教育行政学院学报》2015年第9期。

李涛、齐航：《中小企业技术创新面临的问题、制约因素与对策》，《中小企业管理与科技》2017年第4期。

李欣欣：《中小企业转型升级的实现路径——以长沙市三家本土企业为例》，硕士学位论文，中南大学，2013年。

李雪平：《"一带一路"的合作机制：法律缺陷、复杂挑战与应对策略》，《理论月刊》2017年第1期。

李扬、张晓晶：《"新常态"：经济发展的逻辑与前景》，《经济研究》2015年第5期。

李扬林、邱家明：《金融危机条件下中小企业发展的机遇和路径》，《企业经济》2009年第8期。

李瑜、李梦：《西部中小企业社会责任与财务绩效关系的实证研究》，《西藏大学学报》（社会科学版）2018年第4期。

李自国：《"一带一路"愿景下民心相通的交融点》，《新疆师范大学学报》（哲学社会科学版）2016年第6期。

梁志华、毛程连：《"一带一路"背景下陕西省旅游业的发展研究》，《中国软科学》2017年第12期。

廖萌：《"一带一路"建设背景下我国企业"走出去"的机遇与挑战》，《经济纵横》2015年第9期。

林雅琴：《民国时期甘宁青地区回族经济开发的特点》，《北方民族大学学报》（哲学社会科学版）2013年第3期。

刘方：《我国中小企业发展状况与政策研究——新形势下中小企业转型升级问题研究》，《当代经济管理》2014年第2期。

刘国斌：《"一带一路"建设的推进思路与政策创新研究》，《东北亚论坛》2019年第4期。

刘梦婕：《甘肃省支持中小企业发展的财政政策研究》，硕士学位论文，兰州财经大学，2017年。

陆晨、樊葳葳：《中小企业国际融资中文化冲突机制及其化解路径》，《求索》2015年第9期。

马文静、周翔：《甘肃省小微企业发展：环境、政策与战略》，中国社会科学出版社2015年版。

马文静：《关于我国民营经济发展战略选择问题的思考》，《商业时代》2011年第23期。

马文静：《中国企业社会责任定位及发展对策探讨》，《经济研究导刊》2009年第24期。

慕慧娟、崔光莲：《共建"丝绸之路经济带"背景下西北五省（区）经济协调发展研究》，《经济纵横》2015年第5期。

邱羚、秦迎林：《国际人力资源管理》，清华大学出版社2014年版。

沈铭辉、张中元：《中国企业海外投资的企业社会责任——基于案例分析的研究》，《中国社会科学院研究生院学报》2016年第2期。

舒欢：《"一带一路"重大工程建设正面形象的舆论营造研究》，《南京社会科学》2016年第11期。

宋姗姗、柳建文：《试论"一带一路"战略与民族地区人文资源的开发利用》，《广西民族研究》2015年第5期。

苏杭：《"一带一路"战略下我国制造业海外转移问题研究》，《国际贸易》2015年第3期。

隋广军、黄亮雄等：《中国对外直接投资、基础设施建设与"一带一路"沿线国家经济增长》，《广东财经大学学报》2017年第1期。

唐贤秋：《民族信任："一带一路"合作倡议民心相通的桥梁》，《广西民族研究》2019年第1期。

唐宜红：《加强经贸政策协调，推进中国与"一带一路"国家经贸互通》，《国际贸易问题》2018年第9期。

王炳天：《丝绸之路经济带背景下中国西北地区中心城市建设对策研究——以西兰乌为例》，硕士学位论文，西北大学，2017年。

王鉴忠、宋嘉良：《"一带一路"背景下中国企业跨文化管理研究》，《理论探讨》2017年第6期。

王星皓：《我国"一带一路"沿线技术合作的法律护航》，《人民论坛》2019年第19期。

王忠文：《析我国中小企业国际化发展面临的挑战与机遇》，《亚太经济》2011年第2期。

卫玲：《弘扬唐商精神，开启"一带一路"建设新时代》，《西北大学学报》（哲学社会科学版）2017年第6期。

温学鹏：《"一带一路"资本技术合作中的风险与应对——以先进生产技术对政治的影响为视角》，《云南社会科学》2018年第2期。

吴家曦、李华燊：《浙江省中小企业转型升级调查报告》，《管理世界》2009年第8期。

吴敬琏：《发展中小企业是中国的大战略》，《宏观经济研究》1999年第7期。

肖芬、唐聘莉等：《新常态下国际商务人才跨文化能力的培养路径》，《学习与实践》2015年第6期。

颜光华、林明：《外国中小企业战略管理探析》，《外国经济与管理》2004年第4期。

杨柏、陈伟等：《"一带一路"战略下中国企业跨国经营的文化冲突策略分析》，《管理世界》2016年第9期。

杨丹：《新疆果品市场营销策略研究》，硕士学位论文，新疆大学，2010年。

杨嘉歆：《中国—上合组织（SCO）国家技术合作制约因素及对策研究》，《科学管理研究》2018 年第 4 期。

杨建新、马曼丽等:《中国西北少数民族通史》,民族出版社 2009 年版。

姚红义:《青海中小企业技术创新实证分析》,《青海社会科学》2006 年第 5 期。

于明远、范爱军:《全球能源互联网:推进"一带一路"发展新契机》,《理论学刊》2018 年第 1 期。

张建军、李小卯:《中小企业电子商务发展模式与政策分析》,《中国科技论坛》2003 年第 3 期。

张建平、樊子嫣:《"一带一路"国家贸易投资便利化状况及相关措施需求》,《国家行政学院学报》2016 年第 1 期。

张俊莉:《"一带一路"背景下内陆开放型经济制度创新》,《人民论坛》2015 年第 35 期。

张原、王珍珍等:《基于"丝绸之路经济带"建设的西安外向型经济发展对策研究》,《西安财经学院学报》2015 年第 3 期。

赵磊:《陕西、甘肃、新疆在"一带一路"战略中的比较优势与建议》,《决策与咨询》2015 年第 5 期。

赵曙明、李海霞:《中小企业人力资源管理外包研究》,《南京社会科学》2004 年第 1 期。

赵晓霞:《跨国企业人力资源管理》,社会科学文献出版社 2011 年版。

朱智文、杨洁:《共建丝绸之路经济带与西北地区向西开放战略选择》,《甘肃社会科学》2015 年第 5 期。

邹昊飞、杜贞利等:《"一带一路"战略下境外经贸合作区发展研究》,《国际经济合作》2016 年第 10 期。

[美]加里·德斯勒:《人力资源管理》,中国人民大学出版社 2017 年版。

Adler, N. J., "Cross-cultural management research: The ostrich and the trend"., *Academy of management Review*, Vol.8, NO.2, 1983. pp.226-232.

Adler, N. J., "Cross-cultural management: Issues to be faced"., *International Studies of Management & Organization*, Vol.13, NO.1-2, 1983. pp.7-45.

Albuquerque, R., Koskinen, Y., & Zhang, C., "Corporate social responsibility and firm risk: Theory and empirical evidence"., *Management Science*. Vol.65, NO.10, 2018. pp.4451-4469.

Becker B E, Huselid M A.. "Strategic human resources management: where do we go from here? ", *Journal of management*, Vol.32, NO.6, Jun2006. pp.898-925.

Bennett M J., "A developmental approach to training for intercultural sensitivity", *International journal of intercultural relations*, Vol.10, NO.2, 1986. pp.179-196.

Carroll A B., "Corporate social responsibility: Evolution of a definitional construct", *Business & society*, Vol.38, NO.3, Sep1999. pp.268-295.

Cheng, Y., Public opinions on the Belt and Road Initiative: A cross-cultural study. In The Belt & Road Initiative in the Global Arena.Palgrave Macmillan, Singapore, 2018.

D'Arcy S P, Brogan J C. "Enterprise risk management", *Journal of Risk Management of Korea*, 2001.

Dyck, A., Lins, K. V., Roth, L., & Wagner, H. F., Do institutional investors drive corporate social responsibility? International evidence, *Journal of Financial Economics*, Vol.131, 2019. pp.639-714.

Ernst, H., "Patent information for strategic technology management", *World patent information*, Vol.25, NO.3, 2003. pp.233-242.

Friedman, M., "The social responsibility of business is to increase its profits", *Corporate ethics and corporate governance*, 2007.

Gopalakrishnan, S., & Damanpour, F., "A review of innovation research in economics", *sociology and technology management.*Vol.25, NO., 1997. pp.15-28.

Hammer M R, Bennett M J, Wiseman R., "Measuring intercultural sensitivity: The intercultural development inventory", *International journal of intercultural relations*, Vol.27, NO.4, 2003. pp.421-443.

Hasle P, Kines P, Andersen L P, "Small enterprise owners' accident causation attribution and prevention", *Safety science*, Vol.47, NO.1, 2009. pp.9-19.

Huang, Y., "Understanding China's Belt & Road initiative: motivation, framework and assessment". *China Economic Review*, Vol.40, 2016. pp.314-321.

Huselid M A, Jackson S E, Schuler R S., "Technical and strategic human resources management effectiveness as determinants of firm performance", *Academy of Management journal*, Vol.40, NO.1, Feb1997. pp.171-188.

Leamer, E. E., & Levinsohn, J., "International trade theory: the evidence", *Handbook of international economics*, 1995.

参考文献

Lengnick-Hall C A, Lengnick-Hall M L., "Strategic human resources management: A review of the literature and a proposed typology", *Academy of management Review*, Vol.13, NO.3, 1988. pp.454-470.

Markusen, J. R., & Venables, A. J., "Multinational firms and the new trade theory", *Journal of international economics*, 1998.

Markusen, J. R., Melvin, J. R., Maskus, K. E., & Kaempfer, W., "International trade: theory and evidence", *University Library of Munich*, 1995.

Melitz, M. J., "Competitive effects of trade: theory and measurement", *Review of World Economics*, 2018.

Quon T K, Zeghal D, Maingot M., "Enterprise risk management and firm performance", *Procedia-Social and Behavioral Sciences*, Vol.62, 2012. p.363-267.

Sirkeci, I.,Transnational marketing and transnational consumers, New York, Heidelberg, London: Springer, 2013.

Winter, T., "One belt, one road, one heritage: Cultural diplomacy and the Silk Road", *The Diplomat*, 2016.

后　记

　　改革开放以来，国家一直将区域协调发展的重点放在西部大开发上。2013年习近平主席提出的"一带一路"建设构想与西部地区经济和社会发展及西部大开发战略精神一脉相承，不仅为西部地区引导企业"走出去"提供了一个明确的方向，为西部地区整合内部资源、发展对外经贸提供了不可估量的发展机遇，也为东中西部协调发展、协同开放提供了历史机遇。从发展本质看，西部地区的发展动力离不开体制改革以及外经贸发展。随着"一带一路"经济带建设进程的不断加快，西部地区企业的发展也面临着更高水平的要求和挑战。因此，实现外向型中小企业的现代管理模式改革，提升企业核心竞争力是当前在"一带一路"建设背景下中国西部地区企业在发展过程中需要考虑的重要问题，更是新时代、新格局下丝绸之路经济带建设中发挥西部地区比较优势，提升西部省市区域发展综合实力的关键环节。

　　正是基于以上认识，课题组在国家社科基金项目的完成过程中形成了本书的思路框架。本书主要是在"一带一路"背景下，针对西北地区外向型中小企业的社会责任、人力资源管理、营销管理、技术创新管理、跨文化管理、政策支持体系以及转型升级路径等几个重要方面的问题进行了综合、系统、科学的研究与分析，并对进一步提升西北地区外向型中小企业的企业竞争力，完善西北地区外向型中小企业扶持政策，有效提高西北地区的对外开放水平，推动西北地区经济优化转型等方面提出了一系列具有理论指导意义和政策参考价值的政策建议。从有想法雏形开始，课题组全体人员共同经历了文献研读、分享讨论、组织撰写、文稿校对等艰辛的过程。历时一年多，终于迎来了开花结果的一天！看着厚厚的书稿，仍感到有许多不足和需要完善的地方。在此，要特别感谢西北师范大学相关部门以及西北师范大学商学院的学术支

后　记

持，感谢参与并在整个过程中认真付出的翟思梦、杜家伟、穆璇、张笑笑、何云凤、司雨、黄怡晗、宋炜宣和胡宗辉——我的研究生们，感谢所有给予本书支持和帮助的同人。努力不会白费，这些都将成为我们人生道路上成长的勋章。

西北地区是值得期待的，恰逢"一带一路"建设发展迅猛的大好时期，西北地区外向型中小企业在"一带一路"建设中终将流光溢彩，焕发出蓬勃的生机！

马文静

2019 年 10 月